张志勇 / 著

民营企业四十年

它们走到一个十字路口　重新找到方向

经济日报出版社

图书在版编目（CIP）数据

民营企业四十年 / 张志勇著. -- 北京：经济日报出版社，2018.12

ISBN 978-7-5196-0436-3

Ⅰ. ①民… Ⅱ. ①张… Ⅲ. ①民营企业-企业发展-概况-中国-1978-2018 Ⅳ. ①F279.245

中国版本图书馆 CIP 数据核字（2018）第 285892 号

民营企业四十年

作　　者	张志勇
责任编辑	陈莎莎　黄新茹
出版发行	经济日报出版社
社　　址	北京市西城区白纸坊东街 2 号 A 座综合楼 710
邮政编码	100054
电　　话	010-63567684（总编室）
	010-63538621　63567692（发行部）
网　　址	www.edpbook.com.cn
E-mail	edpbook@sina.com
经　　销	全国新华书店
印　　刷	北京鑫瑞兴印刷有限公司
开　　本	710×1000 mm　1/16
印　　张	19
字　　数	300 千字
版　　次	2019 年 1 月第一版
印　　次	2019 年 1 月第一次印刷
书　　号	ISBN 978-7-5196-0436-3
定　　价	58.00 元

历史就是这样

越近的反而更加模糊

越远的反而变得更加清晰

前　言

我们要赶上时代，这是改革要达到的目的

我们不知道自己正往何处去。我们只知道，历史已经将世界带到这个关口，以及我们所以走上这个关口的原因。

——艾瑞克·霍布斯鲍姆

时间走过2018年，始于1978年的中国改革开放至今已步入第40个春秋。40年的改革开放，我们认定的社会主义市场经济道路的选择更加清晰、明确。

过去的40年，我们经历了激荡澎湃的伟大时代，见证了也许是人类历史上迄今为止最为震撼的40年的经济增长奇迹，更是中国市场经济披荆斩棘、破浪前行的40年。

40年里，改革开放给中国的发展不断注入动能，改革开放是中国从上到下的共识，并由此实现了中国人一个又一个的梦想和对现实生活的渴望。

40年，在人类历史上也就是一瞬，也可能就是一跳或一跃，但若放在过去一百年、三百年，甚至五百年中的历史大背景下来看，这40年非同寻常。巨变超常的发展，是几百年来之未有的奇迹，西方社会用上百年所走过的发展道路，在中国这样一个东方大国，用了不到40年的时间。

40年，对于每一个个体来说，在波澜壮阔40年的大背景下，更能体味到处于这个时代的自豪和荣幸。

40年，我们都身在其中，我从一个懵懂的少年，打开思想解放的牢笼，虽然在我成长的日子里，“革命”是那个时代最鲜明的特征和最高标准，但我们渴望自由、解放、创造……我的天性是在真理标准大讨论之后，是在中共十一届三中全会之后得到彻底解放的，那一年，我16岁。1978年，一个特殊的历史节点，对人的彻底解放。改革开放席卷中国大地，狂飙突进，40年之后，几经风雨，步伐显得更加稳健而坚定。

数字不是枯燥的，数字也有温度。

这一温度，是由于我们就在其中，我们就是这一历史的见证者。四十年的高歌猛进和上演的经济奇迹，实践者、参与者、奋斗者所谱写商业传奇，一切都已成为这一时代人的经历，这一切，我们都一同走过。

1978年，全国农民每人年平均收入仅为74.67元。有1.12亿人每天能挣到一角一分钱，1.9亿人每天能挣一角三分钱，有2.7亿人每天能挣一角四分钱。另有一些农民辛辛苦苦干一年不仅挣不到钱，还倒欠生产队的钱。

1978年，中国共产党人勇于面对现实，以巨大的诚意，选择了改革开放发展的道路，把重心转移到了政治务实和经济建设上来。改革开放的选择，是实践、摸索和折腾的“救赎”。

1978至2017年，中国正是靠着改革开放，创造了人类经济发展史的新奇迹。一个国家的经济总量增长了近35倍；国内生产总值（GDP）由1978年的3679亿元跃升至2017年的82万亿元，经济规模扩大了225倍。从2006年开始，经济总量以每两年10万亿元的增量持续上升。

40年来，GDP年均增长约9.5%，对外贸易额年均增长14.5%；1978年，中国人均GDP仅381元，1987年突破千元，2003年跨过万元大关，2017年跃升至近6万元。中国经济总量占全球经济比重从微不足道的1.8%增长到2017年的15.3%；中国人均GDP从改革初期不到200美元增长到逾9000美元。与此同时，经济全球化为中国带来实现跨越式发展的重要机遇。根据世界银行统计，1992年到2016年的25年间，中国名义GDP（国内生产总值）按不变价格计，年均增长9.6%，扩大了9倍多，2016年达到11.2万亿美元，稳居世界第二。同年，中国对世界经济增长的贡献率达到33.2%，居世界第一位。一心一意的搞建设，人民付出辛勤的劳动和汗水，生活水平得到了巨大改善。2008年国际金融危机爆发以来，中国成为带动世界经济复苏的主要动力，成为世界经济增长的第一引擎。

“我错看了李书福。当年有多少人嘲笑他，但就是这个‘汽车疯子’，如今他给中国企业家长了脸。”2018年2月27日，在亚布力中国企业家论坛第十八届年会上，联想控股股份有限公司董事长柳传志发表演讲时说了这段话。

柳传志，有着“中国企业家教父”之称、现已74岁的他，至今仍活跃在中国商界，在大洋彼岸也时不时能看到他。他说起话来，声音洪亮，底气十足，很多人愿意听他讲话，而他也愿意表达。

作为开幕演讲的第一个嘉宾，柳传志无不感慨地说：“四十年前，如果让咱们做梦，不管你怎么努力做好梦，也绝对梦想不到四十年后的中国会是今天这个样子，咱们的生活是这个样子，中国确实发展成谁也无法想象的、天翻地覆的样子。”

在天寒地冻、远离喧嚣的亚布力，不谈理论，不说业绩，敞开心扉聊聊往事和感悟，这是这届年会的主基调，而本届年会的主题是：新时代的企业家精神——改革开放四十周年。500多名企业家、学者、科学家、艺术家、政府官员云集在此，刘永好、王石、孙宏斌、毛振华、陈春花、南存辉、冯仑、任志强、俞敏洪、刘积仁、胡葆森、张文中、丁立国、陈东升、王中军……准确地说，此届年会是以企业家精神之名纪念改革开放40周年。而他们其中的每一个，都可以说是那个时代的传奇。

在柳传志身上，可以找到诸多中国改革开放和中国社会主义市场经济的特殊符号和历史基因，他既是四十年这一过程的参与者，同时也是这一历史过程的见证者。市场的变化，世界的变化，时时都在刺激着他，即使在美国有商务活动，他仍感叹没有在国内方便，微信也没有国内便利，4G网络等都不如国内。

零下20多度室外温度，37度的体温，100度沸腾的心，这些有着各自传奇的人，在这个开放、自由的亚布力草根论坛上畅所欲言。

然而，就是几乎在同一时间段，更多人在瞩目着北京正在召开的具有历史意义的会议——中共十九届三中全会。2018年2月26日至28日，全会审议通过了《中共中央关于深化党和国家机构改革的决定》和《深化党和国家机构改革方案》。人们看到，在全面深化改革的大局中，深化党和国家机构的改革必将是一场深刻的变革。

更值得注意的是，十九届三中全会跟十九届二中全会（2018年1月18日至19日）之间，仅相隔了一个多月的时间，二中全会的议程主要讨论修宪。两个月间连续召开两次全会，这是历届中共全会中不多见的，这非同寻常，显然已是时不我待。

作为历史的转折点，1978年的十一届三中全会开创了“谈改革”的传统，之后的历次三中全会基本都是在探索进一步改革的路径，内容大多都是围绕经济和市场，而此次全会的主题是“深化党和国家机构改革”。十九届三中全会打破常规放到早春的二月召开，显然，这是中共中央以全新的政治智慧和政治改革的勇气，作为献给改革开放40周年最好的礼物。

过去想办而没有办的，过去想做而没有做的，现在已到了能做的时间点上。改革开放40年的成就、经验和教训都汇成再次出发的动力，指引我们继续前进。

在当下的中国，无论是企业家，还是经济学家，他们对政策的关心其实和每一个中国百姓没什么两样，只是他们比普通百姓更敏感，更能提前预知和判断政策给未来带来的变化。企业家不是简单的改革措施的被指引者、被动的跟随者，而是积极的参与者、推动者。

李书福是凭什么为中国企业家长了脸，又是什么刺激了柳传志？就在 2 月 24 日，吉利控股集团公开对外发布消息，通过旗下海外企业主体收购戴姆勒股份公司 9.69% 具有表决权的股份，李书福以 90 亿美元买入奔驰母公司股份，并一跃成为这家德国汽车制造商巨头的最大股东。此举系李书福目前为止最有野心的一项并购，而李书福此举将实现“一箭双雕”，一是李书福个人的财富投资收益；二是促成吉利与戴姆勒在电动车领域的深度合作。显然李书福看好的是戴姆勒公司在电动化、智能化、无人驾驶与共享出行各领域的优势。

其实早在几年前，李书福就上演过不可想象的海外并购。2011 年，吉利从福特手中收购沃尔沃，当时被视为中国汽车行业最成功的对外收购之一。2017 年的年底，吉利以 39 亿美元入股沃尔沃集团，成为这家卡车制造商的这最大股东，同年，还收购了陷入困境的马来西亚车企宝腾 49% 股份，豪华跑车品牌路特斯 51% 的股份，还收购了英国跑车品牌莲花汽车的控股股权以及美国飞行汽车公司。

显然，李书福一切都是为了吉利的未来，在李书福看来，“真正的互联网汽车必须是高度电动化的汽车，没有电动化就很难实现互联网化，也不可能高度智能化。”李书福的并购，就是要圆他更大的汽车梦，在造车的路上，还要走得更远。

可有谁能想到，这个“汽车疯子”，1963 年出生在一个农民家庭里，他在四兄弟中排行老三，高中毕业后的他，没有继续求学，19 岁开始做照相生意，完全靠白手起家，之后创办吉利集团，1999 年底，成为中国第一家生产轿车的民营企业。一个地地道道的农村孩子却有一个造轿车的梦想，2017 年胡润百富榜，李书福、李星星父子以 1100 亿元财富首次进入前 10 名。

“我是在浙江台州一个贫穷落后的山村长大的。”李书福说：“第一不怕苦，第二不怕穷，第三当然更喜欢致富了。”他敢闯，敢拼，豁得出去。

40 年的改革开放，宏大的叙事下，从来都是无数个体的坚持与奋斗，而我们目睹了多少一个又一个财富故事和一代又一代的商业传奇，这是人类社会的一次伟大变迁，“实践是检验真理的唯一标准”“让一部分人先富起来”，对人的彻底解放，是中国历史上从未有过的，由此发生的转型令人不可思议。

在历时40年的中国改革开放发展史上，“改革开放”这一主题，40年里从一而终，但并非是一直在做改革，大多数的时间是在酝酿、讨论、准备改革的条件、寻求改革的时机和突破点。关键问题的突破，而带来的巨大能量和变化，是无法想象的，这既有人民的创造性，也有政治家的胆识，更有共产党人的实事求是精神。

从历史发展的视角来看，一切都有其内在发展成因，显然这是回过头来审视所走过的道路。本书所要回答的，仅是作者自己的一个视角，从社会经济发展道路的选择，以及由此而形成的四十年经济思想史，以中国民营经济和民营企业的发展为大背景，来解读40年的增长奇迹。

40年来，在中国最活跃的就是民营经济和遍地开花的民营企业。截至2017年底，民营企业数量为2726.3万家（而在1978年底，中国私营企业数为零），个体工商户6579.3万户，注册资本超过165万亿。民营经济对国家财政收入的贡献占比超过50%；GDP和固定资产投资、对外直接投资占比均超过60%；企业技术创新和新产品占比超过70%；城镇就业占比超过80%，全国城镇就业数是4.25亿人，非公有制企业就业数3.4亿，占比80%；近两年特别是2017年对新增就业的占比贡献超过90%。

民营经济，这是改革开放初期谁也没有预计到或事先设计好的，民营企业完全是在“野蛮生长”下而不断发展壮大的。但历史所留下的每一时期的痕迹，那些特殊事件和人物所留下的历史刻度，非常鲜明，本书将把这一历史进程的“痕迹”和“刻度”展现给大家。如从大历史（Big History）观和深历史（Deep History）观来审视，把民营经济放在整个中国40年改革开放的大背景下来梳理，将会更好地理解和认识中国改革开放40年，更会感受到，人民对历史的创造。

当代中国与世界的规模和制度转型的复杂程度，可以说是西方国家的政治家们和学者们很难想象的。我一向主张，站在更广阔的视野下来审视和观察中国改革开放40年，放在中国历史的大背景下，放在世界历史的背景下。过去的 40 年，世界上发生了太多具有影响历史走向的事件，在霍布斯鲍姆笔下的 1914–1991 的“极端的年代”之后的近 30 年里，唯有中国的改革开放，对中国和世界产生着持续、全面、示范性的和日益深化的影响。

客观地说，中国的改革早已突破了预期目标：已远不是“让一部分人先富起来”“最终实现共同富裕”这样一个相对直观的描述。一个自一百五十年前的洋务运动起就开始苦苦探寻如何实现工业化的国家，在西方列强及坚船利炮之下，屡败屡试，终于经过 40 年的改革开放，认定了选择社会主义市场经济这条发展道路，可以到达彼岸，实现中国几代人的梦想，实现小康梦想，实现伟大的中国工业革命和现代化强国。40 年，选对了改革开放之路，选对了市场经济之路。

正如塞缪尔·亨廷顿所言：“革命是罕见的，改革则可能更加罕见。”[①] 其实中国的道路选择，不仅是中国自身的改革，也是全人类的一项实践，在实现中国历史转型的过程中，在中国日益走近世界舞台中央的同时，也推动了世界性转型。

1976 年是中国历史的转折年。10 月，以华国锋为首的党中央一举粉碎“四人帮”，这是当代中国历史上具有划时代意义的重大事件。其实还有一个重要的历史时间，经常被人们忽略了，那就是 1977 年 8 月，在中国共产党第十一次全国代表大会上，党中央正式宣布“文化大革命”结束。这期间，还包括对冤假错案平反的和真理标准大讨论，从历史的角度来看，其实这都是对人的解放，把人从过去的桎梏中解放出来等，却在这之后的 1978 年，引爆了中国改革。

1978 年 12 月 18 日至 22 日，为期 5 天的中共十一届三中全会，是共产党人自己所确定的改革路线，这一改革路线，包含着对中国自身始终运转的计划经济实践难以维持的反省，这既不是所谓会让人反对的“修正主义”的改革路线，也不是毛泽东的“继续革命理论”改革路线，其实这是一个包含着理想主义和实用主义的改革诉求。

① 塞缪尔·亨廷顿．变化社会中的政治秩序 [M]．上海：上海人民出版社，2008：287.

全会明确提出：全国范围内大规模的揭批林彪、“四人帮”的群众运动已经基本上胜利完成。全国工作的重心应该从 1979 年转移到社会主义现代化建设上来。

显然这已是“开明宗义”了，它标志着中国告别一个旧时代，一个全新的、探索现代化建设的历史时期的到来。从经济的角度来看，是转型经济的起始点，过去的发展道路苦头吃得太多，人民不满意。这完全是告别过去，实质是对过去的“颠覆”和“反叛”。而这次全会的一项重大成果，就是彻底抛弃“以阶级斗争为纲”，否定了“无产阶级专政下继续革命”的“左”的错误理论。全会公报指出：“对经济管理体制和经营管理方法着手认真改革”“正确改革同生产里迅速发展不相适应的生产关系和上层建筑”“坚决实行按经济规律办事，重视价值规律的作用。”虽然公报中只是两处提到“改革”，而“开放”一词还没有出现，但当时已采取了许多开放的举措。公报明确提出：“在自力更生的基础上积极发展同世界平等互利的经济合作，努力采用世界各国先进技术和先进设备。”

可见，在当时，改革开放的国策已初步确立。而尊重经济发展规律的思想的确立，使“中国奇迹”在 40 年里上演，使个体私营经济的出现和发展势不可挡。

中国改革的初始动机，其实就是要改革指令性、命令性的计划经济体制。确切地说，改革是指对 1949 年以后，特别是 1953 年确立的计划经济体制，以及支撑计划经济体制的公有制的改革，当时，邓小平的“猫论”深得人心。一切改革都是从最朴素、最深得人心的愿望出发，国企职工，奖金多几块钱就满足；个体小商小贩，能让摆地摊就拥护你。

之后的五老火锅宴提到“钱要用起来，人要用起来”；包产到户的承认，其本质是对“私”的承认；知青大返城，就业问题“逼”出来的个体私营大军；剥削、雇工的争论，是雇工 7 人还是雇工 8 人算剥削；给“投机倒把”正名；必要的、有益补充与个体经济写入宪法；总书记提出“怎样划分光彩和不光彩”；1984 年首次知识分子下海；“倒爷经济”和“价格双轨制”；乡镇企业的异军突起，“温州模式”和“苏南模式”的出现；理论上的突破，所有制结构中私营经济有了一席之地，私营经济写入宪法……

在我看来，在纪念改革开放 40 年之际，更应该勿忘改革之由。邓小平在 20 世纪 80 年代曾说："要发展生产力，就要实行改革和开放的政策。不改革不行，不开放不行。过去 20 多年的封闭状态必须改变。我们实行改革开放政策，大家意见都是一致的，这一点要归'功'于 10 年'文化大革命'，这个灾难的教训太深刻了。"应该说，来自于改革的内部原因，就在于十年内乱，使党、国家和人民遭到严重挫折和损失。邓小平说，"文化大革命"结束时，"就整个政治局面来说，是一个混乱状态；就整个经济情况来说，实际上是处于缓慢发展和停滞状态。"①而改革的外部背景，则是在同期内，世界范围新技术革命蓬勃兴起，推动世界经济以更快的速度向前发展，中国与国际先进水平的差距明显拉大，面临着巨大的国际竞争压力。

正如邓小平所说："我们要赶上时代，这是改革要达到的目的。"②

从经济的角度来看，中国 40 年改革开放的历程，所创造的经济奇迹，其本质就是选定走市场经济的发展之路，如放在中华人民共和国 70 年的大背景下来看的话，前 30 年是要在"一大二公"的驱动下不断"灭私"的历史，消灭私有制，最后极致到"狠批私字一闪念""宁要社会主义的草，也不要资本主义的苗"。而十一届三中全会之后，改革开放的 40 年，是不断重新认识"私"、发展"私"、承认"私"、确立"私"的历史，紧随相伴的就是中国民营经济形成和民营企业的发展、壮大。

如果把改革开放 40 年分为上下两场的话，在我看来，前 20 年，上半场是实现对人的解放；后 20 年，下半场是实现对资本的解放。

40 年的市场化道路选择，是对民营经济与财富本质的认识。而确立市场在资源配置中起决定性作用，更好地发挥政府作用，这是共产党人经过 40 年的实践，对政府与市场关系认识的一次质的飞跃，而这更多的是来自民营经济对中国经济奇迹的贡献，并由此形成推动社会主义市场经济发展的重要力量。

总的来看，中国的经济体制改革是从农村到城市，从经济领域到其他各个领域的全面展开，到目前为止，40 年的经济体制改革，大致可以划分四个阶

① 邓小平．邓小平文选：三卷 [M]．北京：人民出版社，1993：264.
② 邓小平．邓小平文选：三卷 [M]．北京：人民出版社，1993：242.

段，并由此构成中国坚韧的“重要力量”形成：

第一阶段：改革的路径选择及目标探索。从时间来看，大致是从1978十一届三中全会到党的十四大确立我国实行社会主义市场经济体制，即1978年至1992年。改革首先从农村开始，逐步向城市推进；从开展改革试点，积累经验，到逐步推广；从看看、试试再说，到政策法规的出台；从党的理论突破，到上升到国家意志，通过立法，让法来把实践明确下来；1984年，知识分子第一次下海潮；确立社会主义经济是“公有制基础上的有计划的商品经济”；对外开放，从兴办经济特区向沿海、沿江乃至内地推进，开放沿海14个港口，开辟了一批经济特区。

第二阶段：社会主义市场经济体制框架初步建立。1992年中共十四大，到2002年中共十六大，邓小平南方讲话后，中国第二次下海潮，“92派”企业家群体由此产生；国企改制，“抓大放小”，积极推进国有企业改革和国有经济布局的结构调整；通过改组、兼并、出售、承包经营和股份合作制等，尤其是国有企业退出竞争性领域，催生大批民营企业；市场体系得到较大发展，取消了生产资料价格双轨制，进一步放开了竞争性商品和服务的价格，要素市场逐步形成。

第三阶段：社会主义市场经济体制初步完善。从2002年到2012年，改革进入完善社会主义市场经济体制的新阶段；科学发展观、构建社会主义和谐社会成为深化改革的重要指导思想；非公36条，清理和修订限制非公有制经济发展的法规、规章和政策规定，放宽非公经济的市场准入，允许非公有资本进入法律法规未禁入的行业和领域；让一切创富的源泉得到充分的涌流，而民营企业已成为市场经济的主体。

第四阶段：全面深化改革。2012年，从党的十八大、十九大至今。改革已不再拘泥于经济体制改革领域，而是涵盖社会、政治、文化以及生态文明的五位一体的全面改革；建立“亲”“清”新型政商关系，大力弘扬企业家精神。十九大，再次重申市场在资源配置中起决定性作用，坚持市场的改革方向，处理好政府与市场的关系。

我们看到从1978年以来，历次党代会在所有制理论上的创新：

1978年，十一届三中全会：一部分人先富起来；

1982 年，十二大：必要的、有益的补充；

1992 年，十四大：多种经济成分长期共同发展；

1997 年，十五大：市场经济的重要组成部分；

2002 年，十六大："两个毫不动摇"；

2007 年，十七大："两个平等"——公平参与市场竞争，同等受到法律保护。到十七大，我党对非公有制经济的有关理论问题基本都已经明确。

2012 年，十八大提出"三个平等"，平等使用生产要素，公平参与市场竞争，同等受到法律保护。

2017 年，十九大重申"两个毫不动摇"有着重大的意义。"两个毫不动摇"是党对社会主义市场经济发展实践的新概括，是对我国基本经济制度内涵的丰富和发展，是对我国公有制经济和非公有制经济在经济社会发展重要地位作用的充分肯定。

我们还看到，十九大报告中第一次提出支持民营企业发展，强调发展经济的着力点放在实体经济上来，提出要打破行政垄断，清理废除妨碍统一市场和公平竞争的各种规定和做法，第一次提出要加强对中小企业创新支持，提出经济体制改革必须以完善产权制度和要素市场化配置为重点。

改革开放初期，激扬澎湃，激荡满怀；40 年的改革开放，那种单兵突进、狂飙席卷式的改革，不会再有。40 年的改革史已证明：改革的过程不仅仅是减法的过程，而且是加法，甚至是乘法的过程。改革导致更为复杂的改革。由最初的"摸着石头过河"，到主张"顶层设计"。"中国模式""中国特色"早已不是一种说法或是一种概念，40 年增长奇迹，既直白又深奥，就在于中国特色包含诸多中国文化、道路选择、理论探索、历史和政治制度的基因传承的真实存在。

2018 年的秋天，显得比往年都要格外的长。而对民营企业来说，无论其自身还是国际经济环境的变化，内与外的挑战，让民营企业真正地步入了"多事之秋"。人们发现，40 年中国经济社会的发展，民营企业的苦与乐、机遇与挑战和经济增长指数几乎是成正比的。经济出现困难，最直接的表现就在民营企业。应该说，民营经济已被公认为最能代表市场经济的主体，民营企业成为中国经济的"晴雨表"。而改革每前进一步，其实都是对民营经济的再松绑，对民营企业的再解放，是选择市场经济发展的必然结果。

时值纪念改革开放四十周年之际，在民营企业发展面临诸多挑战之时，10月19日，刘鹤副总理在答记者问时表示："民营经济在整个经济体系中具有重要地位，贡献了50%以上的税收，60%以上的GDP，70%以上的技术创新，80%以上的城镇劳动就业，90%以上的新增就业和企业数量。如果没有民营企业的发展，就没有整个经济的稳定发展；如果没有高质量的民营企业体系，就没有现代产业体系，支持民营企业发展就是支持整个国民经济的发展。"10月22日，国务院总理李克强主持召开国务院常务会议，决定设立民营企业债券融资支持工具，以市场化方式帮助缓解企业融资难。11月1日，习近平总书记召开民营企业座谈会，这在40年里还是第一次，总书记召开这样一次民营企业座谈会的出发点是不言而喻的。习近平在民营企业座谈会上强调，40年来我国民营经济从小到大、从弱到强，不断发展壮大。同时指出我国民营经济只能壮大、不能弱化，不仅不能离场，而且要走向更加广阔的舞台。

对中国民营企业40年发展历程的写作，对于我来说，既激动又胆怯，既有使命感又担心可能不会讨好，原因很简单，你的文字，你的表达，无论你有什么样的才能，你都无法努力做得完美，因为历史本身有着其内在的逻辑，很多判断可能随着时间的推移产生新的变化，我只能力求真实记录，哪怕只是真实记录下来个人的真实感受。书中的一切，都是来自你我所经历的。

当代经济史，我们都在其中。

谨以此书，献给我上一代以及和我同一代经历过改革开放40年和正在经历当下历史的所有人。献给那激情澎湃的岁月。

前言完成于2018年12月2日

目　录

第二部

从遮遮掩掩走向公开发展 1984-1991

第三部
滚滚春潮势不可挡 1992-2001

第四部
一个社会阶层的形成 2002-2011

第五部
新兴产业爆发时代 2012-2018

第一部

历史从这里开始转弯 1978—1983

第一章

1978　转折从春天就开始

实践是检验真理的唯一标准。

——真理标准大讨论，打破了过去长久盛行的个人崇拜和教条主义的精神枷锁，冲破了“左”倾思潮，1978 年

全国科技大会——拉开改革开放的序幕

"科学技术是生产力""知识分子是工人阶级一部分"

1978年3月中旬，在东北辽阳还穿着军大衣的任正非，一到北京就感觉热得受不了。18日，去人民大会堂出席全国科技大会开幕式那天，他把秋衣秋裤都脱了，还是觉得热。时隔30多年后，任正非仍记得，他当时是坐在人民大会堂的最后一排，与来自全国各地的5500多名科技人员一同参加了大会，其中35岁以下的只有150多人，参会人员中有农民植棉专家吴吉昌，有让全国人都为之感动的报告文学《哥德巴赫猜想》中的主人公陈景润，还有很多靠边多年和沉寂多年的老科学家。那时的他们，心中仿佛都有一团火。

34岁的任正非，来自辽阳化纤总厂。由于该厂的化纤成套设备是从法国引进的，他以解放军建筑工程兵的身份，在辽化自始至终参与这个项目的建设，历任技术员、工程师、副所长。而作为解放军选派的代表参加这次科技大会的他还获得了全军技术成果一等奖。此刻，他自己都不会想到，10年后，他漂泊到南方的深圳，以不足两万元起家，创办了华为电子公司。最初，华为以倒卖交换机起家，正是由于任正非的技术人员出身，他没有在倒买倒卖这条路上继续走下去，很快就走上自己开发产品的企业发展之路，后来成为中国通信领域中最大的民营企业。那年的科技大会，唤醒了很多人对未来科技的憧憬，也为后来的很多知识分子下海注入内在的自信。

就是在这次大会上，邓小平做了石破天惊的讲话，提出了"科学技术是生产力""知识分子是工人阶级一部分"的重要论断。

自邓小平1977年7月恢复工作以来，那一代中国人对他有很多期待。在1978年3月召开的中国人民政治协商会议第五届全国委员会第一次会议上，邓小平当选全国政协主席。三落三起的邓小平，由此回到中国政治顶层。而这次科技大会，正是邓小平当选全国政协主席后出席的一次重要的全国性的大会，有很多老知识分子和老科学家也想见见小平。

31日，在大会闭幕式上，由于郭沫若重病在身，无法出席大会，大会请了中央人民广播电台著名播音员虹云来朗诵郭沫若的书面发言——《科学的春天》。文章中最后一段话是这样的："春分刚过去，清明即将到来。'日出江花红胜火，春来江水绿如蓝’。这是革命的春天，这是人民的春天，这是科学的春天。让我们张开双臂，热烈地拥抱这个春天吧！”在当时，有多少中国人为这“科学的春天”而热血沸腾！播音员饱含激情的朗读，刚开始下面还鸦雀无声，一会儿，掌声响起来，慢慢掌声连成一片，最后，念几句就被掌声打断，当时播音员都念不下去了。

30年后，当年为邓小平起草讲话的吴明瑜在接受记者采访时说：“现在我们说‘科学技术是第一生产力’，大家都觉得是轻而易举的一句话，但是不知道这句话有千斤重。当时把知识分子当成工人阶级的一部分，是自己人，这是极其重要的，这在当时是翻天覆地的变化。”应该说很多人都是受到这次科技大会的影响，并被邓小平在这次大会上的讲话所驱动。

正是从这一年开始，人们对知识有了重新认识，深感摆脱贫困必须要崇尚知识。通过落实知识分子政策，推动科技和教育界的改革，全国科技大会就成为“拨乱反正”的突破口，成为改革开放的序幕。

1978年的早春二月，北京大学、清华大学都迎来恢复高考后的首批大学生。这批学生几乎都是来自上山下乡的“知识青年”。

重新恢复高考，是在1977年10月，将关闭了11年的高考大门重新打开。于是，有570万人放下锄头、扔掉铁锤从四面八方涌向久违的考场。

1978年，全国恢复统一高考，610万人报名，录取40.2万人。

那是空前绝后的场景，父子、母女、兄弟姐妹、师生、夫妻携手同进一个考场，要圆一个大学梦。那是积聚了太久的渴望，那是压抑许久的梦想，那是一首国家觉醒后尊重知识、尊重人才、百废待兴的序曲……

这些知识青年中，有在北京做了青年教师的段永基，他考上了研究生。1984年，他参与创办了四通公司，成为王润南的得力干将。1989年之后，段永基掌管四通，后来成为北京中关村的风云人物。

在南方，有黄宏生、李东生和陈伟荣，他们都毕业于华南理工大学（当时的华南工学院）。就是这三个人，日后分别创办了创维、TCL和康佳三家彩电公司。当年在班上被称为“老大哥”的黄宏生怎么也不会想到，此后创办的家电企业，会成为中国最大的民营家电企业。

而四川的刘永行三兄弟，虽然参加了1977年的高考，都上了分数线，但由于政审没过关，没能被录取，三兄弟一怒之下，在农村办起一个小养殖场，十几年后，刘氏兄弟成为当时的“中国首富”。

高考制度的恢复，使得大批知识青年早已无心留在农村。青年人的心已飞回城市，对未来的道路，他们要自己开始设计。这也无形中促使在1978年年底，知青组团到北京请愿，一些地区的知识青年停工，偷偷跑回城，分散逃离局面，由此，也成为1979年至1980年期间，1700多万知青大返城的原因之一。

美国学者托马斯•伯恩斯坦在其所著的《上山下乡》中认为，20世纪中国的知识青年上山下乡运动，解决了许多第三世界国家无法避免的城市人口膨胀和失业率增长的头疼问题，并称之为“所有国家最大的一项社会实验”。

1700多万人在一两年的时间重新回到城市，他们的就业问题怎么解决，他们的生活、工作、家庭怎样解决等，这也无形中把许多人逼上了在城市里搞个体私营经济这条路。之后，波澜壮阔的“十亿人民，九亿杆秤，奔向市场，争做万元户”的个体私营经济由此登场。

真理标准大讨论

“我们不下油锅，谁下油锅？”

1978年，是中国社会发展史上极其重要的一年。这一年发生的很多事情，对其后的几十年都有着极特殊的影响。这一年，有那么多事情和故事都是“史无前例”的，但有两件事，只要提及中国的改革，人们仍“津津乐道”，并显得格外的兴奋。一个是小岗村的故事，另一个就是真理标准大讨论。

1978年5月11日，《光明日报》的头版以本报特约评论员的名义发表了题为《实践是检验真理的唯一标准》的文章。文章的原作者是南京大学哲学系老师胡福明，稿件寄给了《光明日报》，该文章是出大样后到了总编辑杨西光手中的，杨西光看后格外重视，当时杨西光刚从中央党校学习回来，职业的敏感使他感到“这远不是一个哲学学术问题”。他让胡福明与正在准备同一主题文章的中央党校理论研究所的同志共同修改这一稿件，后经胡耀邦主持定稿，在一个月的时间里前后修改10次，5月10日在党校《理论动态》上发表。

5 月 12 日，《人民日报》《解放军报》以及 6 家地方报纸转载了这篇一天前由新华社向全国播发的稿件。13 日，又有 15 家地方报纸转载，到 5 月底，全国 33 家地方报纸，有 30 家转载了这篇文章。

《实践是检验真理的唯一标准》鲜明地指出："检验真理的唯一标准是社会实践。一个理论是否正确地反映客观实际，是不是真理，只能靠社会实践来检验。马克思主义的理论宝库并不是一堆僵死不变的教条，它要在实践中不断增加新观点、新的理论，抛弃那些不适合新情况的个别旧观点、旧结论。我们要完成新时期的总任务，面对许多新问题，需要我们去认识、去研究，躺在马列主义、毛泽东思想的现成条文上，甚至拿现成的公式去限制、分割、裁剪无限丰富的飞跃发展的革命实践，是错误的。"

文章指出："当前仍然存在"圣经上载了的"才对的倾向，这是'四人帮'强加在人们身上的精神枷锁，必须打碎。对'四人帮'设置的禁区，要敢于触及，敢于去弄清是非。"

很显然，这篇文章是对"两个凡是"的彻底否定。

由此，"凡是派"和"实践派"这两种政治势力的较量，进入到明来直去的"白热化"。全国各地方以及各界人士都卷入到这场史无前例的大讨论之中。最关键的时候，邓小平出来明确表态。5 月 19 日，邓小平在接见文化部核心领导小组负责人时说："文章符合马克思列宁主义嘛，扳不倒嘛！"

5 月 30 日，邓小平同中央几位负责人谈话时说："现在发生了一个问题，连实践是检验真理的标准都成了问题，简直是莫名其妙。"6 月 2 日，邓小平在全军政治工作会议上讲话说："打破精神枷锁，使我们的思想来个大解放。"

正是由于全社会各界的参与，真理标准问题大讨论，最终成为党内和党外的共识。广大干部群众接受了一次思想解放的洗礼，这是中国思想史上前所未有的。真理标准的大讨论，后来被普遍认为是共和国成立以来第一次思想解放运动。真理标准大讨论，打破了过去长久盛行的个人崇拜和教条主义的精神枷锁，冲破了"左"倾思潮，是对"两个凡是"的摧毁。它深刻地说明专制主义思想必然被批判和抛弃，一切违背社会实践和人民意愿的主张必然受到检验和唾弃。思想的解放是对人的最大的解放，只有这种解放，人们才可能去探索一切，去颠覆桎梏和枷锁。也正是真理标准大讨论，为十一届三中全会的召开做了思想准备。从历史的角度来看，当时在“拨乱反正”过程中，诸多冤假错案被平反，真理标准大讨论，都是对人的解放。

这场真理标准大讨论，是在非常特殊的历史时期发生的历史事件。多少年之后，人们还记得当年胡耀邦的话：“我们不下油锅，谁下油锅！”

解放思想，使常年被压抑的人们渴望寻求新的发展路径。在当时，虽然这种检验是无情的，但也是公正的，是要还原历史真相的，是要把头足倒立的事物再颠倒过来，因而这次思想解放运动需要勇气。同时，我们不得不承认，不论是当时党内的民主气氛，还是时任总书记华国锋的远见，都在汇集一种“拨乱反正”的合力。其最直接的影响是如何促进平反冤假错案，及之后中国的改革开放。

30多年后，胡耀邦的长子胡德平出于对历史本来面目的尊重，他回忆说：“应该说胡耀邦是平反冤假错案、落实干部政策和真理标准大讨论的领导者和组织者，他的工作自始至终都得到了叶剑英、邓小平、陈云等一些老革命家的指导和支持，得到广大干部和群众的拥护。”

“真理标准”讨论持续一年有余，更关键的是在大讨论中不断付诸新的实践。胡德平回忆说：“这年（指1979年）5月和6月，四川、江西、安徽和广东的省委一把手赵紫阳、江渭清、万里、习仲勋四位同志，先后对解放思想、贯彻三中全会精神、继续批‘左’做了针对性、指导性很强的讲话，代表省委做了工作重点转移的革新部属。”

小岗村那“豁出去”的契约

17个指印，三方图章，一片血红

在中国革命博物馆里，至今还陈列着一份安徽省梨园公社小岗村生产队20名农民代表的一份契约，藏品号为GB4563，全文如下：

1978年12月　　地点严立华家

我们分田到户每户。每户户主签字盖章。如此后能干。每户保证完成每户的全年上交和公粮。不在（再）向国家伸手要钱要粮。如不成。我们干部作（坐）牢杀头也干（甘）心。大家社员也保证把我们小孩养活到18岁。

就是在这份契约下，20个农民的姓名落在下面，在姓名上有17个指印，三方图章，一眼看去，这份契约是一片血红。

历史就是这样，有谁会想到，1978年11月24日的夜晚，20个农民代表聚集在村里一间破草房里，借助一盏昏暗的煤油灯，面对一张契约，以一种属于他们自己认识问题的方式，做了件惊天动地的事，他们更料想不到的是，这样一个只为求生，只为老婆孩子有口饭吃，就要豁出去，被逼无奈的决定，引出了席卷中国农村的改革大潮。

其实，当时在全国，像凤阳县这样穿不上裤子，吃不上饭，跑到全国各地讨饭的县不在少数。

据农业部人民公社管理局的统计，1978年，全国农民每人年平均从集体分配到的收入仅有74.67元，其中两亿农民的年平均收入低于50元。有1.12亿人每天能挣到一角一分钱，1.9亿人每天能挣到一角三分钱，2.7亿人每天能挣一角四分钱。相当多的农民是辛辛苦苦干一年，到头来，不仅挣不到钱，反倒欠生产队的钱。更令人震惊的数字是：1978年，全国有2/3的农民生活水平不如50年代，有1/3的农民生活水平还不如30年代。

今天看来，40年前的包产到户，说到底，其实就是农民在农村要恢复个体经济。中国民营经济发展的起始点，不能不说来自第一批从农村走出的个体户和私营企业家。个私经济的发展可以说是“农村包围城市”，而中国的改革是从农村开始的。

历史的发展往往不以某些个体的意志为转移。而在特殊的时候，必然产生特殊的事件，并与此相对应，虽然可能只是一个看似微不足道的“点”，但这一点，会牵一发而动全身，形成更大的逆转。谁能想到，就是这20个农民的“胆大妄为”，不仅救了自己，同时也成为之后的改变中国，从而开创一个全新的局面引爆点。小岗村的历史意义就在于此。

36天的中央工作会议与5天的十一届三中全会

全党工作的重心应该从1979年转移到社会主义现代化建设上来

1978年，需要着墨的地方实在是太多，3月科学大会的召开确定了现代化建设的主旋律；邓小平谈按劳分配问题；4月为右派分子“摘帽”和为错划右派改正；高校招生考试全国统一命题；中共中央发出《工业三十条》，明确企业是生产单位，必须以生产为中心；国务院批准实行奖励和计件工资制度；5月，真理标准问题大讨论；8月中日和平友好条约签订；10月，邓小平的“一国两制”构想提出；全国知识青年上山下乡工作会议召开，政策有了新调整；10月22日，邓小平出访日本，走访日本公司是他此行的重要事项之一，已74岁的邓小平就是想要亲自看看资本主义的工厂是怎样管理的，他要真正领略现代化的工业革命。在松下公司他与83岁的“日本经营之神”松下幸之助面对面的交流；9月“人与生物圈”国家委员会成立；11月，全国逐步开展平反冤假错案工作；“少宣传个人”方针提出；12月，中美建交公报公布；国家发明奖设立等等。应该说，变革每天都在发生，而1978年12月，仿佛注定了中国历史的转折由此发端。这一年，堪称是20世纪中国第三次历史剧变发生的一年。

1978年12月18日到22日，中国当代史上最重要的会议之一——中共十一届三中全会在北京召开。会期5天，三中全会解决了诸多重大的历史和现实问题。很显然，在5天时间里是无法把很多重大问题理清和达成广泛共识的。其实，在十一届三中全会召开之前，中国共产党举行了重要的中央工作会议，从11月10日到12月15日，会期长达36天，这是中央高层少有的在这么长时间里集中开会的会议之一。

36天与5天，决定了此后的中国未来。

就是在12月13日中央工作会议的闭幕式上，邓小平做了题为《解放思想，实事求是，团结一致向前看》的重要讲话。这一讲话成为了十一届三中全会之后一个阶段各项工作的指导方针，后来很多人都把邓小平这一讲话误认为是在十一届三中全会上的讲话，其实不是，这是十一届三中全会召开前，在中央工作会议上的讲话。

邓小平在11月13日中央工作会议闭幕式的讲话中，高度评价了持续半年多的真理标准大讨论，他说：“解放思想是当前的一个重大的政治问题，不打破思想僵化，不大大解放干部和群众的思想，四个现代化就没有希望。”

也就是在这个重要的讲话中，邓小平明确地提出了让一部分人和一部分地区先富起来的“先富论”。他说：“在经济政策上，我认为要允许一部分地区、一部分企业、一部分工人农民，由于辛勤努力成绩大而收入先多一些，生活先好起来。一部分人生活先好起来，就必然产生极大的示范力量，影响左邻右舍，带动其他地区、其他单位的人们向他们学习。这样，就会使整个国民经济不断地波浪式地向前发展，使全国各族人民都能比较快地富裕起来。”他还说：“这是一个大政策，一个能够影响和带动整个国民经济的政策，建议同志们认真加以考虑和研究。”①

可以说，正是邓小平的“先富论”，为1978年之后的大包干、包产到户和个体私营经济的发展开了先河。这个大政策，激发了全国人民创造财富的欲望，使人们看到即将到来，可以实现的富裕生活。

日后个体私营经济发展，一方面是人们从中得到的想象，另一方面是政策环境的创造。据文献资料记载，从1978年到1992年邓小平南方视察讲话15年间，邓小平有19次提出部分先富的问题。“先富论”和邓小平此前的“猫论”一样，深入人心。

中央工作会议原定在13日闭幕，但与会者对邓小平的讲话产生广泛的共鸣，同时深感讲话的重要，很多人纷纷要求延长两天学习讨论，这样一来，中央工作会议就开了36天，12月15日结束。

因此，在十一届三中全会发布的公报中，有这样一段话：“在全会前，召开了中央工作会议，为全会做了充分准备。”

1978年12月18日至22日，为期5天的中共十一届三中全会是中国历史的大转折。它标志着中国告别一个旧时代，一个全新的、探索现代化建设新的历史时期的到来，从经济的角度来看，是转型经济的起始点。

全会公布中明确提出：全国范围大规模的揭批林彪、“四人帮”的群众运动已经基本上胜利完成。全党工作的重心应该从1979年转移到社会主义现代化建设上来。

中共十一届三中全会公报指出：“对经济管理体制和经营管理方法着手认真地改革”“正确改革同生产力迅速发展不相适应的生产关系和上层建筑。”虽然公报中只有两处提到“改革”，“开放”一词还没有出现，但当时已采取了许多

① 邓小平．邓小平文选：二卷［M］．北京：人民出版社，1994：141-152.

开放的举措，公报也提出：“在自力更生的基础上积极发展同世界各国平等互利的经济合作，努力采用世界先进技术和先进设备。”

可见，在当时，改革开放的国策已初步确立。

公报还针对我国经济管理体制所存在的问题提出：应该大胆下放权力，扩大企业管理的经营自主权；应该大力精简各级行政机构；应该坚决按照经济规律办事，重视价值规律的作用；应该认真解决党政不分、以党代政、以政代企的现象，实行分级分工分人负责。

这“四个应该”，40 年后来看，都让我们无不钦佩当时领导者的智慧。这也成为中国要实现改革的正确路径选择，是在之后要实现全面改革的纲领和雏形。

“坚决按照经济规律办事，重视价值规律的作用。”这一尊重经济发展规律的思想的确立，使“中国奇迹”在 40 年里不断上演，个私经济的出现和发展势不可挡。

在十一届三中全会召开的同时，安徽凤阳县小岗村的 20 个农民做出“包产到户”的惊人之举。这看似是一种巧合，其实是内在的一种自生力量。而这种自生力量正好与中共十一届三中全会形成的改革的大背景撞了个满怀。

在 1978 年这样一个大的背景下，有个数据有着独特的意义，那就是在 1978 年，中国还没有一家私营企业，当时民营企业的概念都没有，个体经济为 14 万人（户）。

第二章

突破口——里程碑（1979，1980）

现在搞建设，门路要多一点。
钱要用起来，人要用起来。
——邓小平，1979年

“五老”火锅宴

为民族资本家“脱帽加冕”

十一届三中全会闭幕还不到一个月，中央统战部邀请各民主党派、工商联代表人士在北京开会，邓小平提出，要见一见工商界的老朋友，提出一个五人名单：胡厥文、胡子昂、荣毅仁、周叔弢、古耕虞。1979 年 1 月 16 日，五位老人接到通知后兴奋不已，当天晚上相约在胡厥文家中，讨论第二天与邓小平见面时的谈话内容，他们讨论得很热烈，讨论了他们对国家现代化建设的建议。古耕虞还受委托连夜起草了一份建议书。

1979 年 1 月 17 日上午 9 点多，五位老人早早来到人民大会堂福建厅，等待邓小平的到来。10 点，邓小平来了，随同邓小平一同前来的，还有时任中央统战部部长乌兰夫、国务院副总理谷牧和纪登奎、陈慕华等。小平与“五老”一一握手，简短地互敬问候，就坐了下来。由于邓小平和“五老”中的胡厥文、胡子昂、周叔弢、古耕虞都有些耳背，所以沙发的摆放也很特别，不是围成一个大圆圈，而是两排沙发面对面，靠得较近，坐在一起说话。

小平同志开宗明义，说道：“听说你们对搞好经济建设有很好的意见和建议，我很高兴。我们搞经济建设，不能关门。对外开放和吸引外资，这是一个新问题，你们要发挥原工商业者的作用。”邓小平的一席话，使得“五老”很兴奋，“五老”纷纷发表意见，小平频频点头表示赞同，并不时地发表自己的意见和见解。

当年邓小平与“五老”的谈话记录，后来存放在民建和全国工商联的档案室里，《邓小平文选》第二卷中的《搞建设要利用外资和发挥工商联的作用》一文，正是依据这份记录整理而成。

不知不觉已到了中午时分，邓小平环视一圈，说：“肚子饿了，该吃饭了，先到此为止好不好？今天我们聚聚，我请大家吃涮羊肉。”工作人员很快就在福建厅的一角支起两个圆桌。邓小平与五位老人一桌，其他随同人员一桌。吃火锅时，邓小平与五位老人随意谈笑，不时拉拉家常。小平兴致很高，喝了几盅白酒，还劝五位老人都喝一点。

这次与原五位老工商业者的谈话，古耕虞曾形象地称这顿午餐是“一只火锅，一台大戏”，这就是后来被称为著名的“五老火锅宴”，[①]并在工商界间传为佳话。

“五老”曾是中国工商界巨子，在民族工商业中名声显赫，一直是中国共产党的老朋友。在“文革”期间，都曾不同程度地受到冲击。

胡厥文 84 岁，曾是上海机械大王，时任全国人大常务委员会副委员长，民建中央临时小组负责人。

胡子昂 82 岁，曾是钢铁大王。早在 1938 年就与周恩来有联系。先后担任重庆华西公司总经理、重庆自来水公司经理、中国兴业公司（兴业公司是西南首屈一指的托拉斯公司）总经理、华康银行董事长。时任全国政协副主席，全国工商联负责人。

“五老”中年纪最小的是荣毅仁，时年 63 岁。曾有纺织大王、面粉大王和红资本家之称。荣氏家族在中国近代民族工业发展史上，起过举足轻重的作用。1954 年 5 月，荣毅仁在任上海申新纺织印染公司总管理处总经理时，正式提出公司合营的申请，1955 年正式公私合营。1956 年荣毅仁作为工商界的代表，就公私合营问题到北京向毛泽东主席报喜。在陈毅元帅的提议下，1957 年 1 月，荣毅仁担任上海市副市长。时任全国政协副主席，全国工商联负责人。

五老中年纪最大的是周叔弢，时年 88 岁，原天津水泥大王，时任天津市政协副主席，天津工商联负责人。

古耕虞 74 岁，原四川猪鬃大王，全国政协常委，对外贸易部资深顾问。

“五老”见到邓小平时，不约而同地表达了一个共同的愿望，那就是要把“资本家”的帽子摘掉。他们都向邓小平谈了工商界人士对摘掉这样一顶帽子的理由，古耕虞还递交了书面申请。古耕虞说：“从现在的情况看，为原来的资本家摘掉帽子，条件越来越成熟了，只是日期还未定。如果再拖两年，工商界退休的人越来越多，那么，想要调动他们的积极性，就显得更迟了。我要求党和国家领导人考虑为资本家摘掉帽子，这不仅对他们，对他们的子女和亲属是莫大的鼓舞，而且对全世界、对人类也会产生深远的影响。我的这个要求，绝不是为我个人提出的，也不是现在才提的。过去我口头或书面向领导陈述过多

① 黄孟复．中国民营经济史·纪事本末 [M]．北京：中华工商联合出版社，2010：160-161.

次了。”

邓小平耐心地听取了“五老”的建议，并代表党中央明确地表态，他对“五老”说：“要落实对原工商业者的政策，这也包括他们的子孙后辈。他们早已不拿定息了，只要没有继续剥削，资本家的帽子为什么不摘掉？”①

在与“五老”会面时，邓小平提出了“钱要用起来，人要用起来”②的著名论断。三中全会后，刚刚摆脱“左”的干扰，百废待兴。邓小平在与“五老”谈话中说：“要发挥原工商业者的作用。有真才实学的人应该用起来，能干的人就当干部。对这方面的情况，你们比较熟悉，可以多做工作。”③

“比如旅游业，你们可以推荐有本领的人当公司经理，有的可以当顾问。”④“还请你们推荐有技术专长、有管理经验的人管理企业，特别是新行业的企业。”“要用经济方法管理经济。”这些谈话无不温暖着“五老”的心。今天看来，这些谈话仿佛很平常，但在当时，这非同小可，让戴着“资本家”帽子的人去当经理、当顾问，要用有管理经验的人，要用经济方法管理经济，这话对五位“老资本家”来谈，对长期受打击、受排斥、受批判、受管制的原工商业者来谈，显然非同寻常。

邓小平在与“五老”的谈话中，还提出利用外资归侨办厂的问题。他说：“现在搞建设，门路要多一点，可以利用外国的资金和技术，华侨、华裔也可以回来办工厂。吸收外资可以采用补偿贸易的方法，也可以搞合资，先选择资金周转快的行业做起。”由于“五老”在海外有广泛的社会关系，邓小平与五老的谈话，就是希望他们能发挥海外关系多、社会联系广的优势，动员他们的亲友回到国内来投资办企业。

此前，荣毅仁得知邓小平在与叶剑英、王震的一次谈话中提出：搞现代化建设，实行对外开放，应该请荣毅仁这样有实际企业经营管理经验的原工商界人士出来工作。当荣毅仁面对面聆听了邓小平的这些谈话后，他既激动，同时也倍受鼓舞，他当即建言：“国家外汇有限，引进要快，见成效，就要好

① 邓小平．邓小平文选：二卷[M]．北京：人民出版社，1994：157.
② 邓小平．邓小平文选：二卷[M]．北京：人民出版社，1994：157.
③ 邓小平．邓小平文选：二卷[M]．北京：人民出版社，1994：156.
④ 邓小平．邓小平文选：二卷[M]．北京：人民出版社，1994：156.

好搞生产。搞好生产我觉得有两个问题急需解决。一个是工资制度，十几年不加工资怎么能有积极性？有人说加工资是否会引起通货膨胀，我认为只要生产搞上去，通货膨胀一点还可以刺激经济发展。另一个管理问题，没有民主就没有主人翁感，就不动脑筋，现在机构，头头太多，划圈的人多了，办事速度就慢了。”关于对外开放，荣毅仁说：“有的美国人很想来，但美国大公司来华还有顾虑，外国朋友建议我们邀请大老板来面对面谈，让他们回去讨论，以改变目前的态度和看法。从国内讲，各地区、各部门对引进的积极性很高，但是要协调。一个西方大公司来，许多人都去找他，他的尾巴翘高了，要价也就高了。”①

邓小平还专门谈了荣毅仁办的中国国际信托投资公司，邓小平对荣毅仁说：“你主持的中国国际信托投资公司，要规定一条：给你的任务，你认为合理的就接受，不合理的就拒绝，由你全权负责处理，处理错了也不怪你。要用经济方法管理经济，从商业角度考虑签订合同，有利润、能创汇的就签，否则就不签，应该排除行政干扰。所谓全权，包括用人权。”②

也就是在这次与“五老”会面中，邓小平还第一次提出原工商业者可以重新出来办企业。邓小平说：“落实政策后，工商界还有钱，有的人可以办一两个工厂，也可以投资到旅游业赚取外汇，手里的钱闲起来不好。你们可以有选择地搞。总之，钱要用起来，人要用起来。”

正是由于邓小平与“五老”的这次谈话，5 天后，1 月 22 日，中国共产党中央统战部根据邓小平的指示精神，召开了党对民族资产阶级政策座谈会。在会上，乌兰夫重申了中国共产党对民族资产阶级的一贯政策，决定对“文革”时期查抄财物、扣减薪水、占用私房、人事排挤、福利不公等错误做法予以纠正，并重新落实政策。

为了在更大的范围内回应五老的建议，1979 年 6 月 15 日，邓小平在全国政协五届二次会议的开幕词中更加明确指出：“我国的资本家阶级原来占有的生产资料早已转到国家手中，定息也已停止 13 年之久。他们中有劳动能力的绝大多数人已经改造成为社会主义社会中自食其力的劳动者”。“劳动者”，这对原

① 闫阳生．邓小平和“五老火锅宴”[N]．团结报，1999-2-25.
② 邓小平．邓小平文选：二卷 [M]．北京：人民出版社，1994：157.

工商业者来说绝不是一个简单的提法问题，这为资本家既摘了帽，同时又给予很高的“政治”礼遇。之后，中国共产党中央统战部为原工商业者落实了政策。

邓小平会见“五老”后，荣毅仁的中信公司越办越火，胡子昂、胡厥文、古耕虞办起了中国工商经济开发公司，周叔弢在天津办了建华经济技术咨询公司。1980年至1982年，一些原工商业者相继都在不同地区办了一些公司和企业。如1979年在上海，一些老工商业者利用境外的部分民间集资，创办了一家叫“上海市工商界爱国建设公司”的企业，后来据一些研究民营企业的人士认定，这家企业是中国实行改革开放政策后第一家真正意义上的民营企业。这些公司和企业有的存在到今日，并发展成知名的大企业，如中信公司，有的早已不存在了。对这样一些在特殊情况下产生的公司和企业，在当时起到重要的示范作用。很多后来发展起来的中国民营企业和公司，在改革开放初期，都不知道公司和企业怎么办，很多人都受到了这一时期原工商业者所办企业和公司的影响，荣毅仁由此成为中国民营企业家的榜样。同时，这些公司和企业也培养了一批最先知道如何做生意的人，其中有的后来自己成立了企业。各省市工商联恢复后，也相继办了一些隶属工商联的公司，虽然后来都陆续的撤销或转手，但也是一个重要的经商实践，而且带出了一批学做生意的人。

2005年的深秋，10月26日，中国现代民族工商业的一代巨子——荣毅仁走了。他的一生几乎就是中国现代民族工商业发展史的一个缩影，一个最具有代表性和象征性的“红色资本家”，一个前所未有的“老板”。

“荣老板”，是对他独有的尊称，并成为一种对他特指的“国称”，即使是在社会主义建设初期，人们仍爱这样称呼他。一个昔日在上海滩“玩”过的资本家，中国典型的民族资本家，和中国共产党有过50多年的交往，在和共产党的接触、合作、共事中，和共产党的几代领导人都结下了千丝万缕的情谊。无论是他“春风得意”还是“乌云笼罩”的日子，他对中国共产党是跟定了再跟定，用另一种方式来实现他对社会主义国家的热爱，来表达他对建设社会主义国家的革命热情。

中华人民共和国成立前夕，他坚定地留下来。中华人民共和国成立后，他保持着自己的个性和主见跟着中国共产党投入新中国的建设，在对中国资本主义工商业的社会主义改造时期，无论是在公私合营还是赎买政策当中，他都是资本家的带头人。由于他的出身，这位昔日上海滩的富家公子，并非天然地就接受社会主义和共产党，尤其在“左”的路线干扰下，他也有过痛苦、徘徊、彷徨，他也吃过苦头，也受过不公正的待遇和迫害，但他的爱国主义信仰始终如一。“文革”结束后，经过人生历练的“荣老板”，仍怀着积极的“入世”的人生哲学。在我采访和他一起工作过的同仁时，他们这样评价他：“荣老板永远是向前看，不看身后事。”

十一届三中全会后，邓小平请荣毅仁“出山”，并做出指示，归还全部荣家的财产，并追补没收期间的所有储蓄利息。“五老火锅宴”后，荣毅仁深感“知遇之恩”，使他义无反顾地担起中国改革开放先锋的角色，使“中信”成为中国改革开放的一个重要的窗口，成为中国改革开放的一个象征和标志，“荣老板”更是成为中国企业家在改革开放中旗帜性的代表。

当年邓小平与“五老”的会面和谈话，有一个重要的背景不能忽略。1979年1月1日，中美两国正式建立外交关系，这为两国在各个领域的往来和合作开辟了广阔的道路。也就是在邓小平与“五老”火锅宴后的第十一天，1月28日，农历的大年初一，邓小平远赴大洋彼岸的美国访问，这让当时的美国总统卡特深为感动。1月30日，中国农历大年初三，邓小平走进白宫，在卡特椭圆型的办公室里，与总统先生进行了长达数小时的谈话，从而拉开了中美贸易的新纪元。

“包产到户”就是对“私”的承认

自己动手，丰衣足食

小岗村的惊天之举，正符合了那句“星星之火，可以燎原”。但在当时，“包产到户”仍是禁区。十一届三中全会通过的关于农业问题的文件里已明文规定“不许包产到户”。但中国农民有自己心中的小九九：人家都在偷着做了，咱也整，反正法不责众。所以安徽省很多地方都在偷着搞。

然而，1979年3月15日，《人民日报》在头版头条发表署名张浩的“读者来信”，这篇题为《“三级所有、队为基础”应该稳定》的文章，一经中央人民广播电台播出，事就大了，这就是后来的“张浩事件”。

这封读者来信中陈述了对农村分田到组或到户的不满，《人民日报》还配发了编者按，认为“张浩同志的建议是正确”的，号召纠正错误做法，稳定“三级所有，队为基础”制度。

听了广播的农民顿时陷入困惑和慌乱，有的农民干脆就表态：不包了。这封读者来信的经过是这样的：1979 年 2 月，甘肃省档案局的干部张浩回老家洛阳探亲，发现村里正在搞分产到组或包产到户。因家里劳动力不足，少分了几头牲口，于是张浩就给党中央写信，陈述了自己对家庭联产承包责任制的不满，说搞包产到户就是倒退，不得人心，会给生产带来危害，希望中央将农村生产体制改回人民公社制度。

报上一登，匣子里这么一广播，包产到户就成了靶子。据当年处理这篇读者来信的《人民日报》前农村部主任李克林回忆，张浩来信见报后，洛阳等地很快作出决定，一律停止搞责任制。有的还专门发文要求停止包产到户。

而此时，安徽已率先实行农业改革，有关农业政策问题的争论自上而下日益尖锐。各地关于农民抢牲口、分农具、闹分社的报告，正不断地递交到王任重的手中。在此问题下，1979 年 3 月 12 日至 24 日，王任重还召开过九省市农业负责人会议，寻求统一思想，要求必须依靠已有政策，稳定人民公社制度及社会主义集体经济制度。也就是在这次会议上，安徽省农委副主任周曰礼提出，无论包产到户还是包产到组，都是社会主义集体经济所有制的一种形式。周曰礼的这一观点在当时显然是一枚重磅炸弹。

在这样一个背景下，安徽显然成了众矢之的，遭到舆论的“合围”。3 月 15 日的当天，刚听完广播就有人给当时的省委书记万里打电话，万里平静地说：“不管怎样，我这里已经干开了……备个案，搞错了，省委检查，我负责。”①

凤阳人听了广播，看了报纸都有些不知所措，万里叫秘书给他们打电话，说：“《人民日报》能给你饭吃？”面对各种舆论的“合围”，万里指示安徽省委给《人民日报》写信，组织文章，针对张浩的文章，予以反驳。

3 月 30 日，《人民日报》头版发表了安徽省农委辛生、卢家丰的来信，题为《正确看待联系产量的责任制》。文章明确地说出张浩的来信和“编者

① 马立诚．大突破——新中国私营经济风云录 [M]．北京：中华工商联合出版社，2006：137.

按”“在我们这里造成了混乱”，批评一些人“把联系产量责任制说得一无是处”。信中尖锐地指出：包产到组和包工到组，联系产量计算报酬，实行超产奖励并没有什么本质不同，它既不改变所有制性质，又不违背党的政策原则，为什么现在却把它当作“错误办法”，要“坚决纠正”呢？……好像“包”就是资本主义，“包”就改变了所有制的性质，集体经济马上就要瓦解了，这种看法实在是站不住脚。

《人民日报》为此也加了编者按，并承认，3 月 15 日发的张浩来信和编者按“有的提法不准确，今后要注意改正”。还说，各地情况不同，不能搞一刀切，并直接说明：不管用哪种劳动计酬方式和办法，不要轻易变动，保持生产稳定的局面。

这篇反驳张浩的来信和编者按，很快稳定了农村的村耕生产，极大程度上缓解了农民对包产到户的压力，同时也使包产到户逐渐走向公开化。但当时《人民日报》为了保持相对平衡，当天还在报上发了一篇支持张浩的来信。

其实人们不难看出，1979 年 3 月 30 日这篇文章，虽然文章中没有直接提“包产到户”这样一个固定词组，而是玩了个文字游戏：“联系产量的责任制”。但在当时就触及最要害的问题，那就是“所有制”。可以说关于所有制的争论，一直伴随着中国改革开放相当长的一段时间，从农村到城市，从国企改革到个私经济的发展。但无论什么样的理论和论调，都没有来自于现实的检验更直接，更有说服力：“大包干、大包干，直来直去不拐弯，完成国家的，交足集体的，剩多剩少都是自己的。”就是这样生动、直白的百姓语言，往往是最深刻的。

如何能吃顿饱饭，如何能让过日子的钱不那么紧巴，是当时民众生活中最大的奢望。20 世纪 80 年代以后出生的人，几乎无法想象改革开放 40 年前人们生活的艰辛。

“剩多剩少都是自己的”，可以说，这是十一届三中全会之后，来自农民最早对“私”的回归，以及之后人们对“私”不断的默许和承认。“剩多剩少都是自己的”正是“自利的打算”，是对私欲的承认，承认“私”的合理性。在农民看来，包产到户是在给自己种地，剩多剩少自己能看到能享受到，不像在人民公社里边，自己的没有，想吃拿人民公社的，公社更是啥都没有。这正是包产到户的生命力所在。

1980 年 5 月 31 日，邓小平召集胡乔木、邓力群等人就农业问题发表了重要谈话。在这次谈话中，邓小平明确地说："一些适宜搞包产到户的地方搞了包产到户，效果很好，变化很快。"[①]他还肯定和赞扬了安徽肥西县和凤阳的大包干。这些建议极大地推动了包产到户的发展。这一年的 8 月，国务院的领导做了调整，华国锋、纪登奎、王任重、陈永贵不再担任总理和副总理，万里任国务院副总理兼国家农委主任，主管全国农业工作。这使得农村工作的思想得以解放，包产到户得到推动和发展。

刚刚上任的万里就与农委的领导班子召开关于包产到户的座谈会。会上要形成一个报告，这个报告就是后来产生影响的著名"75 号文件"，即《关于进一步加强和完善农业生产责任制的几个问题》。针对当时对包产到户的激烈争论，为了平衡各方意见，经过与胡耀邦和万里商量，杜润生巧妙地改写了"75 号文件"，最重要的变化就是在前面加了一段话：集体经济是我国农业向现代化前进的不可动摇的基础，但过去人民公社脱离人民的做法必须改革。在现在条件下，群众对集体经济感到满意的，就不要包产到户。对集体丧失信心，因而要求包产到户的，可以包产到户，也可以包干到户，并在一个较长的时间内保持稳定。

这个文件虽然在历史上还有一些局限性，但它打破了多年来包产到户等于资本主义复辟的僵化观念，等于从另一个角度充分地肯定了包产到户，这是中国共产党首次正式肯定包产到户和包干到户。这在当时是中国共产党对包产到户认识上的重大突破。给广大农民撑了腰，壮了胆。"可以包产到户"，虽然是指要因地制宜，不搞一刀切，但实质是承认了包产到户的合理性，承认群众自由选择的权利，也就是公开承认了"私"的合理性。这同时也是为私营经济"粉墨登场"和快速发展提供了重要的生存环境，并埋下伏笔。"包产到户"，说到底，就是在农村先恢复了个体经济，为个体私营经济撕开个口子，是突破口。

当时的贵州省委书记池必卿明确自己的"论调"："你走你的阳关道，我走

① 邓小平．邓小平文选：二卷 [M]．北京：人民出版社，1994：315.

我的独木桥。我们贫困地区就是独木桥也得过。”这一“论调”在当时有一定的市场，广大农民喜欢。但同时还有一些没有摆脱“左”的思想的人是坚决反对的，有一些地区主管农业的负责人公开在干部大会上放出话：“谁要继续搞包产到户，是党员的就开除党籍，不是党员的就开除公职。”[①]可见，当时搞包产到户是踩着什么样的“雷”。

1981 年春夏之交，杜润生组织了 17 个联合调查组，分赴 15 个省调查包产到户的情况。来自安徽的调查报告说：包产到户是“农村的曙光，中国的希望”。这一年夏收之际，全国有 161 万个生产队包产到户，占生产总数的 32%。

1981 年的冬天，中央召开全国农村工作会议之后，国务院领导到东北考察期间有个建议：不要在强调不同地区不同形式了，要让群众自愿选择，选上啥就算啥，领导不能硬堵。

由杜润生担任主任的中央农村政策研究室就是根据这一精神，起草了《全国农村工作会议纪要》，也就是在包产到户问题上一锤定音的“一号文件”。1982 年 1 月 1 日，中央发布了该年的“一号文件”。正是这个推动农村改革时期的重要文件，在 75 号文件的基础上向前大大跨进了一大步。文件正式肯定了土地的家庭承包经营制度，从而结束了包产到户长达 30 年的争论。文件的最大突破是：目前实行的各种责任制，包括小的包工定额计酬，专业承包联产计酬，联产到劳，包产到户、到组，包干到户、到组等，都是社会主义集体经济的生产责任制，不管采取什么形式，只要群众不要求改变，就不要变动。

这是中国共产党在正式文件上第一次承认包产到户、包干到户是社会主义的，这是给包产到户上了社会主义的“户口”。

胡耀邦对这件事特别高兴，他说：“最好每年来个一号文件，以显示连续性、重要性和权威性。每年搞一个农村工作的战略性文件，下次还要排一号。”此后 5 年，每年中央的“一号文件”都是谈农业问题。这就是人称的五个“一号文件”。这五个“一号文件”指导和推动了农村的改革和发展，其主要精神分别是：1982 年，正式承认包产到户的合法性；1983 年，放活农村工

① 马国川．1982：大包干总进军 [N]. 经济观察报，2007-6-10.

商业；1984年，疏通流通渠道，以竞争促发展；1985年，调整产业结构，取消统购统销；1986年，增加农业收入，调整工农城乡关系。

这五个“一号文件”，都是由杜润生负责主持起草的。由此，杜润生名声大噪，成为中国最负盛名的农业问题和农村经济及政策的专家。五个“一号文件”也是中国农村改革开始阶段的记录。

到1982年年底，全国大体上已有80%的农民实行了包产到户，粮食再度丰收，产量增长9%。人民公社“三级所有、队为基础”的体制基本被瓦解。到1983年，全国12702个人民公社宣布解体，实行包产的生产队占总数的98%。第一个摘掉人民公社牌子的是四川省广汉向阳人民公社，挂了22年“人民公社”的牌子，在1980年6月18日被摘掉了，后来人们仿佛都不记得这个地方，2008年5月12日汶川大地震，广汉是重灾区，使人们再次想起它的这个“第一”，如今的向阳镇有“天下第一乡”之称。1984年，又有39830个人民公社宣布解体。至此，人民公社及其下属生产队在中国大地上不复存在。

人民公社，这是中国当代史上一次乌托邦理想的大规模“实验”，特别是从1958年到1962年，无论是生产领域还是消费领域，属于个人的空间被严重地压缩，尤其是人民公社的“共产风”，被视为一条过渡到共产主义的具体途径，“公共食堂”“跑步进入共产主义”“所有家庭彻底消灭私有财产”“一切东西都可以共享”等等，今天看来是如此的荒唐可笑，然而在当时却被视为最具有创造性的伟大实验。历史规律是不能用实验来证明的，历史的教训再次证明了这一点，中国共产党从此也学会了如何尊重群众的意愿，积极支持试验，不断总结经验，及时废除人民公社，又不走土地私有化道路，尊重客观事实，把握经济规律。

家庭联产承包责任制取代人民公社体制，标志着突破单一公有制的探索取得一次重大胜利，具有深远的意义。

包产到户正是昭示了由此而产生的个体私营经济，尤其是自有资本和自主经营权的“自我支配”，在农村推行联产承包责任制的同时，之后随之出现两个意想不到的情况，一个是乡镇企业异军突起，即原来的社队企业逐步发展为乡镇企业，它使农村剩余劳动力从土地上转移出来，为农村致富和逐步实现现代化，以及整个经济的改革和发展，开辟了一条路。另一个是在农村出现了专业户及其协作联合体，流通领域出现了长途贩运、私人购买汽车跑运输、私营服务业和个体工商户。包产到户为中国私营经济的复苏和发展提供土壤和发展的空间，这实际上是新时期中国个体私有经济的“序曲”。而之后在中国市场中所产生的一大批民营企业家，很多是先来自农村，从农村走向城市，如：刘永好三兄弟、鲁冠球、张宏伟等。

历史就是这样，包产到户其实在浙江的温州搞得最早，20 世纪 50 年代、60 年代、70 年代温州人始终没有放弃包产到户，虽然一次又一次被打下去，又偷着搞，但历史却选择了安徽小岗村，历史就是在其特殊的时候，留下最具有标志性的符号。

1979 年至 1982 年，在全国农村“风起云涌”的家庭联产承包责任制——包产到户，其实质就是在农村先实行了个体户。这一做法客观地说，是农民饿肚子逼出来的，是农民自己的创造，在这创造的过程中，国家和个人都得到了实惠，最后得到了党的认可和承认。

1700 万知青大返城催生个体经济破土而出

我们要吃饭，我们要工作

城市个体户的出现，其实也就比农村改革晚了半拍，它与农村的包产到户是孪生兄弟，只差几分钟。这一切发于千万知青的大返城。

而知青返城的举动绝不亚于小岗村的“惊天之举”。

知青作为“文革”的遗留物，到 1978 年就成为不得不面对的头疼问题。2 月，时任国务院副总理的李先念在谈到知青工作时说：“现在社会上对知青问题议论很多。四个不满意是我讲的：知青不满意，社队不满意，家长不满意，国家不满意。”[①]3 月，重新工作不久的邓小平说：“现在搞的上山下乡，不是个长期办法，农民不欢迎嘛！城市人下去实际上形成同农民抢饭吃的局面。我们第一步应该做到城市青年不下乡，然后再解决从农村吸收人的问题。”[②]

于是，1979 年 2 月，有 760 万上山下乡知青大军潮水般回到他们当年出

---

① 张卫．“知青大返城”为何始于云南［N］．南方周末，2008-3-6.

② 中共中央文献研究室．邓小平思想年谱（1978 年）［M］．北京：中央文献出版社，1998.

发的城市，之后大约两年多的时间里，全国返城的知青大约在 1700 万人。

这一相当于当时中国城镇人口十分之一的人数，一股脑儿地全都涌回城市，要吃饭、要工作、要解决个人问题，等等，他们自认为是被耽误的一代，显然，就业问题成为解决回城知青的最大问题。“待业青年”就是那时候诞生的一个新词汇，显然那时在中国还不用“失业”一词。

为了缓解就业压力，在东北很多企业采取“接班政策”，既父母退休或可提前退休的由其子女接替上班，还有的大型国有企业为了解决职工家属的就业问题，专门把回城人员组成“劳服大队”“小分厂”“大分厂”等，把企业里边的活儿分流出一块，以解决回城人员的就业压力。这一新的组成，后来发展成“劳服公司”和“大集体企业”，而正是这些企业和公司，在 20 世纪 90 年代之后，几乎全都转制或演变成民营企业和民营公司，而这些“接班的”或是在大集体中工作过一段的回城知青，是最不满足现状的一批人，很多后来都从原单位出来自己单干，开公司做生意了。

1979 年 2 月至 3 月，国家工商行政管理局召开“文革”结束后的第一次工商行政管理局长会议。当时国内正面临着大批知青返城、城镇积压 700 万至 800 万待业人员的巨大压力。会议上中共中央、国务院作出报告，提出“各地可以根据当地市场需要，在取得有关业务主管部门同意后，批准一些有正式户口的闲散劳动力从事修理、服务和手工业等个体劳动，但不准雇工”。经中共中央和国务院的批准，4 月 9 日，国务院向各地转发了这个报告，这是十一届三中全会以后中国共产党第一个关于允许个体经济发展的报告。虽然这个报告作了种种限制，尤其是当时还不准雇工，但它公开地为个体经济发展开了绿灯，表明了个体经济、个体劳动是允许存在并发展的。

1979 年 9 月 29 日，叶剑英在庆祝中华人民共和国成立 30 周年大会的讲话中指出：“目前在有限的范围内继续存在的城乡劳动者的个体经济，是社会主义公有经济的附属和补充。”这就是最初的“附属和补充”说。而“补充”意味着个体户第一次被政府所承认。

在知青大返城就业问题上，最具有代表性和典型意义的，就是 1979 年 6 月，由北京前门大栅栏街道办组织的 20 多名待业青年在北京前门办的“北京大碗茶青年茶社”，专卖2分钱一碗的大碗茶。“大碗茶”，成为这一历史的特指。

仅1979年这一年，涌回北京需要就业的知青就40万人。安置返城知青就业，成为当时城市的重要工作。20多个知青在前门卖大碗茶，可想而知，也是无奈之举。就是这个小茶社，开业当天就赚了60元钱。但由于没有营业执照，不知交了多少罚款。当时他们也曾去工商局申请过营业执照，却迟迟办不下来，工商局给出的理由是，从没有过先例。后来为了解决这个问题，街道办事处多次出面找区政府协调，1979年年底，才办下一张“三张名片合起来大小的营业执照”，而且还是临时的，上面规定经营范围是茶水经营。然而，就是这样一个经营茶水的茶社，到年底，就净赚11万元。次年演变为大栅栏青年综合服务社。1979年至1985年，靠卖大碗茶的买卖解决了大概3000名待业青年和知青的工作，今天看来这一切都很难想象。

后来服务社又先后更名为“大栅栏工艺美术服务合作社”“大栅栏贸易货栈”“大栅栏贸易公司”，在1987年定名为“北京大碗茶商贸集团公司”，并在北京、深圳和海南都建起了分公司。1988年12月，公司又投资创办了改革开放之后京城第一家京味茶馆——老舍茶馆。2008年的夏天，我特意跑到前门，在老舍茶馆门前，花上2分钱喝了一碗大碗茶，在北京能实现2分钱的消费，再也找不到第二家了，这2分钱的“买卖”，是一种象征，是一种对历史的敬意。

广开门路安置城镇待业青年，是当时城镇青年严重的就业压力所迫，但仍有一大批回城知青无法得到相应的工作安排，这就逼得他们不得不自己找出路。同时，一个大闲人在家，不挣钱，还给家庭生活带来新的开销，使得本来就很拮据的家里更加“入不敷出”。据学者刘小萌在《中国知青史》一书中披露，北京市1979年调查了10个区7万多名待业青年的情况，其中，家庭平均生活费在15元以下的有7000多人，约占10%。

那时，不知有多少知青在家里待着无事可做，使得他们走到哪儿都抬不起头，仿佛是城市里多余的人。正是在诸多无奈和被逼之下，修自行车的、修鞋的、理发的、做衣服搞裁剪的、摆小摊卖旧货的等，都相继在城市的街道巷子里冒了出来，挣了钱，既贴补了家里，自己也变得硬气起来。为了肚子，为了在人前人后不让人说成是多余的人，是吃闲饭的人，城市个体经济就是这样被逼出来，也逼着待业青年们自己找生路。其实在1979年年底到1980年年初这个时候，广东出现的深圳经济特区，也是为解决几十万青年逃港问题逼出来的。

经济特区，杀出一条血路来

中央没有钱，可以给政策，你们自己去搞

1979 年 4 月下旬，在中央召开的专门讨论经济建设的工作会议上，时任广东省委第一书记的习仲勋在向中央政治局汇报工作时提出：希望中央下放权力，让广东在对外经济活动中有较多的自主权和灵活的余地；允许在毗邻港澳的深圳和珠海以及属于重要侨乡的汕头搞出口加工区。其实习仲勋这一建议，已思考了很长时间，那就是他到广东工作后，他一直在思考如何充分地用好"窗口"，在发展经济建设中，解决好大量人员逃港问题。

广东省委的这一建议，受到中央高度重视。邓小平当天就安排与广东省负责人谈话，对其提出的要求和意见表示赞成和支持，并指示说："还是叫特区好，陕甘宁开始就叫特区嘛！中央没有钱，可以给政策，你们自己去搞，杀出一条血路来。"

中央工作会议讨论了这一重大问题，并形成《关于大力发展对外贸易增加外汇收入若干问题的规定》，决定在沿海少数有条件的省市，划出一定的地区，深圳、珠海两地可以先办。对广东、福建两省采取特殊政策和更加灵活的措施。与此同时，袁庚已开始去南方启动他的蛇口工业区了。"特区"这一叫法，让习仲勋倍感亲切，同时他已心领神会，他比任何人都提前感觉到需要加快开放的速度。由此"特区"成为最具有中国特色的经济名词，而之后在经济特区出生、生长、发展，壮大了多少民营企业，上演了多少精彩财富传奇故事，实在是太多了。

当时中央态度非常明确，给地方更多的自主权，使之发挥优越条件，抓紧当前有利的国际形势，先走一步，把经济尽快搞上去。关于"出口特区"，可先在深圳、珠海两地先试、先办，待取得经验后，再考虑在汕头、厦门设置的问题。

而在蛇口先动起来的袁庚，作为招商局的第二十九任董事长，他要在蛇口所实现的，无论是各种项目，还是企业，还是各种人才，等等所有的一切，

在他心里只有两个字："速度"。方圆 2.14 平方公里的蛇口工业区，一没有纳入国家规划，二没有财政拨款，但袁庚却争取到两个权利：一是可以自主审判 500 万美元以下的工业项目，二是被允许向外资银行举债。这位不受任何"计划"束缚的袁庚，虽然那年他已 62 岁，但他信奉的是：向前走，别回头。从某种意义上说，没有袁庚，就没有之后的深圳速度，也正是他缔造了百年招商局的第二次辉煌，中国改革开放事业的重要探索者。

经济特区，成为中国改革开放具有"里程碑"意义的独特标志。

无论是包产到户，以及千万知青回城自谋职业、寻找生路，还是建经济特区，其本质都是要打破过去形成的旧习惯、旧办法、旧体制、旧思维，遵循市场留给人们的自我选择，来实现一种"新的解放"。我们必须要尊重客观事实。仅从这些，我们不难看出，改革开放当初，一心一意搞经济建设，是全国民心所向，但怎么搞，用什么方式来搞，客观地说，思路还不是很清晰，过去 30 年很多指令性的办法显然已行不通了，哪条道适合市场的需求，哪条道适合人的心愿，不是靠主观愿望，而是尊重实践，尊重"试"，而不是一棍子打死，而是因势利导。

20 世纪 70 年代末 80 年代初，在邓小平的倡导和支持下，深圳、珠海、汕头、厦门是个特区先后创办，并迅速发展起来。1988 年又创建了海南特区。伴随着经济特区的发展和特区内市场经济体制的逐步形成，或是先行先试的成果，人们发现，民营企业利用特区改革开放的先发优势，实现了从小到大、从弱到强的叙述发展。特区从吸引海外资本到开放内资民营更加凸显。

1979 年年底，全国个体从业人员发展到 31 万人，比 1978 年增长了一倍多。

中国第一个合法个体户

一纸执照，个体户有了"身份证明"

20 世纪 70 年代末 80 年代初，在中国城镇街巷里的路边支个小摊，做点小买卖，大都被称为小商小贩。卖的是什么呢？大都是针头线脑的小玩艺。然而就是这样，在当时，他们还大都是偷偷摸摸搞"游击战"，为什么要这样呢？

因为无论是公安警察、交通警察，还是工商的、负责市容的，都有权对小商小贩进行管理，清理摆小摊的，有的被抓住还要罚款，有时不听管教的还要没收所有的货物。这使得小商小贩们不得不偷偷摸摸地搞。还有的是怕熟人看见觉得“害臊”“丢人”和“掉价”；有的是白天在单位上班，早晚或休息日帮家里人干；尤其是刚回城的知青，更怕熟人看见；有的是带个大口罩；有的是家住城东，却躲到城西去干。

不过，在浙江温州，有着“无街不市，无巷不贩，无户不商”的景象。有着“中国第一个个体户”之称的章华妹就是来自温州，并在上述情景下开始干起了个体。

1979 年的春天，章华妹为了家庭的生计在自家门前摆起一个卖布的小摊。章家一共有 7 个兄妹，章华妹是最小的一个，父亲是国企的工人，母亲没有工作，家里生活一直都比较窘迫。在当时，能在国企做名工人那是所有就业人员梦寐以求的，那是“铁饭碗”。章华妹也有这样的梦想，然而她已没有这样的机会了，普通人家的孩子，是无后门可走的，唯一的“接班”这条路，已给了二哥。正是在家庭生活的重压下，章华妹在父亲的建议下，在解放北路的家门口摆了一个小摊，以来补贴家用。

那一年，温州的个体私营经济遍地开花，几乎家家户户都要想卖点什么。章华妹摆摊的当月，就有 100 多元的纯收入。这在当时是一个非常可观的收入了。因为，那时一个国企工人的月收入水平也就在三四十元。100 元相当于一个国企工人 3 个月的收入。收入是可观的，家庭的生活也得到了改善，但是，当时做小商小贩低人一等不说，关键是没有一个正经的身份，尤其是每天都身处被打击的境地，这让章华妹每天都生活在一种不安的状态下。

1979 年 10 月之后，仿佛一夜之间，很多城镇对个体户都放松了很多。11 月的一天，温州鼓楼工商管理所的一位工作人员来到章华妹的小摊前，希望她能去工商部门办一张营业执照，这样就可以大大方方地摆摊。章华妹当时没有答应，其实这不仅是章华妹一人不答应，在当时，大家都不答应办什么营业执照。一来，在自家门前卖点东西，也不知能卖多长时间。二来，“文革”刚结束不久，谁知过两年政策又是什么样，登了记，办了营业执照，说不定哪天成了清算的对象。温州这地方，在推行极“左”路线时期，不知吃过多少次“翻烙饼”。

然而，当章华妹的父亲知道此事后，还是劝女儿去办一张，父亲做过卖布的生意，知道“身份”的重要。于是，章华妹按照父亲的意思到工商所填写了一份个体工商营业执照申请表，并拿到一份临时的执照。几天后，章华妹把自家临街的那间房子进行了改造，变成了门市房，从此告别了摆摊做小买卖的生活。

一年后，章华妹拿到由温州市工商行政管理局正式盖着大红印的个体工商业营业执照，编号是“第 10101 号”，生产经营范围是：小百货。上面写着的开业时间是：1979 年 11 月 30 日。执照上的发照时间是：一九八〇年十二月十一日。

当年的一纸执照，个体户从此有了“身份证明”，而很多这样的个体户，经过几年或十几年的资本积累，之后都成为颇具规模的民营企业或民营公司。

章华妹就是在不经意间成为中国第一个合法的个体户。昔日的个体户，后来在温州最繁华的人民路上拥有了属于自己的数百平方米店铺，已年过 60 岁的章华妹是“华妹辅料有限公司”的董事长。而章华妹在温州商人中，是再普通不过的一个人了。

不通火车，交通不便，只是靠水路运输的温州，在 1979 年之后，乐清、苍南一带突发走私狂潮，很多走私渔船把境外的二手服装、小家电、小五金之类生活必需品偷运进来，这些东西一到岸就被迅速地批发，这也是温州在全国最早搞商品贸易批发市场的原因之一。据资料显示，1980 年前后，温州的个体工商户已经超过 3000 个。而走私使得一些人很快完成灰色的原始资本积累，为自己搞家庭式小作坊积累了可购买设备的资金。

1980 年前后，全国走私最猖獗的地方主要是两个地区，一个是浙南温州、台州，另一个是广东的潮汕地区，这些地区很快刺激了商品经济的发展，并成为私货集散地，与相适应的市场和个体私营经济迅速蔓延，之后成为中国民营经济最活跃的区域。

1980 年 8 月，党中央召开全国劳动就业工作会议，会议决定，应当鼓励和扶持城镇个体经济的发展，可以说，这是最早允许个体经济发展的会议。会议提出了“在国家统筹规划和指导下，实行劳动部门介绍就业、自愿组织起来就业和自谋职业相结合的方针”。这个方针的提出，为我国以后解决就业难的问题找到了一把钥匙，有了“新生路”。并就此下发了有关这次会议的“中发 (1980)64 号文件”。文件中还专门对个体经济下了这样的定义：个体经济是从事法律许可范围内的，不剥削他人的个体劳动。这种个体经济是社会主义公有制经济的不可缺少的补充，在今后一个相当长的历史时期内都将发挥积极作用，应当适当发展。有关部门对个体经济要积极予以支持，不得刁难、歧视。一切守法的个体劳动者，应当受到社会的尊重。

个体户是我国从单一经济成分转到多种经济成分并存之后才大量出现的。承认它的合法地位，是对“个体经营属于资本主义”这一“左”的论断的突破。

随着农村改革中出现的“阳关道”与“独木桥”的争论的明朗化，1980 年 9 月 14 日至 22 日，中共中央召开了各省、市、区党委第一书记座谈会，并形成通过了《关于进一步加强和完善农业生产责任制的几个问题》的会议纪要。这个纪要第一次表示：“要充分发挥各类手工业者、小商小贩和各行各业能手的专长，组织他们参加社队企业和各种集体副业生产；少数要求个体经营的，可以经过有关部门批准，与生产队签订合同，持证外出劳动和经营。要继续鼓励社员发展家庭副业，以活跃繁荣农村经济。”

这个文件还第一次表明，允许农村中的个体劳动者外出劳动和经营。可以说，这是把农民从土地里解放了出来，从此，农民不仅仅是热爱土地，还能感到外面的世界更精彩。

这一年，全国城乡个体经济发展迅速，到 1980 年年底，从事个体经济的达到 80.6 万人，比上一年翻了一番多。

这年 10 月 23 日，在北京城西北面中关村，一个曾去过美国硅谷的中科院研究员陈春光，和几个人在中关村一个无人问津的破仓库里，办起第一个民营科技机构，当时还没有民营科技企业这一说法。然而，就是这样一个以学会名义办的先进技术发展服务部，后来，成就了中关村，成就了北京市的民营科技企业，成就了中关村电子一条街，中关村的故事就从这里开始。

第三章

示范下的燎原之势 (1981-1983)

看一看，不要动他们，允许一部分人富起来。

——邓小平，1981 年

剥削、雇工，“鱼塘风波”与“太爷鸡”

“不准雇工”“必要补充”“看一看再说”

与风风火火的前三年相比，1981 年的年初，人们就发现形势突变。这就是后来在经济界被视为的中国改革开放后的第一次宏观调控。

1981 年 5 月 29 日，《人民日报》二版头条的位置发表了一篇题为《一场关于承包鱼塘的争论》的调查报告，介绍广东省高要沙浦公社陈志雄承包集体鱼塘的情况，并说此事在当地出现了分歧，有赞成的，有反对的。

一些人认为，陈志雄承包的鱼塘面积过大，在经营管理上已超过他的能力范围，他要雇工，有雇工必然就存在剥削，而在社会主义社会里是不能允许雇工和剥削的，对于雇工和剥削，这是一个大的原则问题。

另一些人则认为，既然国家已明确多种经济成分的存在是搞好经济的一项重大政策，像陈志雄这样承包鱼塘的做法，既有利于集体，又有利于个人的做法，即使有一点剥削也是可以的，不必大惊小怪。

陈志雄是从 1979 年 2 月开始承包鱼塘的，当时承包每亩鱼塘一年要向队里交 60 元，但没人敢承包，而被乡亲们称为“能人”的陈志雄竟要承包生产队里的 50 亩鱼塘，并与队里签订了 50 亩的承包鱼塘合同，由此成为沙浦公社个人承包鱼塘的第一人。陈志雄当初的想法很简单，就是承包这些鱼塘，可以解决家里人糊口问题。当年，陈志雄带着全家人照料鱼塘，到第一年收鱼时，扣除承包费和养鱼的各项其他开支，50 亩鱼塘赚了 3100 元。

第二年，吃到甜头的陈志雄胆子更大了，他又从临村包来 50 亩鱼塘，这样一来，陈家承包的鱼塘就超过了百亩。陈志雄养的大都是草鱼，这就需要割草喂鱼，承包 50 亩时家里的人手还算够用，可过了百亩，仅靠家里人去割草来喂鱼，已不行了，这样陈志雄就请村里人帮忙割草，一人一天给两元工钱。最多的时候，来陈家打短工的有近 30 人。从 1980 年 5 月开始，陈家还请了 7 个长工，月工资 50 元。这一年，陈志雄家承包百亩鱼塘的纯收入达到 7250 元。7250 元在当时是一个什么概念呢？那时一个农民一年的农业毛收入最多也就 1000 元，这相当于一个农民收入最好的 7 年的总收入。

然而，就在陈志雄满心欢喜地准备在第三年里有个更好的收入时，一场关于他承包鱼塘雇工算不算剥削、能不能跨队承包的争论产生了，由此而引发的风波很快波及全国。而《人民日报》又以《怎样看待陈志雄承包鱼塘问题》为总标题，开辟一个讨论专栏，选择来信进行讨论。这使得陈志雄和家人如“大难临头”。

剥削、雇工，这是中国共产党在夺取政权后要彻底消灭的，社会主义国家就是要让人民当家做主，就是不能存在剥削，不能有雇工，为了这一目标，中国共产党为之奋斗了 30 年，虽然十一届三中全会之后，人们已接受“黑猫、白猫，抓住耗子就是好猫”的理论，但很多干部和百姓仍没有从“左”的思想禁锢中完全解脱出来，因此很多人不能接受雇工和剥削的存在。同时，在当时，官方的说法也很明确，1980 年中央在 75 号文件中已明确规定：“不准雇工”，而剥削更是社会主义国家所不容的。

然而，陈志雄在 1981 年初就已雇工，而且至少有 7 个雇工是在陈家鱼塘长期打工。很显然，陈志雄的很多做法都与国家规定的政策不符。

而就在广东争论陈志雄的雇工和剥削等问题的同时，1981 年 5 月 9 日的《羊城晚报》在一版显要位置报道《国务院领导过问太爷鸡》。一时，羊城的个体户就此事奔走相告。

是做熏制“太爷鸡”的个体户高德良，在 1980 年 7 月下海做个体户，开业的头一个月，营业额就有 7000 元，他做的“太爷鸡”很快就在市场上供不应求，让他最难办的就是，雇工不能超过 8 个，否则就是资本家剥削。而日营业额超过 100 元就课以 2%—3% 的税，这在高德良看来是个体户的重税。面对这些，高德良无法自己给出答案，于是他给国务院领导写信，提出 8 个自己不解的问题：“个体户有没有前途？……目前对个体户的税收政策是否合理？是扶持个体户，还是限制？”这封信是 1980 年 12 月 26 日用挂号信寄往北京的。没想到的是，一周后，中央领导就对高德良的信做了批示，并派人来到广州调查。

“太爷鸡”和“鱼塘风波”已不仅仅是当地的问题，其具有代表性，成为刚刚在全国各地出现个体户时普遍关注的问题。

1981 年 6 月 27 日至 29 日，在中共十一届五中全会上，通过了《中国共产党中央关于建国以来党的若干历史问题的决议》。第一次作出“我们的社会制度还是处于初级阶段”的判断。《决议》对中华人民共和国成立以来的社会主义建设经验作了科学总结，完成了中国共产党在指导思想上拨乱反正的历史任务；充分肯定了党的十一届三中全会以来，逐步确立的社会主义现代化建设道路，鲜明地指出“个体经济是公有制经济的必要补充”的论断。还指出“国营经济和集体经济是我国基本的经济形式，一定范围的个体经济是公有制经济的必要补充。必须实行适合各种经济成分的具体管理制度和分配制度”。

“必要补充”，这是中国共产党在正式文件中首次明确的提法，很显然这个提法是在叶剑英 1979 年 9 月 29 日讲话的基础上发展而来，去掉了“附属”二字，加上“必要”二字，其意义非凡。

也就是在这次全会上，选举胡耀邦为中央委员会主席，增选赵紫阳、华国锋为中央委员会副主席；选举邓小平为中央军事委员会主席，增选习仲勋为中央书记处书记。中央政治局常务委员会成员有：胡耀邦、叶剑英、邓小平、赵紫阳、李先念、陈云、华国锋。那一年，胡耀邦 65 岁。

随着中国共产党对国情认识的加深，对个体雇工的政策也得到进一步的放宽。7 月 3 日，国家工商行政管理局等 6 家单位联合发出通知，要求在经济上和政治上对个体户给予扶持。7 月 7 日，国务院发出《关于城镇非农业个体经济若干政策性规定》，明确鼓励和支持待业青年从事个体经营，有计划地将部分小手工、修理、服务和商业，租或包给个人经营。

1981 年 10 月 17 日，中共中央、国务院做出《关于广开门路，搞活经济，解决城镇就业问题的若干决定》。这个《决定》，可以说正是对当时在个体私营经济发展中所存在的一切迫切需要解决的问题的正面回应，是对个体经济的大力正名。

《决定》的力度是前所未有的。在个体工商户用人的问题上，突破了 1979 年国家工商行政管理的规定，但回避了“雇工”这个词，改用为“请帮手”“带徒弟”的说法。这样改换说法，实际上是承认个体户可以有少量的雇工和轻微的剥削。两个以内的帮手，5 个以内的学徒，一共是 7 个人，加上雇主就是 8 人。这就成为以后区分个体户与私营企业标准的由来。也就是从 1981 年起，国家对个体经济的统计称谓，不再是多少人，而是分为多少户，多少从业人员。“引导、鼓励、促进、扶持”的八字方针，极大促进了各地个体经济的发展。这都为下一步私营企业的产生埋下伏笔。

同时，也清晰地看到，经过前后两年为个体经济正名，中央及有关部门在实际中、在政策上为个体经济的发展开辟了道路。

“承包鱼塘风波”的讨论，在《人民日报》持续了 3 个月。8 月 30 日，专栏的讨论告一段落，在最末一期发表题为《进一步解放思想，搞活经济——对陈志雄承包有争论的两个问题的看法》的文章。文章并没有对这一讨论做出结论性的意见，但从文章的标题“进一步解放思想，搞活经济”应该能读出对陈志雄的做法是肯定的，文中还说，就大家争论的剥削和雇工问题的提出是“值得深思的课题”。在整个讨论过程中，很多人认为：“能发挥能人的作用，有效益，即使有点剥削也不要大惊小怪。”这场争论风波到 1982 年之后，才渐渐平息。

“周生记太爷鸡”的创办人高德良见报后，受到当地政府的重点扶持。1982 年，他还被选为广州的优秀青年，受到时任省委书记任仲夷的接见。任仲夷在广东对发展个体私营经济的鼎力支持，在其后有很多佳话广为传说。据说，“民营经济”一词就是任仲夷第一个公开提出的。1983 年高德良还成为广州私企信贷的首批受惠客户，并第一次获得 4000 元贷款，由此而来“太爷鸡”的经营得以扩大。高德良还成为广州市第一批加入中国共产党的个体户。

客观地说，在当时，中国私营经济已经随着个体户的发展而产生，只是限于当时的历史环境，隐藏在农村专业户、个体工商户和新经济联合体中。关于雇工大户等问题，当时中央意见不一，胡耀邦和赵紫阳等人的主张是“看一看再说”。而从整体上来说，农村包产到户成效显著，在争论中节节胜利，中央的一系列关于经济方面的改革举措紧随城市和农村新变化而产生，这使整个中国全面处于活力迸发、“日新月异”的发展时期。

乡镇企业在 1980 年和 1981 年已开始尝到了甜头，这一中国特有的企业形式，应该说是中国私营企业和民营企业最早的温床。这一时期的鲁冠球更加雄心勃勃，他已开始勾画企业的未来，并把过多分散的精力和力量集中放到一个产品中，“萧山万向节厂”生产的汽车配件已有了固定客户，并还拿到与国营一样的“计划”。

而位于天津市区南 45 公里外的一块盐碱地——大邱庄，村党支部书记禹作敏，利用从村里农民手中集资及自筹的 15 万元，办起了大邱庄第一个工厂——冷轧带钢厂，并在 1981 年获得很好的效益，从而走出了农民靠种地吃饭的日子。大邱庄，一个华北盐碱地上的“讨饭村”变成了全国最富有的村庄。禹作敏以一个农民少有的智慧，创造了中国乡镇企业的不少奇迹，只是禹作敏最后的个人结局，也是因局限在一个农民特有的思维所致。

到 1981 年年底，全国城镇个体经济发展到 183 万户，从业人员 227 万人，又比 1980 年翻了一番多。

“投机倒把”直逼温州“八大王”

打击经济领域犯罪给民营企业带来重创

有市场头脑，通过熟人和关系，搞到紧俏商品，然后加价卖出，从中获取利润，这是商品紧缺时代商人最基本的商业游戏。通过长途贩运，把偏远地区的蔬菜或是水果拉出来卖了，这在现在看来是再平常不过的事，后来很多民营企业，有很多都是从长途贩运起家的。那时，各种运输公司很多，尤其是个人组织的运输公司，后来发展成大规模的民营运输公司，现代物流企业的，有的就是从那时发展起来的。然而，这在当时可能被定为投机倒把罪，是要被判刑和坐牢的。

投机倒把，指的是以买空卖空、囤积居奇、套购转卖等欺诈手段牟取暴利。在计划经济年代，它被广泛运用于对个人经济交易行为的限制。在那个年代，一个农民如把自家养的鸡下的蛋拿到城市里去卖，都要被定为是投机倒把。而投机倒把罪，根据 1979 年新中国第一部刑法典的规定，是指违反金融、外汇、金银、物质、工商管理法规，非法从事金融和工商活动，破坏国家金融和市场管理，扰乱经济秩序，情节严重的行为。

由于投机倒把罪的行为内容过于庞杂，所以变成当时刑法的三大“口袋罪”之一，在经济领域里，有“投机倒把是个筐，什么罪都可往里装”的说法。而另两个可以套进去的罪名是流氓罪和玩忽职守罪。1989 年 9 月被第二次抓进监狱的“傻子瓜子”老板年广久，就是被认定犯流氓罪的。

20 世纪 80 年代初，正是经商风起云涌之时，尤其是一些沿海地区走私猖獗。放一放，紧一紧，可以说是中央政府在还没有完全掌握管理经济能力时采用的最常见的手段和办法。而一放就乱，一紧就死，成为政府管理者多年在把握宏观经济上始终难以走出的魔咒。

1981 年 1 月，国务院先后两次发出紧急文件“打击投机倒把”。7 日发文《加强市场管理、打击投机倒把和走私活动的指示》，规定“个人（包括私人合伙）未经工商行政管理部门批准，不准贩卖工业品”“农村社队集体，可以贩运本队和附近社队完成国家收购任务和履行议购合同多余的、国家不收购的二、三类农副产品。不准贩卖一类农产品”“不允许私人购买汽车、拖拉机、机动船等大型运输工具从事贩运”。显然这是要从源头给予限制。30 日，国务院又发文《关于调整农村社、队企业工商税收负担的若干规定》，明确规定“为限制同大中型先进企业争原料，将社、队企业在办初期免征工商税和工商所得税二至三年的规定，改为根据不同情况区别对待……凡同大的先进企业争原料，盈利较多的社、队企业，不论是新办或原有企业，一律照章征工商所得税”。

很显然，在一个月内如此明确下达具体、详细的措施，就是要直接地“打击投机倒把”，当时国内各大报都是在头版头条刊发这两个规定，这成为当年重要的经济运动。1981 年冬季开始，强调社会主义只能是计划经济的观点重新抬头。这一年，乡镇企业的日子都很难，大邱庄从事钢材加工，是与国有企业争原料，扰乱了钢材的计划市场，发展方向有问题，这样的非议都压到大邱庄的头上，天津市的领导有了压力，县里也派了清查组。

这一时期对宏观经济的调整，主要是出于两个方面的压力，一方面，1980 年是中华人民共和国成立以来经济形势少有的好年份，经济搞活了，并保持较快的增长，市场供应改善，城乡人民收入均有增加，各方面的积极因素在不断地聚拢。但 1979 年和 1980 年连续两年出现巨额的财政赤字，两年分别赤字 170 余亿元和 120 余亿元。到 1980 年物价稳不住了，商品价格上涨 6%，其中城市上涨 8.1%，农村上涨 4.4%。出现这样严重的困难局面既有历史遗留因素，同时也有新的因素。新的因素主要包括：1978 年，华国锋为首的中央政府提出要开展的十几个大项目，以及盲目发展和大干快上；1979 年以来还生活欠账为内容的经济调整步子迈得太大，如农副产品的提价、职工的提薪、奖金的发放、就业安置、政策上的退赔以及扩大企业和地方财政权力与相应的对国企的放权等，都使得财政支出在大幅增加。另一方面，无论是来自中央决策层，还是各级政府，意识形态上的争论，始终伴随着改革开放初期的一切新变化。

在这样一个前提和背景下，1981 年政府加大宏观经济调整力度，采取了紧急刹车的措施，银根紧缩，压缩计划外投资。打开这一年的《人民日报》不难看出，几乎没有什么新开工项目的报道。调整的出发点就是“必须加强集中统一”“最后的落脚点是中央集中统一”。这一调整的客观要求，使得坚持计划经济主体地位的观点在政治上占了上风，主张社会主义经济是商品经济的观点甚至受到指责。客观地说，改革开放当初，还没有人敢公开提“市场经济”，搞市场经济几乎就是资本主义的代名词，但有“市场调节”的概念，商品经济的提法还勉强可以接受。中共十二大强调的是：计划经济为主、市场调节为辅。1979 年中共强调的是“市场调节”，1981 年以后的侧重点强调的“计划经济”。

1981 年，在中国报纸上出现频率最高的两个词汇是“三产”和“停薪留职”，虽然这在当时是国营企业的无奈之举和权宜之计，却为后来个体私营经济的发展“插了柳”。“三产”是国营企业在主业没搞好后，所采用的自救式商业行动，还有的是为了安置回城知青或企业内部职工孩子就业；“停薪留职”主要是分流国企内部的多余人员，最初的“停薪留职”人员大都是被迫无奈。之后，有主动“停薪留职”的，这些人大都是在外面干私活尝到了甜头，收入要比在岗时高，这批人被称为最先“下海”的。但同时，一批国营企业内的能人和技术人员，在一些乡镇企业高薪的聘请下，以“停薪留职”的名义离开工作了十几年的单位。之后国企中出现的困难，不仅仅是观念上的问题，还有人才的流失，而这一点常常被人们忽略了。乡镇企业和私营企业的快速发展和成长，其实很重要的就是国营企业的人才和技术骨干被“挖走”了，这使得乡镇企业和私营企业在人才成本上占了极大的便宜。东北很多国企的技术人员就是在这之后被江浙一带的乡镇企业和私营企业不断“挖走”的，而这些人大都以“停薪留职”的办法到乡镇企业和私营企业赚大钱去了。而国营企业经营状况不断恶化，不能不说和这有着内在的关系。

紧缩和打击投机倒把的行动，弥漫在国家整个经济运行当中，一些政治嗅觉敏感的人，无论是从媒体的宣传，还是从政府的口气上，都能预感到，更加严厉的打击即将开始和深入。

1982 年 1 月 11 日，中共中央发出《紧急通知》，传达中央政治局常委关于对一些干部走私贩私、贪污受贿、把大量国家财产窃为己有等严重违法犯罪行为采取紧急措施的指示。中央政治局常委指出：对于这个严重毁坏党的威信，关系我党生死存亡的重大问题，全党一定要抓住不放，雷厉风行地加以解决。由此不难看出，中国共产党在这一问题上的管理力度。

中央书记处于同日上午召开会议，决定派数名中央部门的领导立即赴广东、福建、浙江、云南等省，传达中央政治局常委的指示精神，采取紧急措施，开展打击走私贩私、贪污受贿的活动。

很快，浙江省委根据中央的要求，组成“打击投机倒把工作组”，进驻温州市乐清县柳市镇。当时的柳市镇，是温州个体经济异常活跃的地方，镇上几乎每家都有生意做，跑销售的，做电器的，从上海和其他地方来进货的“飞马牌”（专指搞销售的人）云集到这里，使得本身就不宽的街道拥挤不堪。

据资料记载，温州乐清电器业的历史最早可追溯到1969年，但在极“左”思潮的控制下，有的五金电器制配厂职工，想要在业余时间搞点什么，就被扣上“做私活、搞投机倒把、走资本主义道路”的帽子，可这样仍不能削弱温州人天生的经济头脑，于是，乐清电器业转向分散、“地下”生产。十一届三中全会之后，乐清的电器业从“地下”冒到地面上来，并得到快速发展，到 1981 年，柳市镇就有各种大小不一的电器企业 300 余家。

而这次全国性的打击严重经济犯罪的斗争，浙江省将温州作为重点，而温州将乐清作为重点，乐清将柳市镇作为重点，打击的重点对象就是柳市镇的“八大王”。这就是后来流传甚广的乐清县柳市镇发生的“八大王案件”。

“八大王”分别指的是：“目录大王”叶建华，他当时所做的事就是把柳市镇的企业编成目录，把各企业的产品拍成照片，并在目录册上标上产品的名称和基本数据，还分别标明该产品的“国家价”和“柳市价”，提供给跑销售的人；“旧货大王”王迈仟；“五金大王”胡金林；“翻砂大王”吴师濂；“线圈大王”郑祥青；“胶木大王”陈银松；“螺丝大王”刘大源；“矿灯大王”程步青。

“打击投机倒把工作组”进入柳市镇之后，广泛地找人谈话，据“螺丝大王”刘大源后来回忆说，他是 2 月 6 日被工作组喊去谈话的，问的问题是“你有没有偷税漏税？你是否走私？你为什么用质量不好的商品？”等，然后是一次又一次地被找去谈话，并要写成书面材料。当时弥漫在整个柳市镇的气氛越来越紧张，几乎镇上所有万元户都被工作组找去谈过话，并登记或记录在案。那时镇上大喇叭广播里，天天都以强硬的口气播放打击经济领域犯罪的言论，街道上也挂出横幅和随处贴有标语。

刚开始，刘大源被要求补缴税款，他前前后后一共缴了 2 万元左右。然而更有力的打击还在后面。

根据打击经济犯罪的需要，3 月 8 日，第五届全国人大常委会第二十二次会议通过了《关于打击经济领域严重犯罪活动的决定》。4 月 13 日，《中国共产党中央、国务院关于打击经济领域中严重犯罪活动的决定》向全国公布。显然这个《决定》比 1 月的《紧急通知》更加严厉。《决定》尖锐地指出："经济领域的各种犯罪活动，远比 1952 年“三反”时严重，已经和正在腐蚀我们的干部队伍，损害我们党、政府、军队的肌体和国家的信誉。打击经济领域的严重犯罪活动，进行反对腐化变质的斗争，关系到我国社会主义现代化建设的成败，关系到我们党和国家的盛衰兴亡，这场斗争必然是长期的、持久的。坚持党的对外开放和对内搞活经济的政策，同坚决打击经济领域的严重犯罪活动是并行不悖的。我们决不能因为实行对外开放和对内搞活经济的政策就忽视、放松和不敢进行这场斗争，也决不能因为这场斗争同已经被实践证明是正确的政策造成影响而发生动摇。打击经济领域中的严重犯罪活动，一定要正确掌握政策，严格区分和正确处理两类不同性质的矛盾，坚决不搞群众运动。”

很显然，中央这次变得更理性，也怕把打击经济领域的犯罪活动搞成运动。

现在来看，这 8 人当时的生意规模都不大，其中最大的也就是胡金林，年营业额也就在百万元左右。其余几个人也就是在众多万元户当中具有代表性，“八大王”也就是八个冒尖户。

由此，柳市镇的低压电器生产和销售遭受全面重创，1982 年该镇工业产值比 1981 年下降了 53.8%。温州市工业在 1980 年的增速为 31.5%，到 1982 年则下滑为 -1.7%。之后的两年多时间里，“八大王事件”如一块乌云始终笼罩着温州甚至整个浙江。

到这年年底，全国揭出并立案审查的各类经济犯罪案件共 16.4 万余件，已结案 8.6 万余件，依法判刑的近 3 万人，追缴赃款赃物计 3.2 亿多元。

这年大规模的“打击经济犯罪活动”虽然收到一些效果，但同时也挫伤了各地改革的积极性，尤其是民间的创富热情受到了压抑。但客观地说，在意识形态领域没有出现回潮，改革仍是主流。

历史发展过程中的一些细节同样充满着戏剧性。

1982 年决定把柳市镇作为打击重点的，是当时温州的市委书记袁芳烈，而在他处理完“八大王事件”之后不久，袁芳烈面对由此给整个温州经济带来的负面作用，进行了深入反思。终于在 1984 年抓住中央 1 号文件的机会，为“八大王”翻案。该文件明确提出，鼓励农民向各种企业投资入股，兴办各种企业，国家要保护投资者的合法权益。此文件下达后，袁芳烈就“八大王”认定问题作批示，于是市政法委员会会同公检法三家组成联合调查组，对“八大王”的全部案件进行认真复查，通过法律途径，郑重地为“八大王”平反，宣布对在押人员无罪释放。最后的结论是：除一些轻微的偷漏税外，“八大王”的所作所为基本符合中央精神。

“八大王”平反后，收缴的财物从国库拨出，如数归还，并以英雄般的方式被请回家。乐清电器也重新开始崛起。后有媒体报道，袁芳烈从浙江省高级人民法院院长的位置上离休后，还专门回到温州，特意安排 3 个小时与昔日的“八大王”见面。

昔日的“八大王”，到 2009 年初，有七人健在，一人已在 1995 年故去。但之后“八大王”中没有一人能再现当时的辉煌。然而，“八大王”事件成为之后温州私营经济快速发展的一个重要分水岭，“八大王”的闯劲，“八大王”的敢为天下先，“八大王”对财富独有的商业精神，温州商人始终引以为荣。在中国私营经济发展史上，“八大王”的故事成为一个特殊的符号，之后很多研究者都不能绕过这一“历史事件”。

正是这样，不知有多少他们的后辈，从柳市镇起家，创办企业，之后成为一些行业的领军人物，其中最具有代表性的：正泰集团的南存辉，就是从柳市开始创业的，1978 年初中还没毕业，在柳市从修鞋匠做起，而今成为中国最大的低压电器生产及销售企业，2017 年 11 月，他当选第十二届全国工商联副主席。

"八大王"摊上的"投机倒把罪"，已经在1997年3月从《刑法》修订案中删除，经济犯罪中不再有"投机倒把罪"这一罪名。2008年1月23日，适用了20年的《投机倒把行政处罚暂行条例》也"寿终正寝"，被宣布失效。

必要的、有益补充与个体经济写入宪法

个体经济有了尚方宝剑

1982年的"打击经济领域严重犯罪活动"中其中一项重要的内容就是严打走私贩私和贪污受贿。《紧急通知》发出一个月后，2月11日至13日，中央书记处在京召开广东、福建两省座谈会，总书记胡耀邦主持座谈会。专题讨论如何更坚决、更有效地贯彻执行中央《紧急通知》，进一步开展打击经济领域中违法犯罪活动的斗争，同时认真总结经验，端正对外经济活动的指导思想，促进对外经济活动健康发展，继续试办好经济特区。会议指出，我们只有旗帜鲜明地坚决严肃地开展反对资本主义思想腐蚀的斗争，才能正确地健全地实行对外开放和对内搞活经济的政策。这不但是广东、福建两省的问题，全国各地和各个部门都毫不例外。3月1日，中国共产党中央转发了这次会议的纪要。

也就是在这个问题上，时任广东省委书记的任仲夷在多方压力下，不得不写了他平生的第一张检讨书，但就方向性问题，任仲夷勇敢地表达了自己的观点："排污不排外"，已推行的改革开放政策不能收回。从某种程度上来说，正是他在关键时刻的坚持，守住了特区开放的阵地，而不是把孩子和污水全倒掉。

这年10月，在"特区中的小特区"——蛇口工业区管委会的门口竖起一块很大的标语牌，上面写着："时间就是金钱，效率就是生命"。这一全新的市场经济理念正是最早在深圳特区提出的，由此迅速传遍祖国大江南北。虽然这句标语在一开始引起广泛争议，但不知激发了多少人的创富热情，不知吸引了多少人渴望投入到特区去实现自己的梦想，不知影响了多少人改变自己的命运。那是一个使人心潮澎湃的时代，充满着市场经济的思维理念，不知不觉地植入那批逐渐成长起来的民营企业家心中。

1982年9月1日至11日，中国共产党第十二次全国代表大会在北京召开。党的十二大普遍被视为是中国共产党第七次全国代表大会以来，又一次重要的

会议，是中国共产党经过四年“拨乱反正”，实现历史转折的情况下，召开的一次历史性会议。在开幕词中，邓小平第一次提出了“建设有中国特色的社会主义”这一崭新命题。他指出：“我们的现代化建设，必须从中国的实际出发。无论是革命还是建设，都要注意学习和借鉴外国经验。但是，照抄照搬别国经验、别国模式，从来不能得到成功。这方面我们有过不少教训。把马克思主义的普遍真理同我国的具体实际结合起来，走自己的道路，建设有中国特色的社会主义，这就是我们总结长期历史经验得出的基本结论。”①

这次大会发出了“全面开创社会主义现代化建设的新局面”的号召，胡耀邦以此为题做了报告，他满怀激情，描绘宏伟蓝图，无不鼓舞着亿万中国人。

十二大报告中对经济形式的表述很明确，可以说，为当时处于刚刚发展的个体私营经济表明了态度，同时也回答了当时众多争论性的问题，报告指出：由于我国生产力发展水平总的说来还比较低，又很不平衡，在很长时期内需要多种经济形式的同时并存。

在农村，劳动人民集体所有制的合作经济是主要经济形式。城镇手工业、工业、建筑业、运输业、商业和服务业，现在都不应当，也不可能由国营经济包办，有相当部分应当由集体承办。

在农村和城市，都要鼓励劳动者个体经济在国家规定的范围内和工商行政管理下适当发展，作为公有制经济必要的、有益的补充。

这是中国共产党第一次在党的全国代表大会上对20世纪70年代诞生的城乡个体经济给予的肯定。从1979年叶剑英讲话中所提的“附属和补充”，到1981年中共十一届六中全会通过的《关于建国以来党的若干历史问题的决议》提出的“必要补充”，再到十二大报告中明确的“必要的、有益的补充”，三个提法，不仅仅是语气的不同，更体现在作用和地位上的变化。

“必要的、有益的补充”由此成为之后相当一段时期内官方对个体经济的公开表述和理论上的定位。作为党的会议，明确提出个体经济是公有制经济的“必要的、有益的补充”，这是一次历史性的重大突破。

中国共产党第十二次全国代表大会的另一大突破，还表现在对宏观经济体

① 邓小平．邓小平文选：三卷［M］．北京：人民出版社，1993：2-3.

制层面上的把握，提出了“计划经济为主、市场调节为辅”的原则。这在当时可以说是对中国共产党遵循的30年高度集中的“苏联计划经济模式”的反叛，而“市场”概念的引入，表明中国已决心放弃计划经济，并对计划经济有了反思，对后来的社会主义市场经济道路的选择起到一个先导作用。

在这里，有必要说一下“计划与市场问题”。

中国共产党的计划经济理论，其实最早就是一个关于公司的理论。中国共产党信奉的是马列经典中是这样说的：列宁说，无产阶级领导社会主义，就是把全体社会成员都变成国家公司的雇员，整个经济就是一个超级国家公司；而马克思的论述是，大公司内部有计划，而整个社会无计划，正是这个矛盾将把资本主义推向灭亡。正是在这样的经典著作的指导下，以及苏联的社会主义建设模式，中国共产党要实现的就是把大公司的内部计划变成全社会的计划。

但在当时，毛泽东也不完全看好苏联的高度集权，而且还叹息过列宁的“新经济政策”搞得太短了，他说：“我怀疑俄国新经济政策结束得早了。”[①]毛泽东曾试着搞些分权，他曾说过要发挥基层的作用，把中央的权力下放给地方，也要给企业一些权力，也要有市场的行为。客观地说，那只是一个超级大公司再加上许多地方小公司，显然不能构成市场经济的基础，而在“一大二公”这样的问题上，毛泽东是半步不让的。这样整个经济结构是在大公司下的高度计划，而在这样运转的国民经济，其组织成本实在是太高了，计划经济失灵，其资源配置的效率低下，最后难以维持运转，使得过度集权的中央计划经济无法转动，这就是中国改革之前的现实。

原中国社会科学院马列主义毛泽东思想研究所副所长冯兰瑞，在《改革开放初期理论界的拨乱反正》中有这样的表述：对于商品、市场的问题，从20世纪50年代开始，经济学界有过几次学术讨论。一次是学习斯大林的《社会主义经济问题》，从1953年开始到1957年，一直在讨论，主要讨论社会主义制度下面有没有商品生产和商品交换。另一次是1958年到1959年，讨论商品生产和商品交换问题。在冯兰瑞看来，这一次的讨论主要针对人民公社的出现，讨论的是和谁交换。但是，在改革以前，上面设定了许多条条框框，不准讲商

① 毛泽东．毛泽东选集：七卷[M]．北京：人民出版社，1999：170.

品经济，只能讲商品生产和商品交换。但当时理论界认为，商品生产和交换就是商品经济，商品经济就是市场经济，没有市场你到哪里去交换？虽然这些问题在理论界应该都很清楚，但每前进一步都要碰到很多障碍，要挨批评。1979年，中央召开理论工作务虚会，但那时候还没有人提出市场化的问题，连改革的问题都没有提出来，主要还是理论上的“拨乱反正”和对“两个凡是”的批判。

从很多史料中不难发现，1979 年前后，关于市场经济的概念在当时还比较模糊，市场经济和市场调节这两个概念往往是混用，把市场调节等同市场经济。

1979 年 3 月 3 日，时任四川省委第一书记的赵紫阳在与成都部分经济理论工作者座谈时指出：计划和市场可以结合，以市场作为计划的补充，是很有必要的。[①]“计划和市场相结合”，这是中国经济发展的一条崭新的思路，意在改变长期存在的高度集权的计划经济模式。这一思想，是后来社会主义有计划的商品经济理论的萌芽。

1979 年，邓小平和陈云不约而同地首次提出“市场经济”概念。陈云率先提出的计划经济与市场调节结合的观点，11 月邓小平在会见美国人时说：“市场经济不能说只是资本主义的，市场经济，在封建社会时期就有了萌芽。社会主义也可以搞市场经济。”[②]

1980 年，在中央财经领导小组周围，形成一个主张“社会主义商品经济”的改革学派，主要代表人物是薛暮桥、杜润生、于光远、马洪等人。孙冶方、于光远、薛暮桥等一大批经济学家把改革的取向指向了市场，这其中也包括吴敬琏。但 1981 年年末开始，强调社会主义只能是计划经济的观点又再次抬头，虽然当时以邓小平为首的许多领导人主张市场经济，但党的十二大报告中的提法是：“计划经济为主，市场调节为辅”，很显然在选择计划经济还是市场经济上还存在认识上的差异，但靠单一的计划经济已行不通。这相对于过去实行单纯的计划经济来讲，无疑是一个进步，但对发展商品经济的紧迫性来说，仍然是估计不足。直到 1984 年，中共中央在《关于经济体制改革的决定》中才明确提出实行“有计划的商品经济”的方针。

---

① 《半月谈》编辑部．中国改革进程纪事 [M]．哈尔滨：哈尔滨出版社，1991：8.

② 邓小平．邓小平文选：二卷 [M]．北京：人民出版社，1994：236.

中共十二大之后，市场取向的改革是在不断地“试”中尝到了甜头，中国共产党也逐渐放弃“为主、为辅”的提法。市场这个舞台，给个体私营经济提供了大有作为的无限空间。1987 年，邓小平更明确地说：“为什么一谈市场经济就说是资本主义，只有计划才是社会主义呢？计划和市场都是方法嘛。只要对发展生产力有好处，就可以利用。……我们以前是学苏联的，搞计划经济。后来又讲计划经济为主，现在不要再讲这个了。”①

上面这段关于计划与市场问题的文字，我只是想在这里有个交代和说明，这样能使我们更好地来看民营经济发展的由来。

一些细心的研究者发现，十一届三中全会公报中，关于“改革”，只出现了两次：“对经济管理体制和经营管理方法着手认真的改革”“正确改革同生产力迅速发展不相适应的生产关系和上层建筑”。那时还没有出现“开放”一词，虽然当时已经采取了许多开放的实际举措。文字上有很明确的提法：“在自力更生的基础上积极发展同世界各国平等互利的经济合作，努力采用世界先进技术和先进设备”。而到了中国共产党第十二次全国代表大会，胡耀邦在报告中，涉及“改革”的有 13 处，但“改革开放”这种固定的搭配还没有出现，而是到 1987 年，在赵紫阳所做的十三大报告中，出现了“坚持改革开放的总方针”的新提法，“改革开放”这一词组在中共十三大报告中出现了 29 次。

中共十二大可以说是“承前启后”，实现了历史的突破。凡是从那一时代过来的人，至今回想起改革开放初期的时候，仍喜欢把 20 世纪 80 年代视为“激情澎湃的十年”。

十二大结束不久，1982 年 12 月 4 日，第五届全国人民代表大会第五次会议通过修改后的新宪法，进一步肯定了我国个体经济的地位和作用，标志着新时期城乡个体经济的法律地位的正式确立。

《宪法》总纲第十一条规定：在法律规定范围内的城乡劳动者个体经济，是社会主义公有制经济的补充。国家保护个体经济的合法权利和利益。国家通过行政管理，指导、帮助和监督个体经

济。

① 邓小平．邓小平文选：三卷 [M]．北京：人民出版社，1993：203.

把个体经济政策写入宪法，这是从法律上给个体经济的发展给予最有力的法律支撑和保障。至此，个体经济的合法地位得到国家根本大法的认可。但是，这种认可仅仅是对个体劳动者经济的认可，很显然，个体劳动者经济的提法，是在有意回避“雇工”二字。到 1982 年年底，全国个体工商户达到 263.6 万户，从业人员 319.8 万人。

“必要的、有益的补充”和个体经济写入宪法，使个体经济的快速发展迎来了前所未有的春天，如有了尚方宝剑。

雇工 7 个人还是 8 个人的争论

看一看，不要动他们

从 1981 年《人民日报》讨论陈志雄承包鱼塘的雇工问题开始，两年来关于雇工问题的讨论始终就没有停下来。经济学家搬出经典，从马克思《资本论》中得出结论：雇工 7 个人以下，赚了钱用于自己消费的，算个体户；雇工 8 个人以上，就产生了剩余价值，就算剥削，就是资本家。[①]

其实，马克思只不过是举个例子而已，教条的马克思主义者就为此作为“金科玉律”。由此而来，雇工 7 个人还是雇工 8 个人，成为是不是存在剥削，是个体户还是私营业主的“唯一标准”。然而现实个体经济的发展，却远远超过这一人数的“定量”，从 1979 年到 1982 年年底，个体经济的发展，在不断地突破国家规定的雇工人数的限额，超过雇工 7 个人的个体工商大户即私营企业也日渐增多。在雇工问题上，首当其冲的就是“傻子瓜子”的年广久和“鱼塘风波”的陈志雄。

1983 年 1 月 2 日，中国共产党中央在印发《当前农村经济政策的若干问题》的通知（简称 1983 年中央 1 号文件）中指出：“农村个体工商户和种养业

---

① 马克思恩格斯．马克思恩格斯全集：23 卷 [M]．北京：人民出版社，1975：342.
这是人们经常引用的马克思关于雇佣 8 个工人，成为区别企业性质的标准的一段论述。“按照我们的假设，他必须使用两个工人，才能依靠每天占有的剩余价值来过工人那样的生活，即满足他们必需的要求。在这种情况下，他的生活目的就只是维持生活，不是增加财富；而在资本主义生产下，增加财富是前提。为了使他的生活只比一个普通工人好一倍，并且把所生产的剩余价值的一半再转化为资本，他就必须把预付资本的最低限款和工人人数都增加为原来的 8 倍。”

按照我们的假设，他必须使用两个工人，才能依靠每天占有的剩余价值来过工人那样的生活，即满足他们必需的要求。在这种情况下，他的生活目的就只是维持生活，不是增加财富；而在资本主义生产下，增加财富是前提。为了使他的生活只比一个普通工人好一倍，并且把所生产的剩余价值的一半再转化为资本，他就必须把预付资本的最低限款和工人人数都增加为原来的8倍。”这就是人们经常引用的马克思关于雇佣8个工人成为区别企业性质的标准的一段论述。

“对超过上述规定雇工，请较多帮工的，不宜提倡，不要公开宣传，也不要急于取缔，而应因势利导，使之向不同形式的合作经济发展。农村个体商业和各种服务业，经营灵活，方便群众，应适当加以发展，并给予必要的扶持。农民个人或合伙人进行长途贩运，也应当允许。”

“不宜提倡，不要公开宣传，也不要急于取缔”的“三不”原则，其实质是促进了雇工多人的个体私营经济的发展。“三不”原则，让一直“提心吊胆”的个体商户踏实下来。同时，这个文件对长途贩运是不是投机倒把的争论下了结论。

1月9日，《人民日报》发表社论《适当发展个体经济是社会经济生活的需要》，社论明确指出：个体经济不是资本主义性质；个体经济是生产资料的个人占有与个体劳动相结合；劳动者自己养活自己。今后一个相当长的时期内，我们必须采取措施，促进个体经济有一个适当发展。

这是经过“十年动乱”后，中国共产党的党报对个体经济的公开肯定。

当时，邓小平对雇工的态度是：看一看，不要动他们，允许一部分人富起来。1月12日，邓小平在一次谈话中说：“有个别雇工超过了国务院的规定，这冲击不了社会主义。只要方向正确，头脑清醒，这个问题容易解决，十年、八年以后解决也来得及，没什么危险。”①

这些都为下一步的私营企业发展留下一条生路。

客观地说，虽然这一时期对雇工问题存在分歧，但对存在和发展个体经济，总的意见是一致的。6月25日，国家工商行政管理局、财政部发布了《关

---

① 邓小平．邓小平文选：三卷［M］．北京：人民出版社，1993：252.

于个体工商户管理费收支的暂行规定》。7 月 25 日，国家工商行政管理局发出《关于城镇合作经济组织和个体工商户登记管理中若干问题的规定》。8 月 12 日，国家工商行政管理局发出《关于工商行政管理部门向个体工商户收费问题的通知》。8 月 17 日，财政部发通知规定，从 1983 年 10 月 1 日起，对个体商贩的工商税收，由批发部门代扣代缴。

这些规定和通知都表明，正是中央对个体经济态度的明确，政府主管部门也有了相应的规范管理办法，这些无疑都促进了个体经济的发展，同时，从管理和制度层面上，也促进了个体经济的健康发展。

1984 年 1 月 1 日，中国共产党中央发布《关于 1984 年农村工作的通知》，该文件指出，对当前雇请工人超过法定人数的企业，可以不按照资本主义的雇工经营看待。这实质是对雇工经营的肯定，同时是为私营企业扩大规模创造了政策环境。

在雇工问题上，卖“傻子瓜子”的年广久成了“靶子”。年广久从 1981 年 9 月开始雇工，当时是雇了 4 个帮手，而到 1984 年，年广久雇用的工人已经达到 103 人，加上他儿子开的分店，雇工达 140 多人，年广久这时已经是名声在外的百万富翁了。一个卖瓜子的小商贩，成为百万富翁，雇工 100 多人，由此他成为人们无法容纳的人物。“不剥削，怎么会成为百万富翁？”“社会主义国家，怎么会让剥削阶级存在？”“这不是复辟资本主义吗？”这是当时人们最直接的逻辑，这给“傻子”带来巨大的压力，关于年广久雇工问题的争论从安徽一直传到中央。

1984 年 10 月 22 日，邓小平在中央顾问委员会第三次全体会议上，首次提到“傻子瓜子”，他在会上说：“前些时候那个雇工问题，相当震动呀，大家担心得不得了。我的意见是放两年再看。那个能影响到我们的大局吗？如果你一动，群众就说政策变了，人心就不安了。你解决了一个‘傻子瓜子’，会牵动人心不安，没有益处。让‘傻子瓜子’经营一段，怕什么？伤害了社会主义吗？”①

邓小平的伟大，就在于通过现象发现本质，他不仅看到雇工问题所带来的

① 邓小平. 邓小平文选：三卷 [M]. 北京：人民出版社，1993：9.

争论，而且考虑到改革开放的大政方针绝不能动摇。当时中央采取的也是“看一看再说”的办法。正是“放两年再看”和“看一看再说”，所以，私营企业就是这样被“看”出来的。

去掉雇工数量的限制，使7个人和8个人的争论得以休止是到了1987年中央“5号文件”的发布，“三不”政策改为十六字方针，即：允许存在，加强管理，兴利抑弊，逐步引导。并明确指出：“在社会主义初级阶段，在商品经济发展中，在一个较长时期内，个体经济和少量私人企业的存在是不可避免的。”

中国共产党对雇工问题的鲜明态度，使得人们更加放心大胆地发展个体、私营经济，并呈现出城乡个体经济遍地开花、迅速发展的新局面。

怎样划分光彩和不光彩

中央态度鲜明地支持和从正面鼓励个体经济的发展

1983年3月15日，这一天的全国各大报刊几乎都刊登了同一条新闻——《个体户白士明入党》，这一消息震动全国。哈尔滨市个体户白士明在递交入党申请书3年之后，终于实现了自己成为一名中国共产党党员的心愿。

在白士明成为首个入党个体户后，当年的3月下旬，白士明又成为首个当选全国人大代表的个体户。这两则消息在当时被同时代的个体户认为，是为个体户“打开了一扇天窗”。

然而，对个体户入党，一时在社会上引起广泛的争论。其实，在考虑白士明的入党申请时，有反对的声音，一些党员认为，个体户经营中存在剥削成分，属于资产阶级范畴，个体户不能入党。无产阶级先锋队怎么能让资产阶级的代表进入呢？而当时的哈尔滨市市长王化成认为，个体户要求入党是符合中央精神的，只是还没有个体户入党的先例。

23岁的白士明在1979年经营的是一家个体照相馆，很快他就成了个体户的先进典型，从1980年白士明要求入党，之后，街道、区委就逐级地上报申请，最后哈尔滨市的领导发表了意见，个体户提出入党的要求可以鼓励，如果符合各项条件、表现积极的话可以成为入党积极分子。就这样，三年后，白士明的入党要求如愿以偿。

而对白士明当选全国人大代表，再次引起社会的争议，一些人认为，“人大代表是人民群众的先进代表，是人民利益的体现者和维护者，而白士明作为个体户，是资产阶级，怎么可以成为人民的代表呢？个体户怎么能配得上这样的身份呢？”

1983 年 5 月 9 日，全国人大公布了第六届全国人大代表名单，白士明的名字赫然列于其中。这一年，在全国人大六届一次会议上，白士明等两位个体户亮相人民大会堂。这是中国个体私营业主首次登上最高政治舞台，一时引起国内外的轰动。

然而，在当时人们对个体、私营经济仍是另眼相看，虽然有的已赚到可观的利润，但个体户却被视为最没有社会地位的一个群体；虽然不再把长途贩运认定为是投机倒把，但这个罪名仍然存在。商人对利润的追逐应该是天然的本性，但在很多人看来，社会主义不能允许“奸商”存在。就在这一年，已经出狱 3 年多的牟其中又再次被抓进了监狱，其罪名就是投机倒把罪。

其实，牟其中只是做了笔“倒手”的买卖。牟其中是 1979 年的最后一天被无罪释放的，他 4 年前因写了一篇《中国向何处去》而被打成反革命，出狱后不久，牟其中办了一家中德江北贸易服务部，做些小本的藤椅生意。这年初，他在上海发现一种由上海生产的“555”牌的座钟很畅销，大凡结婚的青年都要买一个，于是他当即在重庆找到一家半停产的军工企业，请他们仿制一万个，然后他再卖给上海一家贸易公司，从中每个座钟可获得 7 元钱的价差，就这一把，他赚了 7 万元。这在当时是暴利了。于是，牟其中被以投机倒把罪再次关进监狱，直到一年后才被放出来。

而这时的王石就显得很幸运。他无意中与坐落在深圳的正大饲料厂做了一笔运输玉米的生意，成为玉米的中间商，从 1983 年 4 月到年底，他就赚了 300 多万。然后，他拿着这 300 多万的原始资本积累，成立了以主营进口专业视频器材的“现代科教仪器展销中心”，这就是日后万科房地产的前身。

在这一时期，无论是被抓进去的牟其中，还是发了玉米财的王石，都被民间称为“倒爷”。显然，在当时，“倒爷”是被人看不上眼的。

而那些小个体工商户更是被人瞧不起，这主要表现在年轻人找对象。在当时，有谁会把好姑娘嫁给个体户，即使你有钱，在人们看来你无外乎就是有几个臭钱呗，谁知你能干多久，毕竟那不是铁饭碗，说不定哪天政策一变，连一个像样的工作都没有。计划经济体制在人们心目中所形成的“单位”概念，使人们感到只有“单位”，才是最可靠和有保障的。很多人仍受旧思维的束缚，认为干个体，搞私营经济不是什么光彩的事。

1983年8月23日，劳动人事部、国家工商行政管理局、中国社会科学院、全国总工会、共青团中央、全国妇联等部门和单位，在京联合召开发展个体经济安置城镇青年就业先进表彰大会。30日，胡耀邦、万里、习仲勋、王震等党和国家领导人，在中南海会见了300多名全国发展集体经济和个体经济安置城镇青年就业先进代表，并在怀仁堂举行座谈。①

在座谈会上，胡耀邦即席发表《怎样划分光彩和不光彩》的著名讲话。胡耀邦的讲话一开始就开宗明义，他充满感情地说：“党中央和国务院对城镇集体经济和个体经济事业是充分支持的，对从事集体和个体劳动，为国家富强，为方便人民生活做出贡献的同志们表示敬意。”

接着他说：“现在社会上还有一些陈腐观念，妨碍着我们前进。在社会舆论中，有些是非标准还不很明确。例如，谁光彩，谁不光彩，怎样区分光彩和不光彩，就不是很清楚。到处碰到这种情况，到全民所有制光彩，到集体所有制不大光彩，搞个体的就很不光彩，找对象都困难。还说什么，当干部光彩，没当干部就不光彩；上了大学光彩，没上大学就不光彩，等等。光彩与不光彩，究竟用什么标准来划分？这个问题如果弄不清楚，并且不形成强大的社会舆论，有些是非好坏就分不清楚，就会阻碍我们更好地前进。”

胡耀邦鼓励个体劳动者，他说：“一切有益于国家和人民的劳动都是光荣豪迈的事业。……究竟谁光彩呢？必须有个明确的标准。凡是辛勤劳动，为国家为人民做了贡献的劳动者，都是光彩的。……好逸恶劳不光彩，违反劳动纪律不光彩，违法乱纪最不光彩。我们必须把陈腐的观念清除掉，代之以正确的观念。”

胡耀邦在讲话中鼓励个体、私营老板们干光彩的事，做光彩的人，他还说：“请同志们回去传个话，说中央的同志讲了，集体经济和个体经济的广大劳

① 保育钧．呼唤理解[M]．北京：中华工商联合出版社，2002：12.

动者不向国家伸手，为国家的富强，为人民生活方便，做出了贡献。党中央对他们表示敬意、表示慰问。”[①]党的总书记这番讲话，这无不令参加座谈会的代表们为之感动。

这是“文革”结束后，中国共产党中央对个体经济发展最明确的一次面对面的表态。

第二天，国内的很多媒体都刊登了胡耀邦这一热情洋溢的讲话，在大连老虎滩公园照相的个体户姜维后来回忆说：“很多个体工商户是一边读着报纸一边不停地哭。”一些年轻人说：“胡耀邦说我们是光彩的。”

就是在那次座谈会上，入党还不到半年的个体户白士明受到了表彰，他作为先进代表，参加了座谈会，并坐在第一排，聆听了中共中央总书记胡耀邦的讲话。会后，胡耀邦还与白士明等很多受表彰的先进个体户握了手。当年很多受表彰的先进工作者，后来有的成了著名的民营企业家。

由于来自民间的内生力量和民本的激荡，以及中国共产党的因势利导和尊重客观事实的及时、明确的表态，到 1983 年，个体私营经济可以说是风起云涌，已成燎原之势。福建的石狮，浙江的温州、义乌，辽宁的西柳等地，相继出现的专业批发市场已初具规模，这些自发形成的专业市场，构筑出辐射农村及中小城镇的商品网，由此诱发周边地区冒出数以千计的家庭工厂，并形成“前店后厂”的初级产业格局。在这一过程中民间资本得到了广泛的积累，同时，市场竞争、产品竞争的市场意识不断形成，物美价廉促使城镇个体工商户宁可行程几百里或上千里，奔赴各大专业批发市场去上货，然后在城市里以摆地摊的方式进行销售，有了进一步的资本积累，才出现了租柜台、租门市，后来自己开商场的商业形态。

在这样一个大氛围下，一些企业的少数职工，开始向往从事个体的自由和财富的积累，现代工商社会的价值观在颠覆计划经济时代给人们带来的对单位的依赖，有的人开始主动要求停薪留职，放下铁饭碗去从事个体经营。这一时期的下海者，很多都采取停薪留职的方式。

为了妥善解决这个问题，6 月 11 日，国家劳动人事部和国家经济委员会联

---

① 胡耀邦．胡耀邦文选 [M]．北京：人民出版社，2015：529.

合发出《劳动人事部、国家经济委员会关于企业职工要求“停薪留职”问题的通知》。通知规定，关、停的国营企业，职工由企业主管部门会同当地劳动人事部门统筹安排。一时安排有困难、职工本人又要求停薪留职的，经企业主管部门批准，可以停薪留职。

停薪留职显然是社会处于转轨过程的特有现象，客观地说，属于“吃着锅里的，还看着盆里的”。一是怕政策变，二是旧体制还有很多可依恋的待遇，想两头都占着，这属于人的本性。只有极少数人是铁了心了。

刘氏四兄弟中的老三陈育新（原名刘永美）就是在 1983 年主动要求停薪留职的。之后，刘永言卖掉家里唯一的一块手表，刘永行卖掉自行车，四兄弟一共凑了 1000 多元钱，陈育新把自己家的房子改做了孵化室，创办了刘氏四兄弟第一个实业：育新良种场。

以停薪留职的方式下海的民营企业家很多，而今王守义十三香的老板王银良就是在 1984 年停薪留职的。

1984 年 9 月 7 日，劳动人事部、国家经济委员会与国家工商总局三部委，联合下发补充通知，对停薪留职的职工重新做了界定，即指国营企业富余的固定职工。

停薪留职这一特殊的身份转换形式，到 1994 年劳动法颁布后，全员劳动合同制实行，停薪留职的做法也就逐渐消失了。

1983 年，由于中央态度鲜明地支持和从正面鼓励个体经济的发展，中国人民银行也于 12 月 26 日发出通知，决定自 1984 年 1 月 1 日起，对个体经济比照集体经济的贷款利率（月息 7.2%）执行。这一年年底，个体工商户发展到 590.1 万户，比上年增长 126%；从业人员达到 746.5 万人，比上年增长 133.4%。这些数字，显然是来自当时的官方数字，但现实要远远超过这些数字。

第二部

从遮遮掩掩走向公开发展 1984–1991

第四章

第一次下海潮（1984，1985）

“小平您好。”

——中华人民共和国成立35周年庆典，北大生物系学生用床单、拖把杆撑起的简陋的条幅上写着这四个大字，1984年

中国民营企业公司元年

自筹资金、自由组合、自主经营、自负盈亏

1984 年，从经济转型的角度看，是决定中国经济走向的最重要的一年。尤其是一大批知识分子下海，中国民营企业发展史上，称这一年为中国现代公司元年。

按照公众的普遍认识和媒体的通常说法，“文革”把中国经济拖到崩溃的边缘，所以十一届三中全会之后，中国要实行改革开放政策。如果只做这样直观的判断，显然太简单化了。据西方研究者所得出的结论是，1952 年至 1978 年间，中国推进的毛主义工业化远不完善，然而其中的一些成就还是非常惊人的。美国历史学家莫里斯・迈斯纳在他的著作《毛的中国以及之后》中指出：1952 年至 1978 年，中国的国民收入在 25 年里增长了 5 倍；工业工人从 1952 年的 300 万增长到 70 年代中期的 5000 万，其中包括在小规模乡村工业化政策之下的公社工业里劳动的 2800 万农民。此外，1952 年至 1978 年间，中国的工业产出的年均增长率为 11.3%，1976 年中国的 GDP 接近 3000 亿人民币。

客观地说，改革初期还没有一个十分明确的目标，虽然当时在经济学界和理论界也花了大量工夫研究体制改革的目标，但都感到无处下手。从官方文件来看，十一届三中全会文件中的提法是“计划经济与商品要素相结合”，可以说，大概就是这样一个转轨目标。经过 40 年的改革开放，如果仔细梳理一下，有一点是明确的，那就是要变，所有人都期待变，按照过去的经济发展模式已经走不下去了。

1949 年至 1978 年，新中国虽然取得了不小的成就，但“苏联模式”和“计划经济”所付出的制度成本极高，制度就是一套利益分配的方法，改了这个制度就是改了利益分配的格局。那时，在盛产大豆的东北，辽宁每月每人仅能吃到三两油，想吃豆腐，都得凭票排大队。即使是这样，在以往的制度框架下仍难以为继，很显然，30 年的经济发展模式已走到头了，社会各种矛盾已开始显现。

据经济学家和社会学家的研究成果显示，1976 年中国民众的平均生活水平不如 1956 年，而 1956 年城里人的生活水准还没有恢复到抗战前 1936 年的程度。以阶级斗争为纲，使生产力和人民生活水平都没有得到提高，而中国内地

与欧美发达国家的经济差距也在进一步扩大。

马克思主义的核心是两个解放：一个是解放生产力，使之从资本主义生产关系束缚中解放出来；一个是把人自己从被奴役的、被束缚的状态中解放出来。

1979 年 10 月，中共发动了一场社会主义生产目的的讨论，其出发点就是帮助大家弄清社会主义的目的，扭转多年存在的为生产而生产的倾向。新中国的前 30 年(1949 年至 1979 年)，从总体上说，社会主义生产的目的是明确的，但在长期的发展过程中，有时对某些方面强调过了头，最具代表性的是为生产而生产，如为高指标而生产，为赶超而生产，为争光而生产。具体表现为重积累，轻消费，重生产，轻生活，强调重工业，忽视轻工业等，而结果是人们的生活没有得到根本性的改变，国家整体竞争力不强。这显然使人们对发展模式开始质疑，并要破除过去的发展模式。

从 1979 年到 1983 年，虽然经济改革方向仍处于不甚明朗状态，但搞活经济的初衷，寻求新的经济发展模式，追赶现代化强国的热情没有变。这期间，经济改革真正出现突破不是在国有部门，而是在非国有领域。

这主要表现在农村改革率先得到突破，成效显著。到 1983 年年底，中国已有 1.75 亿农民实行了包产到户和包干到户，占农户总数的 94.5%。城市居民最直接的表现就是，餐桌上有大鱼大肉吃了。

其次，非国有经济领域得到了恢复和发展，重新发展起来的有各种集体(合作)经济和个体(私人)经济，主要来源于城乡两部分。

乡镇(社队)企业异军突起，赞扬和质疑始终伴随社队企业的发展。1984 年，中央先后发出一号、四号文件，充分肯定社队企业在农业和农村发展中的历史性意义。3 月 17 日，新华社报道：中国共产党中央、国务院转发农牧渔业部和部党组《关于开创社队企业新局面的报告》，并发出通知，同意将社队企业名称改为乡镇企业。此时全国乡镇企业工业总产值已超过 800 亿元。当年中国的乡镇企业实际已发展到 165 万家，拥有劳动力 3848 万人。正是这一时期乡镇企业的发展和崛起，给 10 年之后大型私营企业产生做了前期的资产积累。

城镇非国有经济领域的发展，主要体现在个体私营经济的发展，这主要是来自于市场内生的力量，并不是因为理论上率先有了什么突破。而政策层面，一方面是迫于现实的压力，另一方面是一部分中国共产党领导人深感“左”的思想必须抛弃，以更加务实态度去认知及对客观事实的尊重，尊重人的创造和实践，“不宜提倡，不要公开宣传，也不要急于取缔”“看一看再说”等方针政策，把选择权留给实践，这是中国共产党人最明智的选择。

同时，在政策上采取更广泛的引导，如对大批回城知青待业和就业问题的处理，如对雇工问题的处理，不是采取过去“左”的做法，或是“一刀切”的行政手段，这给雇工大户留下足够的发展空间，到 1984 年，私营企业如雨后春笋般出现。

1984 年，改革的触角已伸入到各个领域。农村改革的初步成就，极大地鼓舞了中国改革的设计者和操作者，一些城市展开全面的综合改革，这意味着“以城市为中心”的经济体制改革将成为今后中国改革的主旋律。

这股强劲的东风在年初就由南及北。

1 月 24 日，邓小平在王震、杨尚昆等陪同下抵达广州，迎候广东省几位领导安排去珠岛宾馆休息，但邓小平不顾旅途疲劳，坚持先要去深圳，他说：办特区是我倡议的，要去看一看特区究竟办得怎样。特区的党委书记梁湘介绍了特区自 1979 年开发建设以来的情况，邓小平只是听，没有发表意见。

对于深圳，其实在 1983 年的夏天，一篇发表在北方一家党报上题为《历史租界的由来》的长文，已把深圳特区宣传得沸沸扬扬，深圳特区是不是新“租界”，已把深圳推到“风口浪尖”上。在争论中，还有文章说，要警惕中国出现新买办和李鸿章式的人物。很多来深圳参观的老领导和老革命视特区为异端，有的回到内地后惊呼：“深圳除了五星红旗还在，社会主义已经看不见了”“特区姓‘资’不姓‘社’了”。

显然，邓小平来特区是要自己亲眼看看。1 月 24 日至 2 月 10 日，邓小平先后视察了深圳、珠海、厦门经济特区，并为三个特区题词，为珠海经济特区的题词是：“珠海经济特区”。为厦门经济特区的题词是：“把经济特区办得更快些更好些”。为深圳经济特区的题词是经过他深思之后的：“深圳的发展和经验证明，我们建经济特区的政策是正确的”。他还肯定了蛇口工业区的一个口号：“效率就是生命，时间就是金钱”。

邓小平给经济特区的题词，有力地纠正了当时党内外一种否定经济特区的倾向，推动了经济特区更快地发展。邓小平的这次南方视察，很快以新闻的方式传遍全国，极大地鼓舞了人们改革创新的热情，尤其在知识分子界，产生了具有颠覆性的“荡漾”。浙江大学数学系毕业的史玉柱，虽然已被分配到安徽省统计局工作，但正是内心产生这样的“荡漾”，他已决定南下，去实现要做中国的 IBM 梦想。在这个群体里还有段永平、赵新先、李东生等。

邓小平一生有过两次著名的南方视察，这是一次，还有一次就是 1992 年，“小平南巡”成为一个具有特殊意义的词组，成为中国推动改革开放的加速器或风向标。两个月后，3 月 26 日至 4 月 6 日，中国共产党中央书记处和国务院在京召开沿海部分城市座谈会，建议进一步开放由北至南 14 个沿海港口城市。① 这是年初邓小平充分肯定经济特区后，我国对外开放的又一重大举措。

1984 年，我国出现第一次下海潮。回顾改革开放 40 年的发展史，共出现三次下海经商浪潮，其后的两次发生在 1987 年和 1993 年。而 1984 年下海潮涌起最显著的特点就是一批知识分子下海。

1984 年，四通借款 2 万元起家，开始艰苦创业，到 1994 年已成为拥有 6 亿元资产，集技、工、贸、金融、服务五位于一体的高科技民营企业集团公司，1993 年营业额已达到 35 亿元。1993 年 7 月 30 日，四通股票在香港成功上市，到年底增值 362%，被誉为“狂涨股”。其发展速度及成就无不令人刮目相看。四通在创业初期阶段，就云集了一批知识分子，如中科院的沈国钧，来自航天部一个研究所的段永基等。

这一时期的知识分子下海经商与知青回城从事个体工商户、就业青年为解决工作问题、一些不安于现状解决收入问题的经商人等有着很多本质的区别。知识分子下海，一方面是要解决收入问题，但考虑更多的是在中国如何把先进的科技成果尽快地转化为现实的生产力，如何通过竞争在市场中成为强手，这些理念已浸入到中国知识分子的血液里。

1983 年，“新技术革命”的浪潮拍打着中国的海岸，也就是在这一年，根据中央领导的指示，我国有关专家学者对世界“新技术革命”和我们应当采取的对策进行了研究。一些发达国家新兴技术及产业的迅速发展，给人类的经

① 会议确定的 14 个沿海港口城市即大连、秦皇岛、天津、烟台、青岛、连云港、南通、上海、宁波、温州、福州、广州、湛江和北海。

济、社会、文化生活带来重大影响，“信息时代”概念已进入中国，[①]这些对我国既是挑战，也是机会。中国知识分子热衷于下海，不能不说和这有着必然的联系。新技术和竞争压力，已让中国知识分子感到，不融入这一浪潮，不参与这一竞争，中国将更加贫穷和落后。

四通在第一个 10 年发展过程中，正是一批知识分子满怀理想，提出“自筹资金、自由组合、自主经营、自负盈亏”的“四自原则”，从而使四通存在、发展、壮大起来。当年四通人的信念是“高境界、高效率、高效益”。他们有那么多“口号”在企业中“泛滥”：“企业的目标就是要赢利，要赚钱”“我们公开宣称企业的目标就是赢利，在四通不赚钱的事是不干的”“企业不创造效益就是犯罪”“金钱有诱惑力，但只有事业才有凝聚力！”通过这些都不难看出，那时的四通是多么的“意气风发”。

而今，人们几乎很少再提及四通，很多年轻人几乎都不知道曾经还有这样一家公司，但那一代四通人，给中国民营企业所留下的“遗产”，不能说不带有很多开创性和引领性。在民营企业 40 年的发展过程中，不应忘却四通和四通人，应给四通和四通人写下重要的一笔。

也就是从 1984 年开始，中关村开始初显繁荣的景象。那个曾去过 3 次美国硅谷的中科院研究员陈春先，带着要把中关村办成中国硅谷的梦想，自 1980 年 10 月 23 日在中关村的一个仓库的角落里办起第一家民营科技机构开始，就被称为科技“二道贩子”，并被扣上“扰乱了科研秩序”“不务正业、邪门歪道、腐蚀干部”的帽子。而他的“服务部”为科研所、企业从事各种设计服务后，就开始被人不断地举报，说其“挪用研究经费”“中饱私囊”。“服务部”一度被查账或封门。后来是新华社的一篇内参挽救了服务部的命运，陈春先的做法也得到了中央领导的肯定。

1983 年，刚创刊的《经济日报》对陈春先进行了连续报道，陈春先一下子就成了知识分子下海创业的典型。也就是在这一年的 7 月，《国务院关于科技人员合理流动的若干规定》发布，人才政策逐渐松动。榜样的力量是无穷的，陈春先的实践，令很多在实验室的科技人员再也按捺不住了。

---

① 美国社会预测学家约翰·奈斯比特（John Naisbitt）1982 年发表了他的新著《大趋势——改变我们生活的十个新方向》。1984 年初在中国出版发行，影响中国一代人。

1984 年 6 月 6 日，全国人才交流中心开业，这是劳动人事部组织的第一个全国性人才服务机构，当时开业的地点设在北京复兴路 23 号的某部礼堂二楼，那场面只能用“人山人海”来形容，礼堂外面到二层的过道、大厅，全都挤满了需要找新工作或调换工作的技术人员。

在中国知识分子的内心世界里，要把知识转换成财富的渴望，从未如此地“迫不及待”。一批批科技人员开始义无反顾地放弃过去闲散的日子，跳入商品经济的大海。在 1984 年的前一年，科海、京海等公司已在中关村相继出现，而四通、信通和联想等公司都是在这一年诞生的。

这年，已进入而立之年的柳传志，在中国科学院计算所的一间 20 平方米、分成里外间的传达室里，由 11 个人办起了日后中国最大的电脑公司——联想。那时的中关村已经有 40 家科技公司，而中关村也有了“电子一条街”的名声，最知名的公司是“两通”“两海”，即：信通、四通、京海、科海，这四家公司的创办人都是来自中科院的科技人员。

应该说，正是 1984 年前后这一批知识分子的大批下海，使得之后民营企业的发展与最初的个体私营企业有了更高的水准。而这一年知识分子下海经商，正与中央提出“有计划的商品经济”碰在了一起，在我看来这不是一种巧合，是历史的一个必然，正是这种“必然”，为后来市场经济体系的建立打下了坚实的基础。

这一年，海尔、联想、四通、万科、科龙、健力宝、正泰等一大批企业诞生。深圳还出现了村民集资办工业村的“万丰模式”，石家庄的马胜利承包造纸厂的改革经验闻名全国。马胜利作为中国企业承包第一人，一度在 1985 年，1986 年被神化，而到 1987 年他的失利，使更多的人重新思考“一包就灵”“一改就活”的改革理念。

1984 年，经济改革的重点由农村全面转向城市，并在城市里全面铺开。7 月，中央在北戴河开会讨论《中国共产党中央关于经济体制改革的决定》的提纲，当年 10 月，中共十二届三中全会通过了这个决定，提出“有计划的商品经济”，商品经济的概念第一次写进党的决议里。

文件明确提出了我国要实现“有计划的商品经济”，改变了中共十二大提出的“计划经济为主、市场调节为辅”的提法。这个文件根据邓小平的意见，在6月的时候，成立了以胡耀邦、赵紫阳、胡启立、胡乔木、姚依林、田纪云组成的文件起草领导小组。起草班子的工作人员有林涧清、郑必坚、龚育之、林子力、滕文生、高尚全等人。

10月20日，中共十二届三中全会在京召开，全会一致通过了这个《决定》,《决定》分10个部分，主要包括：改革是当前我国形势发展的迫切需要；改革是为了建立充满生机的社会主义经济体制；增强企业活力是经济体制改革的中心环节；建立自觉运用价值规律的计划体制，发挥社会主义商品经济；建立合理的价格体系，充分重视经济杠杆的作用；实行政企职责分开，正确发挥政府机构管理经济的职能；建立多种形式的经济责任制，认真贯彻按劳分配原则；积极发展多种经营形式，进一步扩大对外的和国内的经济技术交流。

这个《决定》规定了改革的目标模式，就是要建立有计划的商品经济体制，是指导经济体制改革的纲领性文件，这标志着经过6年的经济改革的试验和探索从此进入了全面、系统的改革阶段。

在我个人来看，这是中国经济体制有目的地开始全面转型的起始点。

《决定》特别强调了个体经济的作用，指出："我国现在的个体经济是和社会主义公有制相联系的，不同于和资本主义私有制相联系的个体经济，它对于发展社会生产，方便人民生活，扩大劳动就业，具有不可替代的作用，是社会主义经济必要的有益的补充，是从属于社会主义的"。《决定》还要求"为个体经济的发展扫除障碍，创造条件，并给予法律保护"，"特别是在以劳务为主和适宜分散经营的经济活动中，个体经济应该大力发展"。

到1984年底，个体工商户发展到933万户，从业人员首次超过1000万，达到1304万人，注册资本金首次达到100亿元。

"倒爷经济"和"价格双轨制"

乡镇企业、个体工商户是"双轨制"的直接受益者

改革开放40年里，统计一下经济范围内产生了多少新名词，也是很有意思的。

"倒爷"是北京话，指的是倒买倒卖的人。后来这句话，流传全国。"倒

爷”多了，并形成独特的一种经济形式，又被称为“倒爷经济”。

在很多学者看来，由于在1985年年初出现“价格双轨制”，才有了“倒爷经济”，同时也滋生了之后的腐败。我不完全同意这样的判断，这未免过于简单化。是先有了“倒爷”，还是先确立了“价格双轨制”才出现的“倒爷”？参与到“倒爷”大军主体的是哪些人？在我看来，“倒爷”首先是一个个相对独立的“个体”，正是这些独立的“个体”，打破了计划经济体制下的价格体系。当然，在这一时期还有一个重要的推手，那就是关于对国有企业如何放权的问题，当时的语境表述是“扩大企业自主权”的改革，现在看来是一种治标不治本的方法，道理很简单，它既不能使企业成为独立的经济主体，同时也不能形成有效的资源配置机制。

著名经济学家张五常说：“我1979年文章指出的观点：市场价格是唯一不会导致租值消散的准则，那些惯于排队数小时的人不难明白。然而，当我指出市价只能用于私有产权的制度，同志们不易接受。”

客观地说，在当时普遍还没有明确的“私有产权”概念。

著名经济学家厉以宁说：“当时世界银行建议中国采取休克疗法，通过放开价格的方式进行改革。二战后，西德经济部部长路德维希·艾哈德的方案是一夜之间废除了价格管制，让价值规律发挥作用，取得了良好的效果。”但是北大的学者认为，中国的情况和西德不一样，西德的放开价格可能有效，因为它是私有经济，中国的公有经济放开价格可能就没有效果，所以中国必须进行所有制改革，首先把微观基础调整好。

很显然，突破单一的所有制形式，已是中国经济社会发展的必然选择。由此不难看出真理标准大讨论产生的深远影响，那就是真理的源泉只有一个，就是实践。

改革开放初期的个体私营经济，大都是从“倒买倒卖”开始的。先是小倒小卖，之后是有了一定本钱发展成大倒大卖，至于实行“价格双轨制”后，出现的依靠权力和关系以及权钱交易，搞批文、弄批条，以及“官倒”的出现和产生，这是双轨制产生的另外一种结果。从另一个角度来看，“价格双轨制”是市场化改革的一种必然结果。

中国个体私营经济初期的起步和发展，尤其是具体到每一个独立的“个体”本身，不知有多少人不是从“倒买倒卖”开始的。而“价格双轨制”的明确，应该说为私营经济的发展无形中提供了更广阔的空间。市场导向的个体工商业、私营企业、外贸企业等民营企业在这一空间中破土而出，这一点，也常常被一些研究中国民营经济的人士所忽略。

类似这样的生意，在民营企业发展初期，很多人都做过。但在完成“第一桶金”的积累后，大多开始转向。至于在 1984 年 8 月 31 日第二次从监狱出来的牟其中，仍然沉醉于这样的“买卖”，最后“成就”他一笔最大的“倒买倒卖”——罐头换飞机。

中共第十二届三中全会通过的《关于经济体制改革的决定》，提出要突破把计划经济同商品经济对立起来的传统观念，明确提出“有计划的商品经济”概念，这是中国经济实现转型的一个重要“节点”，从一种经济系统转变为另外一种经济系统。当时主要是出于政治上的敏感考虑，回避了用“市场经济”的概念，而是用“商品经济”这样一个俄语表达方式来代替。虽然“商品经济”的说法还很不规范，但可以说是最接近、也最能让多数人接受的“市场经济”概念。

同时,《决定》明确指出:“价格改革是整个经济体制改革成败的关键。”1985 年 3 月，国家宣布取消对企业计划外自销产品价格的限制，宣告废除计划外生产资料的价格控制，正式启动了后来被称之为的“价格双轨制”。在我看来，这是中国经济转向市场化的一个重要标志，与自由竞争、自由交换和价格是否处于“管制”有着直接的关系，由此形成的机制，在资源配置中起到基础性的作用。

改革不合理的价格体系其实早已提上议程。1984 年 9 月，一批年轻人聚到浙江德清的莫干山，开了一个“中青年经济科学工作者讨论会”，讨论会由《经济学周报》《经济日报》《世界经济导报》《中国青年报》等 10 家单位联合发起，讨论的议题主要是价格改革、工业企业自负盈亏、发挥中心城市多功能、沿海 14 个城市对外开放等。莫干山会议影响最深远的，就是对重要生产资料实行计划价格和市场价格并行的体制———双轨制。在这一批年轻人中，有田源、马凯、周小川、李剑阁、张维迎、华生等，二十几年之后，他们都各自活跃在中国一些重要领域的舞台上。至于 20 多年之后，发生的关于双轨制价格改革的由来之争，即北大教授张维迎和原中国经济体制改革研究所副所长徐景安之间的所谓“专利权”的争议，两人各持己见。

在此我无法考证“专利权”的归属，已是燕京华侨大学校长的华生在“专利权”归属争论中也站出来说：“我是双轨制的始作俑者”。我要说的是，在我查阅了当时的大量资料中，没有“双轨制”的字样，而当时国务委员、负责中央财经工作的张劲夫，在他审阅的莫干山会议的报告上的批示是：“提出的价格改革的两种思路，极有参考价值”。10 月 10 日，国务院领导的批示是：“价格改革的两种思路很开脑筋。总题目是如何使放、调结合，灵活运用；因势利导，既避免了大的振动，又可解决问题。”这应是价格改革实行双轨制的由来。

双轨制，就是实行计划内和计划外（即市场）两种价格。一种生产资料存在两种价格体系，显然要带来一些扭曲，但从整体上来看，它便于慢慢地过渡到市场经济。可以说，双轨制为中国带来了帕累托改进，在没有伤及任何人的利益的前提下改善了多数人的状况。

价格改革双轨制不仅为乡镇企业进入市场提供了新的机会，使之得以迅猛发展，同时为私营企业的产生和发展，并参与市场竞争提供了市场空间。没有价格双轨制，市场主体无法形成交换机制。但价格双轨制在当时被很多人视为助长了个体经济和乡镇企业，侵害了国有经济和国有企业，致使有“对个体经济应采取国有化”的论调。

1985 年 2 月 12 日，时任国务院总理的赵紫阳在接见比利时客人时说：“对个体经济和私人企业，中国基本上不采取再搞一次国有化的政策。中国经济的主体部分是公有制和集体所有制经济。这两种经济成分保持着中国经济的绝对优势。私人企业是社会主义国家中的资本主义成分。它的发展是有限的，不会发展很大，将来对它不需要采取国有化政策。可以在税收上节制它的发展。私人企业在某种程度的发展对我国国民经济的发展是有利的。将来私人企业即使有了相当程度的发展，它同国营企业相比还是小的，而且其发展还是有限的，不可能操纵国家的经济命脉。有一些私人企业，不会改变我国的性质。”①

应该说这个谈话，消除了国内外关于“中国将对个体经济和私人企业再搞

① 《半月谈》编辑部．中国改革进程纪事 [M]．哈尔滨：哈尔滨出版社，1991：69.

一次国有化”的疑虑，同时表达了发展私人企业是有利而不是有害。但这个谈话中提出“私人企业是社会主义国家中的资本主义成分”，可见，在当时多数人多数中国共产党领导人还没有完全摆脱私人企业是姓“资”的看法。

1985 年 8 月 1 日，“海南汽车事件”被揭露。自 1984 年 1 月 1 日到 1985 年 3 月 3 日，海南区党委、区政府的一些主要领导干部批准进口大量汽车、电视机、录音机、摩托车，已有上万辆汽车被倒卖出岛，违背了中央关于海南岛可以进口本岛建设所需要的汽车，但这些汽车不能出岛的规定。主要责任者雷宇被撤销党内外职务，有关人员也受到党纪、政纪处分，广东省委省政府也就这一事件作了检查。

在 1985 年的夏天，还有一件重大经济事件震惊全国，那就是在福建省出现的晋江假药案，造假药的乡镇企业共有 57 家，参与制售假药的有 1000 多人，伪造卫生行政部门的药品审批文号 105 个，私自印刷税务发票。

这两起重大的案件，都不是孤立的。一些沿海地区不同程度地出现走私。一些个体私营企业为了追求财富，以次充好，造假售假。市场的力量，仿佛是一夜之间就把全民对物质的欲望全部都激发出来，摆脱贫困、迅速踏上致富路，成为唯一的理想。制度建设、市场法治与经济发展的需求很不匹配，从南到北，追求财富的热浪席卷中华大地，“倒爷”遍地走。

客观地说，中国首批暴发户，大都是从“倒爷”中诞生的，当然绝大多数这样的暴发户之后都没有什么圆满的结果，只有极少数，完成资本积累，走向正道。这一时期的“污点”，之后成为“原罪”的重要罪证。

价格双轨制的功与过，各说各的理。但有一点是必须承认的，1985 年，“双轨制”给之后的经济改革和社会生活带来了重要的影响和变化，市场取向的改革由此登台，使人们领略了市场的魅力，同时也避免了改革初期的经济震荡。正如有着“吴市场”称谓的著名经济学家吴敬琏先生所言：“双轨制等于是在同一条道路上同时实现靠左行驶和靠右行驶的双重规则，势必出现‘撞车’与混乱，助长计划内外价格的‘权力寻租’现象。”

双轨制为市场发育开辟了空间，个体私营企业才有了交换的舞台，虽然这个舞台上的“演员”有得有失，但这一步是必须要走的。价格只是一个表面现象，其根本矛盾是计划与市场的矛盾。这一步不走，市场经济无处可谈，个体私营经济也名不副实。交换所带来的市场活力和魅力可能就在于此。诺贝尔经济学奖得主、原世界银行副行长兼首席经济学家斯蒂克利茨曾说，双轨制是计划价格向市场价格过渡中，中国人找到的天才解决办法。

11 月 12 日，新华社报道，600 多万个乡镇企业，已经成为农村经济的重要支柱。90% 的农民已成为农村供销社的股东，新经济联合体超过 46.7 万户，其中从事第二、第三产业的占大多数，还涌现出 425 万专业户和 810 万个体工商户。这些乡镇企业、个体工商户，从另一角度来看，是“价格双轨制”的直接受益者。

9 月 23 日，邓小平针对当时有人提出的允许个体经济发展会导致两极分化的疑虑，鲜明地指出：“在改革中，我们始终坚持两条根本原则，一是社会主义公有制经济占主体，一是共同富裕。有计划地利用外资，发展一部分个体经济，都是服从于发展社会主义经济这个总的要求。鼓励一部分地区、一部分人先富裕起来，也正是为了带动越来越多的人富裕起来，达到共同富裕的目的”。[①] 邓小平关于让一部分人先富裕起来的思想，对个体、私营经济的发展无疑是一剂定心丸。1985 年，全国个体工商户达到 1171 万户，从业人员 1766 万人，注册资本 169 亿元。

正是根据邓小平“先富后富”的思想，很快被写进 1986 年的 1 号文件之中。文件中还明确指出：“个体经济是社会主义经济的必要补充，在农村允许它的存在并有所发展，就会出现生产资料占有的某些差别。只要采取适宜的政策，进行必要的调节，就可以使这种差别保持在社会所允许的限度，而不会对社会主义基础构成威胁。”

① 邓小平．邓小平文选：三卷 [M]. 北京：人民出版社，1993：142.

第五章

私营经济势不可挡（1986-1988）

“妹妹你大胆地向前走。”

——电影《红高粱》获得第38届柏林国际电影节金熊奖。影片中那沙哑的歌曲，是生命原动意识再次得到释放，1988年

乡镇企业异军突起，“两个模式”的出现

“苏南模式”和“温州模式”影响全国

1986年的5月4日开始实行夏令时，时间往回拨一小时，仿佛这天变成了25小时。虽然夏令时没实行几年，但当时中国仿佛注入了一种只争朝夕的干劲。

到1985年年底，全国各级物资部门已建立了644个物资贸易中心，形成了初具规模的生产资料交易市场。同时，各区域性的与人们生活密切相关的专业批发、零售市场更是雨后春笋。1986年商业体制改革步伐加快，主要表现在对国营小型商业企业的改革上，全年共有6690家国营小型商业企业实行了“改、转、租、售”。商业企业应该说是民间资本最早以低成本进入的领域，从而一批私营企业产生。

1986年1月7日，国务院颁布的《中华人民共和国银行管理暂行条例》规定：专业银行之间的资金可以互相拆借，其利率由借贷双方协商议定。到7月，广州、重庆、武汉、沈阳、常州5个金融体制改革试点城市组建了11个城市各家银行参加的全国第一个跨省区资金融通网络。这一年，全国共融通资金达到300亿元。建立和发展资金拆借市场是这年金融体制改革的重要内容，给乡镇企业和私营企业的发展提供了资金“通道”。虽然当时没有把这种拆借指定给乡镇企业和私营企业，但拆借本身已使资金活了起来。除此之外，票据贴现市场、有价证券市场，也在一些中心城市初步开始建立，无形中给了乡镇企业和私营企业许多机会。

这一年年底，中国市场出现了国家定价、国家指导价、市场调节价并存的局面，国家定价的比重进一步缩小，指导价和市场物价比重则进一步扩大。

2月4日，中共中央、国务院作出10项规定，坚决制止党政机关和党政干部经商办企业。这是继1984年12月，中央明令禁止党政机关和干部经商、办企业之后，再次作出更为严厉的规定。这10项规定，意在把这个问题作为端正党风的重要方面来加以解决。

1986年，最春风得意的当属一批农民企业家，也就是乡镇企业的厂长们。从几年前社队企业的隐蔽状态，到把国有企业闲置下来的设备，以低价格弄到

农村，再进行新的改造，以集资、入股等办法加上地方政府在土地等方面的政策支持和扶持，廉价的土地成本和劳动力成本，使乡镇企业快速崛起，由此，乡镇企业走向全面公开化的发展阶段。

到1986年年底，乡镇企业的总数已经达到1515万家，劳动力近8000万，向国家交纳税金170亿元，实现总产值3300亿元，占全国总值的20%。从整个经济层面上来看，乡镇企业一枝独秀。

从乡镇企业走出来的一批农民企业家大都产生在这一时期，如史来贺、鲁冠球、吴仁宝、禹作敏、徐传化、周耀庭等。

中国乡镇企业的异军突起，实在是令人不可思议，这是中国企业发展史上的奇迹。工厂建在农村，没有任何工业化的基础，没有原材料的供应，没有专业的技术，没有熟练工人，没有销售渠道，就是这些常年在土地上耕种的农民，靠着农民的鲁莽，实现了所有的不可能。当他们从隐蔽走向公开发展时，已势不可挡。

这一年，集体经济的"苏南模式"和个体经济的"温州模式"名声大噪。从这两个模式中，后来发展出了一批具有影响力的民营大企业和大公司。

"苏南模式"实质是传统集体经济模式。"苏南模式"是著名社会学家费孝通先生提出的，1983年年初在江阴召开的一次研讨会上，费孝通提出，苏南这个地区的经济，现在看来已经可以成为一种模式了。

"苏南模式"的萌芽其实可以追溯到20世纪50至60年代。早在1958年人民公社化过程中，全国各地在集体副业的基础上办起了一批社队企业，主要为本地农民提供简单的生产和生活资料。到20世纪70年代，这些小型的社队企业逐步发展成为农机具厂，为集体制造一些农机具。十一届三中全会之后，明确支持社队企业发展，这使得苏南地区的社队企业从此走上了一个大发展阶段。苏南地区原有工业基础比较薄弱，他们自此抓住了市场的需求，迅速壮大起来。到1983年，这些企业已经在江苏省的农业总产值中占到了45%的比例。到重新定名为乡镇企业后，发展更是突飞猛进。到1989年，乡镇企业这一部分农村工业在农村社会总产值中已经占到了60%的比例。

原中央顾问委员会委员、中央农村研究室主任杜润生说："苏南地区有两个创造，一个创造是发展了乡镇企业，突破了城乡二元结构。发展乡镇工业，不是简单地把农民转移到城里去，而是把工业在农村就地发展，开创了农村工业新局面；第二个创造是在所有制上创造了非国有经济。在国有经济也就是国营企业这样的苏联模式上，苏南地区搞了一块非国有经济，可以说是社会主义阵营中的一个大创造。苏南乡镇企业这个贡献功不可没。"

苏南集体所有制基础上形成的村级经济或是说乡镇企业，现在看来就是西方经济学者通常所说的"社区政府公司主义"。苏南的村级经济有两个特点：第一，一个人、一个厂、一个村连在一起，由此而成长的村庄公司，也称为"庄主经济"。这个庄主通常都是老支书，是村里的"头号能人"，或者说是比较纯粹的企业家；第二，这种"庄主经济"的特点是"级别最大，权力最大""所有制层次低"，企业也基本属于合伙经营或家族经营，使这类企业具备了体制外的优势。

早在计划经济时期，"鱼米之乡"的苏南就有采取集体经济的传统，在 20 世纪 80 年代初，上海的国有科研所和国有企业的人才业余时间在技术方面给予了苏、锡、常地区的乡镇企业极大的支持。让苏南成为上海的智力及技术资源的强辐射区。

"苏南模式"的演化有明显的阶段性。1953 年至 1978 年属于萌芽阶段，农村工业星星点点、断断续续、时隐时现，这时的社队企业是后来集体所有制乡镇企业的前身或基础；1978 年至 1984 年为全面发展阶段，由于国家轻重工业比例调整，加上严重的短缺经济，乡镇企业遍地开花，乡企在基层政府的推动下，经济规模呈现粗放式的快速增长；1984 年至 1988 年为快速扩张时期，这一阶段乡镇企业受到政策的鼓励，抓住了大发展的机遇，但转轨期间流通秩序紊乱；1989 年至 1991 年年底，乡镇企业普遍进入徘徊和受压抑的困难阶段，治理整顿，关停并转，政府收缩，这时能生存并得到发展的企业一般都是在内部管理和技术改造方面过了关的企业；1992 年至 1995 年年底，乡镇企业受整个宏观经济形势的带动，又跃上新台阶，"三外"总量大大增加，大企业呈现出集团化趋势。

华西村的吴仁宝，可以说是中国乡镇企业的活化石，他 28 岁就担任江阴华西村书记，村支书一干就是 48 年，然后他把这个职位给了自己的第四个儿子。华西村在吴仁宝的带领下，就是从村办企业做起，到 1999 年，华西村股票上市。2005 年，吴仁宝父子登上美国《时代周刊》封面。

1997 年前后，“温州模式”和“苏南模式”所呈现的特点都非常鲜明。“苏南模式”是当地政府官员在计划经济的基础上改良而成，是以上海辐射带动的集体经济；“温州模式”是在长期”割资本主义尾巴”的过程中成长起来的，生命力特强，前店后厂，靠的是民间启动、自我积累、自我发展。

这时，乡镇企业在进一步发展上碰到了比较大的障碍。从外部环境上来看，一是市场经济的进一步发展，乡镇企业的竞争对手的规模越来越大型化，曾以小见长的乡镇企业灵活的优势被大型对手的规模优势压倒；另外，“苏南模式”的企业们还面对另一种更有竞争力的模式，也就是“温州模式”企业的挑战。正是由于这两种模式企业的产品往往都集中在以小见长的领域中，因此竞争也格外激烈。而苏南原有乡镇企业内部所有制中比较含糊的问题，在企业发展中也越来越凸现出来，产权不分，政企不分，机制僵化等问题。

“苏南模式”有其积极的一面，但我们也不得不承认这个模式的消极方面：“苏南模式”本质上是一种政府超强模式、地方政府公司主义模式、干部经济模式、政绩经济模式、干部资本主义模式。同时它也是一种地方行政经济模式，尽管乡镇企业本身最初是作为一种民营力量出现的。

“苏南模式”最终选择了彻底改制。经过 1998 年和 2000 年的两次改制，将绝大多数乡镇企业改制为个体私营企业和产权清晰的股份制企业，到 2002 年苏南乡企的改制已达 97%，这表明“苏南模式”的使命彻底终结了。据江苏省工商局统计，到 2000 年 6 月底，江苏省私营企业已达 15.16 万户。据江苏省乡镇企业局 2000 年 11 月的一份材料称：全省乡镇企业增加值净增额的 95% 来自个体私营企业。

“苏南模式”是中国乡镇企业发展历史的典型代表。在现如今的民营企业家群体中，有一批就是从乡镇企业转型而来的，很多民营企业的资产，是过去多年社队企业积累而来，通过转制，由此个人财富迅速增长。

关于“温州模式”，温州是我去采访次数比较多的地方，在那里我结交了很多民营企业家，南存辉、郑胜涛、周大虎、胡成中、王均瑶（已故）、张朝荣、余阿寿和余进华父子、叶子建、潘廷宇和潘佩聪父女……2002 年，中国共产党第十六次全国代表大会召开之前，我到温州做更深入的采访，市长、官员、经济界的专家学者、银行家、大的民营企业家、小老板，等等，我采访了有几十人。与时任市长钱兴中，也聊了很多看法。

2002年我去温州采访后，使我重新认识了温州，在我看来“温州无模式”。

据资料显示，改革开放前30年，国家对温州的总投资仅为5.9亿，可想而知，昨日的温州是一个什么样的温州。

而今，温州可称为中国改革开放和市场经济最大的受益者，数百万白手起家的富人和遍布海内外的温州产品，使温州闻名于世界。昨日，这个城市还破烂不堪，而今却是一个崭新的、具有现代感的新温州，这不能不让人为之感叹。究竟是什么力量创造了温州的奇迹？这里既不是经济特区，也没有什么优惠政策，更谈不上有什么得天独厚的资源，但温州却凭着自有的无穷活力和对资本的眷恋，在市场经济中完成了对财富和功利的实现。显然是改革开放和社会主义市场经济体制激活了温州人，从而使温州人“如鱼得水”。

从某种意义上说，温州的市场经济，代表了中国的改革方向，温州的胜利，是中国改革开放和市场经济的胜利，也是不断发展壮大的民营经济的胜利。这一胜利，温州人自己归纳为：是现实逼的，是政策放的，是政府导的，是传统引的，是温州人闯的。

温州，这座中国改革开放以来最抢眼的城市，可以说始终处于争论的漩涡，但温州却在争论中出了名，在不争论中求得了发展。1985年5月12日，《解放日报》在一版头条发布了《温州三十三万人从事家庭工业》，并发表评论员文章《温州的启示》，率先提出“温州模式”，在全国引起强烈反响。“温州模式”的提出，对当时的温州来说是“雪中送炭”。但温州人并没有局限于这一模式。当社会各界非要探寻“温州模式”的本质时，温州人从来就不认为有什么模式。温州人说：“模式是新闻界、理论界和外界给定的，如果有模式，就是一成不变的了，按照这个模式，还可以复制几个温州。”温州的不断变化和创新显然已远远地超越了模式的概念。

在大量的鲜活实例面前，很难捕捉到温州的模式。当我们试图从整体上去纵深把握温州这座城市的发展脉络时，发现温州本质上是走了一条与时俱进、不断创新、具有商业精神、符合现代商业文明的社会主义市场经济的改革开放之路。

1984 年 9 月底，在温州苍南县出现了新中国第一家私人钱庄——方兴钱庄。这个钱庄当年是经过镇政府发的“红头文件”同意试办的。1986 年 1 月，国务院公布《中国人民银行管理暂行条例》，规定个人不得设立银行或其他金融机构，不得经营金融业务。方兴钱庄不得不停业。开办方兴钱庄的方培林仍不死心，这之后，又开了停，停了开，断断续续到 1989 年。公开的私人钱庄没有了，但地下钱庄在温州方兴未艾。

正是由于 20 世纪 80 年代初期温州商品经济发展得较快，为民间信用的活跃和发展奠定了基础。一种被称为“抬会”的民间融资活动在浙江南部出现，民间资金的互相拆借，在 1984 年左右，在温州民间私底下就有所涌动。和钱庄有相似之处，最初是在几个人之间出现，每人都出一些钱，形成一个互助的“会”，用钱的人付给其他人高于银行的利息，资金周转很快，快的个把小时就能从“会”里把钱搞定。很多私人企业就是靠这种地下渠道，使企业迅速成长，但也有企业在一些生意中把买卖做“折”了的，那这笔从“会”里借的钱就成为致双方于“死命”的节点。这种资金运作方式完全靠乡亲间的个人信用做保证，正是由于高额利益的驱使，一方是铤而走险放贷大量资金，一方是为满足借贷需求，只好采用高息融资，双方的回报都是诱人的。很快“抬会”的会主成为乡亲们眼中的财神爷，在这一财富的转换过程中也表现出另一种“羊群效应”，跟进，不断地跟进。据相关资料显示，在乐清，共有大大小小的抬会 1346 个，最大的“抬会”发展了 12122 人，从 1985 年到 1987 年年初，温州的九县两区有 30 万人卷入其中，会款发生额高达 12 亿元。使得这个游戏完全处于失控状态。

高额的回报，必须有其高额利润做支撑，在整个资金链条的运作中，有一个环节出现断裂，必然产生瞬间的“雪崩”。1986年温州“抬会”[①]事件的会主之一郑乐芬，在国家对此事件的整治过程中于 7 月被捕，经温州市中级法院审理，于 1989 年 11 月 23 日宣判因投机倒把罪判处死刑，剥夺政治权利终身。

---

① 解景林．国际金融大辞典 [M]．哈尔滨：黑龙江人民出版社，2002.
“抬会”是从传统的民间合会活动中演变出的一种以牟取暴利为目的，具有投机欺诈性质的民间信用形式。抬会，始于浙江温州乐清县，1985 年夏秋之际，抬会在乐清县形成浪潮。1986 年温州抬会风波，全市有 63 人自杀，200 人潜逃，近 1000 人被非法关押，8 万多户家庭破产。

虽然当时在法律界对郑案的认定有争议，但 1991 年 9 月 18 日，最高人民法院核准浙江省高级人民法院的刑事裁定，维持以投机倒把罪判决郑乐芬死刑，立即执行。这位没有多少文化的家庭妇女，33 岁被捕入狱，死时只有 38 岁。

那一年发生在温州的疯狂，血腥而狰狞的融资借贷游戏，至今温州人都记忆犹新。但温州的地下钱庄在这之后，仍以另一种形态出现，民间资本仍十分活跃，民间借贷以它特有的方式发挥着作用。这一点在温州民营经济发展过程中不应全盘否定。

但在 2010 年前后，温州民间借贷非常疯狂，使之在温州出现大量的跑路现象，有为之跳楼的，后来惊动了国务院总理温家宝。2014 年，我去温州采访，在温州法院门前的电子屏幕上，天天滚动的信息中，都是来自民间借贷案子，当地有朋友说，你在温州若想找哪个老板，只要你天天守在温州法院门前，一定能找到你要找的老板。

1986 年 12 月 3 日，全国个体劳动者第一次代表大会在京举行，中国个体劳动者协会同时成立。这个协会隶属国家工商总局，虽然不是严格意义上的民间协会组织，但在当时协会仍发挥着重要的积极作用。在这次大会上，薄一波发表了讲话，他说：我国个体劳动者在国家经济发展中起了很大作用。在今后几十年，甚至更长时间，坚持国家、集体、个人一起上的政策是不会变的。① 到这一年年底，全国个体工商户发展到 1211 万户，从业人员 1846 万人，注册资本金 180 亿元。

十三大首次承认并允许私营经济发展

43 岁的任正非和 5 个朋友一起开始创业，注册资本为 2.1 万元

在 1987 年的春节晚会上，一个有着混血儿外貌和奔放舞姿的小伙子唱了一首《冬天里的一把火》，一时火遍大江南北。在中国人的文化里，火是吉，火烧旺运。然而，这年大兴安岭所发生的大火，让中国人为之揪心。

这一年，已 43 岁的任正非基本上还是一事无成，正是干事业的年龄，竟

① 《半月谈》编辑部．中国改革进程纪事 [M]．哈尔滨：哈尔滨出版社，1991：93.

患上了严重的糖尿病，而且心脏也不是太好。任正非出身于一个知识分子家庭，兄妹7人，大学毕业后，他进入基建工程兵部队，在部队搞过技术发明，33岁的时候参加全国科技大会，并被表彰。可能正是这些因素，使得他对技术有着他人所没有的信仰。这些可能与他之后选择电子企业就业，创办通信企业都有着内在的因果关系，这也成为华为之后成就事业最有价值的原因。

参加全国科技大会之后近10年时间里，任正非始终没有找到能发挥自己才能的平台。1982年，任正非在中国大裁军时退伍，之后在南方一家电子公司任职，在一次生意中受骗，丢了工作。1987年9月，他在深圳创办了一家叫华为的民间科技公司，主要还是为了自己有事干，并能养家糊口，对未来，他还一无所知。与5个朋友一起在深圳组建的华为公司，注册资本为2.1万元，业务为代理进口香港康力公司的模拟交换机。

可能正是经历过社会底层的历练，再加上他的军人气质，使得他有着超出常人的坚韧意志，和他一起共事的华为高层对他有过这样的评价：性格强势，是那种敢于“把鸡蛋放在一个篮子里”，敢于置之死地而后生的人。因此，有评价说，华为在技术方面的优势，与其说来自于一种理想，不如说取决于任正非的个性。

正是这种个性，任正非缔造了他的企业帝国。在股权的设置上，体现了一个民营企业家少有的胸怀。他摒弃了一般人的价值观，首先让所有对企业有贡献的人都能利益均沾，满足了人性当中对利益的追求和向往。不管是之后的《华为基本法》，还是“狼文化”，都有任正非个性的影子。一个民营企业的企业文化形成，从某种意义上来说，就是老板自身个性的外延。1992年，任正非研制的大型数字程控交换机面世后，华为一路高歌猛进。

从1978年到1986年，历经七八年时间的实践和观察后，政府对私营企业的看法更加务实了，即更多地从中国的实际出发，从中国仍处于社会主义初级阶段的现实出发，从有利于发展社会生产力这个根本目标出发。这些在1987年得到更进一步的体现。

1月20日，国务院发布《关于进一步推动科技体制改革的若干规定》，于2月4日颁布。《规定》提出，要支持和鼓励部分科技人员以调离、停薪留职、辞职等方式，到农村和城镇承包、承租全民所有制中小企业，承包或经办集体乡镇企业，兴办经营各种所有制形式的技术开发、技术服务、技术贸易机构，创办各种中小型合资企业、股份公司等，允许他们在为社会创造财富的同时取得合法收入，技术入股者按股分红。这个规定等于允许、支持、鼓励部分科技人员经商、办企业。“兴办经营各种所有制形式”的企业，自然而然就包括私营企业。这个规定鼓舞了一部分科技人员“下海”，那一年，全国共有 36 万科技人员走入经济领域。现在全国有名气的民营科技企业，就是那时候兴办起来的。但由于当时还没有私营企业的登记办法，多数是冠以集体的名义或挂靠在国有企事业单位名下，有的仍以个体经济的名义登记，科技人员下海，成为一种热潮。

1 月 22 日，中国共产党中央政治局通过了《把农村改革引向深入》的决议指出：“在社会主义的初级阶段，在商品经济的发展中，在一个较长的时期内，个体经济和少量的私营经济的存在是不可避免的。我国人多耕地少，今后将有亿万劳动力逐步从种养业转移到非农产业。只有实现全民、集体、个体和其他多种经济形式一起上的办法，才能顺利实现这一转移。而个体经济的存在，必将不断地提出扩大经营的要求。”几年过去，农村私人企业有了一定程度的发展。事实也表明，私人企业作为社会主义经济结构的一种补充形式，对于实现资金、技术、劳力的结合，尽快形成社会生产力，对于多方面提供就业机会，对于促进经营人才成长，都是有利的。

这是改革开放以来，第一份提出允许私营经济存在的文件。虽然这个文件是讲农村的，但其精神实质同样适合于城市。

到 1987 年，政府对私营企业采取了不断放宽的态度，尤其是对雇工问题和雇工人数，对城乡的私营企业有了一个比较明确的方针，那就是“允许存在，加强管理，兴利除弊，逐步引导”，很显然这和 1979 年的“不准雇工”及 1983 年的“不提倡、不支持、不取缔”不同了，是根本性的飞跃和进步。

1987 年 10 月，中国共产党第十三次全国代表大会召开，在这次大会上，第一次论述了我国现阶段的私营经济和中国共产党对其应采取的政策，对私营企业做了更为明确的阐述。十三大报告在分析论述中国仍处于社会主义初级阶段之后，在谈到社会主义初级阶段的经济结构时指出：“社会主义初级阶段的所有制结构应以公有制为主体。目前全民所有制以外的其他经济成分，不是发展得太快，而是很不够。对于城乡合作经济、个体经济和私营经济，都要继续鼓励它们发展。在不同的领域，不同的地区，各种所有制经济所占的比重应当允许有所不同。”

报告还指出：“私营经济是存在雇佣劳动关系的经济成分。但在社会主义条件下，它必然同占优势的公有制经济相联系，并受公有制经济的巨大影响。实践证明，私营经济一定程度的发展，有利于促进生产，活跃市场，扩大就业，更好地满足人民多方面生活的需求，是公有制经济必然的和有益的补充。”会议提出必须尽快制定有关私营经济的政策和法律，保护它们的合法权益，加强对它们的引导、监督和管理。报告还指出：“中外合资企业、合作经营企业和外资独资企业，也是我国社会主义经济必然的和有益的补充，应当切实保护外资投资者的合法利益，进一步改善投资环境。”

这是十一届三中全会以来党在代表大会上首次承认并允许私营经济发展，为私营经济的发展正式亮了绿灯。它表明中国共产党对现阶段的基本国情有了统一的科学认识。这是一次历史性的突破。

关于“社会主义初级阶段”的提法，最早可追溯到 1979 年，当时叶剑英在国庆 30 周年讲话中表达了社会主义初级阶段的思想。从 1981 年 6 月十一届六中全会第一次明确提出，到党的十三大，该提法在中央文件中一共出现 4 次，但都没有做论述。这个提法，打破了以往不分阶段的观点。

在党的十三大报告中，专设一章，对“社会主义初级阶段和党的基本路线”作了比较详细的论述。第一次系统地阐述社会主义初级阶段的理论，明确提出了党在这个阶段的基本路线，并依据这个理论和路线制定了全面改革的基本方针和行动纲领，阐明了深化经济体制改革的任务和目标，提出了政治体制改革的长远目标和近期目标，论述了发展生产力应当成为我们考虑一切问题的出发点和检验一切工作的根本标准。党的十三大报告还指出：“正确认识我国现在所处的历史阶段，是建设有中国特色的社会主义的首要问题，是我们制定和执行正确路线和政策的基本依据。”

国外的一些观察家认为，党的十三大，是一次继往开来的大会，它在理论问题上的重大突破，以进一步加快和深化改革、领导机构年轻化和发扬民主而载入史册。

在对初级阶段的论述中，报告指出：它不是泛指任何一个国家进入社会主义都会经历的起始阶段，而是特指我国人口多、底子薄，生产力落后，商品经济不发达的条件下，必然要经历的特定阶段。我们面对的情况，既不是马克思设想的在资本主义高度发展的基础上建设社会主义，也不完全相同于其他社会主义国家。因此，照搬书本不行，照搬外国模式也不行。在现阶段消灭商品生产和货币制度，完全不符合我国国情。在建设社会主义的问题上，我们必须走自己的路。

在这样一个初级阶段，必须集中力量发展生产力，实现灵活、务实的政策，充分调动各方面包括个人的积极性，在以公有制为主体的前提下发展多种经济成分，在共同富裕的目标下鼓励一部分人通过诚实劳动和合法经营先富起来。只有这样，才能实现社会主义现代化。

社会主义初级阶段理论的建立，是中国共产党对发展和建设有中国特色社会主义的重大突破，打破了过去“社会主义一大二公”的“左”的观念，从而为私营经济的生存与发展提供了制度上的保证。

细心的人还会发现，在赵紫阳所作的十三大报告中，还出现了“坚持改革开放的总方针”的新提法。报告中“改革开放”这个词组一共出现了 29 次，“政治体制改革”出现了 12 次。显然，“改革开放”已经成为一种压倒性的话语。

报告中还指出：“有计划商品经济的运行机制，总体上来说，应该是‘国家调节市场，市场引导企业’的机制。”很显然，这个提法比“公有制基础上的有计划的商品经济”更进了一步，离市场经济更近了，市场经济大有呼之欲出之势。

党的十三大在理论上的突破，对之后方针、政策的制定和出台，都起到决定性的作用。在这之后，邓小平曾说：“十三大政治报告是经过党的代表大会通过的，一个字都不能动”。[①] 可见，邓小平对十三大所明确的理论问题的肯定，十三大标志着社会主义初级阶段理论的成熟，而这一理论在之后的历次中国共产党全国代表大会的报告中都有论述，并得到继续和发展。

---

① 邓小平．邓小平文选：三卷 [M]. 北京：人民出版社，1993：296.

在党的十三大代表中，有一个来自乡镇企业的企业家代表格外引人瞩目，他就是杭州万向节厂厂长鲁冠球。一个乡镇小厂生产的万向节已打入了美国市场。

这一年，47 岁的宗庆后开始创业，办起了娃哈哈儿童食品厂。宗庆后，杭州人，中等身材，早年下放农村，1979 年以接班的方式回城，在一家校办工厂顶替提前退休的母亲上班做工人。1985 年前后，有着商业头脑的宗庆后看到保健食品市场的潜力，已是校办工厂经营部经理的他，偶然的机会获得浙江医科大学一位教授研制的一种儿童营养液的配方，宗庆后的创业故事便从此开始。

而这时的王石开始在深圳涉足地产业，日后成为中国房地产业标志性的人物，在整个中国民营企业家中成为一个榜样。

四川的刘氏四兄弟这时已远近闻名。刘家四兄弟出生于四川省新津县穷苦知识分子刘大墉的家庭中，靠半年瓜菜半年粮长大，其父亲省吃俭用把他们送进小学、中学和大学读书。大儿子刘永言在成都 906 厂计算机室工作，老二刘永行从事电子设备维修，老三刘永美在县农业局当干部，老四刘永好在机械工业管理干部学校做教员。1982 年的一天，刘家四兄弟聚在一起，当听完老三回乡创业的抱负后，不想其他三兄弟深有同感，他们毅然放弃一个月拿几十块钱的“铁饭碗”，回到家乡找机会。由于 1980 年四川正值赵紫阳主持工作，农村联产承包比全国提前普及，农业增产，农村经济发展生机勃勃，他们都感到养殖家禽是热门生意，于是凑了 1000 元建立了育新良种场，头一次养鹌鹑失败了，后经过自配饲料，他们又开始养鹌鹑，四兄弟骑着自行车四处推销，并跑到成都开拓市场，4 年后，饲养鹌鹑成功，成为拥有 15 万只鹌鹑的大户。1987 年，他们筹资 20 万元创办了希望科研所。日后的希望也由此上路。1990 年，希望集团的饲料雄居西南三省的首位，并与泰国正大集团的洋饲料展开了激烈的市场竞争。经过 4 个回合价格厮杀，1991 年正大集团销售饲料 4 万吨，希望集团销售饲料 6 万吨。1992 年，希望集团的一号乳猪饲料在中国农业博览会上获得金奖，从此打开了希望集团的全国市场。

这一年底，全国个体工商户已有 1373 万户，从业人员 2158 万人，注册资本金 236 亿元。这些个体工商户中，实际上已包含了部分私营企业。从 1987 年开始，国家工商行政管理局的统计中，有了产值和消费品零售额的统计口径。

1987 年国有企业改革加快步伐，这一年被称为中国经济改革的“承包年”。

乡镇企业产值首次超过农业产值，已形成 8500 万人的劳动大军。

中关村电子一条街具有独立法人资格的科技企业已有 148 家，营业额超过 9 亿元。到 1988 年的 2 月，全国共有 1 万多个民办科技企业，8 万多科技从业人员，3 月，国家还成立了中国民办科技专业职务资格评审领导小组，民办科技人员将评定专业职务。

私营经济写入宪法

1988 年底中国正式有了私营企业统计数字

1988 年，中国改革进入第 10 年。

这年的 12 月，24 岁的王文京要办一家属于自己的企业，但工商局还只能办个体户的登记，就这样王文京在位于中关村的北京海淀区工商局领到了个体工商户的执照，放弃“铁饭碗”，开始创业。而在这年底，北京市第一批私营企业已经开始注册，首批注册的私营企业只有 8 家，还是从全市 12 万家个体户中挑选出来的。两年后，王文京创办的用友软件公司才登记成为私营企业。

由于十三大明确鼓励私营经济发展，效益好的个体工商户都急于扩大经营规模，向私营企业发展。2 月 25 日，国家科委、国家教委等 7 家单位组成的联合调查组提交了一份《关于中关村电子一条街的调查报告》，充分肯定了中关村的民办科技企业。这时的中关村已形成非常好的创业氛围，很多热血青年来到中关村要开办自己的企业。

2 月 28 日，中国共产党中央建议修改宪法个别条款，主要内容是：允许私营经济在法律规定的范围内存在发展，土地使用权可以依照法律的规定转让。

根据中共十三大的精神，1988 年 4 月 12 日，第七届全国人大第一次会议通过了宪法修正案，宪法第十一条增加了“国家允许私营经济在法律规定的范围内存在和发展。私营经济是社会主义公有制经济的补充。国家保护私营经济的合法的权利和利益，对私营经济实行引导、监督和管理”等新的表述。

6 月 25 日，国务院颁布了《中华人民共和国私营企业暂行条例》。《条例》规定，私营企业是指企业资产属于私人所有、雇工 8 人以上的营利性的经济组织；《条例》还对私营企业的种类、开办和关闭、权利和义务、劳动管理、财务税收、监督与处罚等作了规定。

无论是宪法修正案，还是条例的颁布，使得私营经济从法律层面上在新的历史条件下得到了确定，重新确认了私营经济在社会主义所有制结构中的合法地位。这是 1950 年 12 月 29 日政务院通过《私营企业暂行条例》之后，时隔 38 年后的第二个私营企业条例。

回过头来，中华人民共和国成立之后产生的第一个私营企业条例，主要还是出于对国民经济恢复时期的考虑。《条例》的颁布，对私营企业的发展起到了刺激作用，同时也使很多私营老板安下心。然而，《条例》给私营老板带来的喜悦是短暂的，很快，在 1953 年就开始改造资本主义工商业，具体表现在，私营工业中有计划地扩展公私合营。1953 年 12 月，政务院财政经济委员会召开扩展公私合营工业计划会议，制定和颁布《公私合营工业企业暂行条例》。1954 年，按照《暂行条例》，合营了一批“较重要的和较大的企业”，扩展公私合营工业取得成就。同时，单个企业公私合营向全行业公私合营发展。1955 年下半年到 1956 年初，全行业公私合营进入高潮。1956 年初，全国原有私营工业企业 8.8 万余户，职工 131 万人，总产值 7266 百万元，到年底，已有 99% 的企业户数，98.9% 的职工以及 99.6% 的总产值，实现了所有制的改造。这期间还对私营的商业、饮食业、服务业，实现了所有制改造。从这之后到 1966 年，1950 年底通过的第一个私营企业条例，其实就是“一纸空文”。

而新《条例》从法律上明确了“私营企业是指企业资产属于私人所有、雇工 8 人以上的营利性的经济组织”。

1956 年实行合作化和对资本主义工商业进行社会主义改造之前，中国个体户也只有 3 万人。1965 年为 2347 人，经过“文化大革命”，到 1978 年，全国只剩下 259 人。偌大的北京西城区，1979 年只有 69 个个体户，其中手工业 17 人，商业 4 人，服务业 8 人，修理业 40 人。

1988 年 6 月 25 日，国务院还同时颁布了《中华人民共和国私营企业所得税暂行条例》《国务院关于征收私营企业投资个人收入调节税的规定》。“私营企业所得税依照 35% 的比例税率计算征收”。

条例和规定的出台，对鼓励私营企业的发展，加强对它们的管理有着重要的作用。这使得个体、私营经济的发展在理论、法律和政策的大力支持下，进入了第一次的发展高潮期，使私营经济在社会主义所有制结构中重新确立了其合法地位。

6 月 30 日，国务院颁布《中华人民共和国企业法人登记管理条例》。这是根据《中华人民共和国民法通则》的有关规定，为建立企业法人登记管理制度，确认企业法人资格，保障企业合法权益，取缔非法经营，维护社会经济秩序而制定的。这些企业除全民所有制，集体所有制外，还包括："在中华人民共和国国境内设立的中外合资企业、中外合作经营企业和外资企业；私营企业；经企业法人登记主管机关审核，准予登记注册的，领取《企业法人营业执照》，取得法人资格，其合法利益受到国家保护。"

1987 年至 1988 年，中国的私营经济得到迅速的发展，在 1988 年之前，私营企业是混杂在个体工商户中的，工商局没有加以明确的区分，只是到 1988 年底才有了私营企业统计数字。据统计，到 1988 年底，全国已登记注册的私营企业有 40638 家（据董辅礽主编的《中华人民共和国经济史》："如果加上大量挂集体企业牌子和混杂于个体工商户、个体合伙及乡镇、街道企业中的私营企业在内，实际的私营企业，计有 20 多万家。"），雇工人数 723782 人，注册资金总额 32 亿多元；个体工商户发展到 1452.7 万户，从业人员 2304.9 万人，比 1982 年分别增长 4.58 倍和 6.02 倍。全国个体经济的商业服务网点已达 1095 万个，约占全国商业服务网点的 80% 以上。

在 1978 年以前，中国没有一家私营企业。1978 年之后，从最初的"看一看，不要取缔"到私营经济被写入宪法，用了 10 年时间，直到 1988 年底才有了私营企业的统计数字。改革开放 40 年，到 2017 年，在社会主义国家中国，拥有 2000 多万私营企业，显然这是任何人都无法想象的。

正是理论的突破，法律的确认，对发展私营经济的态度才逐步明朗起来。1984 年前后，银行对乡镇企业给予扶植，一些地方也从金融和批租土地等方面，对私营企业采用了隐蔽的办法给予了支持。到 1988 年前后，"私生子"终于得到了承认，隐蔽结束了，中国私营企业正式走向公开发展。

而在这一年与私营经济和私营企业相对应的组织也得到了发展。

与此同时，中国共产党第十三次全国代表大会提出的"国家调节市场，市场引导企业”新的经济运行机制的明确，“市场”的位置更加凸显，这也为私营经济和私营企业的发展，提供更加开阔的市场空间，大有一种海阔凭鱼跃的感觉。

1988 年 1 月 15 日，内地第一家属于商会性质的民间私营团体——福州市私营企业家协会在福州成立。

11 月 27 日至 12 月 3 日，中华全国工商联合会第六次代表大会在北京举行。大会通过新的章程，规定全国工商业联合会是中国工商界组织的人民团体，民间的对内对外商会。大会选举新一届执行委员会。荣毅仁当选为执行委员会主席，胡子昂被推选为执行委员会名誉主席。

1988 年还有两件与“市场”密切相关的事。

其一，就是“价格闯关”。“价格双轨制”推开的弊端开始显露。自从 1986 年至 1987 年间的“经济软着陆”之后，经济再度过热，而根本的难关仍指向价格改革和企业改革的两难选择。1988 年 5 月 19 日，邓小平在会见朝鲜军事代表团时强调，中央有信心和有把握搞好物价改革，改革要冒一定的风险，要迎着风险前进。5 月 24 日，邓小平在会见美国客人时说，改革开放还要过几个险关，主要的一关是要理顺物价。这之后，赵紫阳、李鹏也多次谈到物价工资改革要闯关。①

当时在通货膨胀压力越来越大的情况下，“价格闯关”的决定进一步强化了民众的通货膨胀预期，结果全国上演了商品抢购风潮，给银行系统也带来了巨大冲击。生产资料的价格在一次又一次的转手倒卖中不断飙升，有相当一部分公司倒卖重要的生产资料和紧俏商品，提高物价，牟取暴利。到 10 月，为了制止经济失控，“价格闯关”宣告失利。中央不得不把经济工作的重点转到“治理经济环境，整顿经济秩序”上。但“价格双轨制”下出了一批大发横财的“倒爷”，不仅损害了国家和民众的利益，同时激起民众对“倒爷”的痛恨，引起全社会的不满，并由此产生了“改革造成社会不公”的印象。

其二，资本市场的“拿来主义”，在这一年正逢其时。虽然深发展和万科先后已在深圳上市交易，但无人问津，而在美国华尔街喝过洋墨水的王波明和高西庆，在这年回到北京，他们要实现将证券市场引入中国的“资本梦想”。

① 《半月谈》编辑部．中国改革进程纪事 [M]．哈尔滨：哈尔滨出版社，1991：122-123.

之后，很快，在王岐山等人的撮合下，后来被称为“白皮书”的《中国证券市场创办与管理的设想》被转到中央高层。很快赵紫阳对此《设想》有了批示。并得到时任国务院副总理兼中央财经领导小组副组长姚依林、中央顾问委员会常委兼中央财经领导小组秘书长张劲夫的支持。

据时任中国证券市场研究设计中心(SEEC)副总干事，现任SEEC总干事的王波明介绍：1989年1月15日，张晓彬和王岐山等人，在北京饭店召集了一些大信托投资公司、产业公司的负责人开会。会议确定，与会的9家公司，每家各出50万元人民币，组建一个民间机构，来推动证券市场的建立。这家机构，就是北京证券交易所研究设计联合办公室，简称“联办”后来改名为中国证券市场研究设计中心。

后来，由于种种原因，联办理事长经叔平把这个机构引见给时任上海市市长的朱镕基，在朱镕基的助推下，1990年，联办投入到上海证券交易所的筹办之中。20多年后，用王波明的话：白皮书关于资本市场结构的设想，现在基本上都实现了。

1988年，作为改革开放的第10个年头，虽然在社会、经济等领域都有了很大的突破，但所呈现的问题也非常突出，主要体现在：供求总量失衡和经济结构矛盾进一步扩大，通货膨胀加剧，经济秩序混乱。

而1988年前后，也是人们思想最活跃的时候。这一时期，中国的经济体制改革碰到的最关键的难题，就是所有制的问题。此时，理论界已有人建议对所有制问题进行根本的改变。时任总书记赵紫阳在7月30日会见外国客人时说：中国经济体制改革的目标不是在所有制问题上进行根本改变。① 显然这一谈话是代表中央表达了在这一问题上的立场。

---

① 《半月谈》编辑部．中国改革进程纪事[M]．哈尔滨：哈尔滨出版社，1991：127.

第六章

在低回中缓行（1989-1991）

飞雪连天射白鹿，笑书神侠倚碧鸳。

——14 部金庸小说正式进入内地，真正成就了“有华人的地方就有金庸小说”的传奇，“金庸热”进一步打开海外与港台，1991 年。

“傻子瓜子”“红帽子”、史玉柱创业

很多人认为是往回收的势头

1989年1月1日，《人民日报》在“元旦献词”中就有着明确的判断：

“我们遇到了前所未有的严重问题。最突出的就是经济生活中明显的通货膨胀、物价上涨幅度过大，党政机关和社会上的某些消极腐败现象也使人触目惊心。”

现实中很多问题和人们情绪上需要喧嚣的骚动，仿佛一触即发。

从1989年下半年起，反市场化改革的思潮抬头，计划经济思想又重新有了市场。这使得中国的个体私营经济在批判所谓“资产阶级自由化在经济领域的表现”的气候下，遇到了“寒流”。

一些人连篇累牍地在报刊上发表大块文章，对十一届三中全会以来的改革政策进行批判，把计划和市场的问题同社会主义基本制度的存废直接联系起来，提出这是一个姓“社”姓“资”的问题，把私营企业与资本主义私有化相混淆；提出“市场取向等于资本主义取向”，“市场经济等于资本主义”；还说：“市场经济，就是取消公有制，这就是说，要否定共产党的领导，否定社会主义制度，搞资本主义”。①

于是，市场化被说成是“资本主义和平演变”的一项主要内容。

还有的人认为，允许个体和私营经济存在，就会不可避免地要冲击社会主义经济，滋生剥削阶级和其他非无产阶级的意识形态。有的人认为，个体、私营经济是政治风波的经济基础，必须要铲除。

而这时，那个著名的“傻子瓜子”也出事了。这让很多人产生了更多的联想和猜测，在很多人看来这就是一个“信号”。

1989年9月25日，“傻子”年广久因贪污和挪用公款被捕入狱。这是他第二次的牢狱之灾，用年广久自己的话是“自己太聪明了”。两年前，虽已赚了钱，企业已有一定规模的年广久，为了更加保险，争着戴上了“红帽子”，与新芜区劳动服务公司和芜湖县清水镇工业公司两家签订联营协议，成立了芜

① 马立诚．大突破——新中国私营经济风云录 [M]．北京：中华工商联合出版社，2006：188-189.

湖市傻子瓜子公司，并任总经理。可谁知，联营的方式未能让年广久平安无事，1989 年下半年，由于公司出现亏损，公司有员工揭发年广久。随后，年广久被羁押了 30 个月，法院一审曾认为证据不足，但检察院抗诉。后经法庭调查，年广久在联营期间虽然账目不清，但不构成贪污和挪用公款，可已被抓进去的年广久，在当时的背景下，还没有人敢说他什么事也没有就把他轻易地放出来，这样法院竟以流氓罪判处他有期徒刑两年。而“傻子”的命运就是如此的“戏剧性”。1992 年春，在邓小平南方视察的一次谈话中，邓小平又突然提起了这个“傻子”，就这样，一个月之后，年广久被无罪释放回家。他出来那天是 1992 年 3 月 13 日，芜湖市委用轿车去接的年广久，这使得年广久显得格外体面，使得他前所未有的得意。2000 年 8 月，年广久把“傻子瓜子”全部卖给了他的长子和次子，从此年广久退出江湖，但年广久的名气仍然很大，其主要是邓小平曾三次的提到过，并明确“不要动”，很显然年广久成了私营经济的“风向标”。

其实，年广久在 1989 年的遭遇并非偶然，当时全国正在整顿个体工商户和私营企业的税收秩序。这使得一些个体户、私营企业主，以及工商界人士感到似乎政策变了，很多企业主压力很大，有的担心成为第二次被改造的对象。有的提出干脆把企业交给集体，交给国家。还有的积极找靠山，戴上集体的“红帽子”作掩护。“红帽子”企业，成为那一特定时期的独特产物。

同时在舆论和“左”的思潮的影响下，对私营企业的整顿也随之而来。整治先是从私营企业的偷漏税开始，重点打击个体工商户中的大户、名为集体实为个体的承包户和个体经营中的重点行业；其次，是清理整顿国营体系外的新兴企业。在城市，尤其是那些“马路市场”的个体户被工商、税务、交警等驱赶得是四处乱跑，在个体工商户间留下这样一句话：“除了带黑胳膊箍的不管你，剩下就没有不管你的。”

在治理整顿下，在个体、私营经济发展最迅猛的温州，很多私营企业主纷纷停业或半停业，有的借机跑到国外，把企业交给朋友或工人照料，还有的就直接让孩子看着，温州挺宇集团公司的潘挺宇夫妇就是把企业留给孩子看守，夫妻两人先跑到国外躲躲，避一避，看看形势再说。在温州，类似“挺宇”这样的私营企业主很多。

据资料显示，1989年上半年个体工商户约1234.3万户，从业人员1943.4万人，比上年底实际户数减少218.4万户，从业人员减少361.6万人。私营企业1989年上半年换照登记90581家，到年底减少到76581家。在减少的14000家中，停业8000多家，转为个体4000多家，合伙经营1000多家，转为集体的600多家，个体私营经济出现了10年来第一次户数锐减的现象。

就是在这样一切都显得不确定的大背景下，仍有逆着风向还要跳下试水的。1989年7月，一张脸上瘦得只剩下一副大眼镜的安徽青年史玉柱，不知是哪根筋促使他再次回到深圳，这个他曾在这座城市读了3年软科学管理的地方。孤身一人来深圳的史玉柱，除了东挪西借的4000元钱，再就是耗费9个月时间研制的M-6401桌面排版印刷系统软件，可他心中的理想和抱负是要在深圳实现创造"中国的IBM"创业梦想。人们无法相信，就是这个文静得近乎木讷的一介书生，在中国民营企业的创业史中上演着一个又一个传奇故事。

史玉柱，生于1962年，安徽怀远县人。1982年，史玉柱以全县第一的成绩考上浙江大学数学系，毕业后，他又走进深圳大学，成为知名学者杨纪珂的研究生。1989年初，他完成硕士论文答辩，从深圳大学软科学管理系研究生班毕业。同年7月，他辞去安徽省统计局的工作，回到深圳开始创业。8月，他和3个伙伴，用仅有的4000元承包了天津大学深圳科技工贸发展公司电脑部，由此，M-6401推向市场，巨人事业开始起步。

如何让自己拥有的技术快速地得到市场的认可，并转化为利润。史玉柱决定"豪赌"一把，他利用《计算机世界》先打广告后收钱的时间差，决定做一个8400元的广告，"M-6401，历史性的突破"。13天后，8月15日，他的银行账户上第一次收到3笔汇款，共15820元。到9月下旬，史玉柱用这种先打广告后付钱的方法，获得10万元的回报，面对第一笔利润，他索性又把这笔钱全部投入到广告里，4个月后，M-6401使他成为百万富翁。赚到"第一桶金"的史玉柱，于1990年1月一头扎进深圳大学两间学生公寓里，除了一星期下一次楼买方便面外，他在计算机前待了整整150个日日夜夜，这次他拿出的是M-6402文字处理软件系列产品。但当他满怀喜悦回到家里时，家里所有的家具都不翼而飞，数月未曾见面的妻子不知去向。

而有了资金和新技术的史玉柱，决心要办一个属于自己的公司，由于不能在深圳注册，所以只好跑到珠海，这位身高有 1 米 80，而体重不到 120 斤的文弱青年，给自己的新技术公司起了一个响亮的名字——巨人。他宣布："巨人要成为中国的 IBM，东方的巨人。" 1991 年 4 月，珠海巨人新技术公司注册成立，公司共 15 人，注册资金 200 万元，史玉柱任总经理。8 月，他投资 80 万元，开发的 M-6403 汉卡上市，11 月，M-6403 汉卡销量跃居全国同类产品之首，击败联想、四通和北大方正等公司，获利达 1000 万元。到 1992 年底，巨人靠此产品实现利润 3500 万元。随后，史玉柱又连续开发出中文手写电脑，中文笔记本电脑、巨人传真、巨人中文电子收款机、巨人财务软件、巨人防病毒卡等产品。到 1993 年底，巨人集团实现销售收入 3.6 亿元，利税 4600 万元，并成为中国最具实力的计算机民营高新科技企业。此时的史玉柱也获得了巨大的社会荣誉，同时很多领导人先后到巨人去视察并题词，给予巨人集团支持和鼓励。

然而，到 1996 年底，名声显赫的巨人集团就陷入了财务危机，然后破产。1997 年，和史玉柱同时处于思考和反思状态的沈阳飞龙集团总裁姜伟，在得知巨人破产后说："民营企业老板就怕突然一夜之间有钱。"

已身无分文的史玉柱能否重新站起来，几乎没有人看好，可谁知，就是这个史玉柱，几年后重新创业，再次续写他的商业传奇。

在 1989 年创业的还有后来创办"创维"的黄宏生，创办 TCL 的李东生。这一年，中国整个经济受到重创，经济发展速度降到 1978 年以来的最低点，个体私营经济出现整体的萎靡不振，甚至很多地区出现倒退，从事多年个体私营经济的老板都在做另行打算了，整体舆论环境也明显偏紧，很多人认为，往回收的势头有所显现。

治理整顿、证券交易所

民营经济在低回中缓步地艰难前行

1990 年初，舆论进一步升级，2 月 22 日，《人民日报》发表长篇署名文章《关于反对资产阶级自由化》，很多人都视之为大来头的文章。文章里直接提出质问："是推行资本主义化的改革，还是推行社会主义改革？" 资本主义化的改革，说到底，一个是取消公有制为主体，实现私有化；一个是取消计划经济，实现市场化”。

1989 年下半年到 1990 年，有的私营企业为了避免不必要的麻烦，干脆把企业捐给当地政府。江苏宜兴电缆厂厂长蒋锡培，把自己投资 180 万元的工厂所有权捐给了集体，这样使得企业有了“集体所有制”的名分，由此戴上“红帽子”，寻求一种保护，那年蒋锡培只有 27 岁。那一年，把工厂捐给当地政府的还有在台州建冰箱厂的李书福，之后，他带上一笔钱去深圳一所大学读书去了。

在蒋锡培身上，汇聚着众多的时代符号。1980 年初，18 岁的他开始干个体，最初的人生目标不过是实现万元户，经过 9 年的个体经营积累了一些资金后，率领家人创办企业。戴上“红帽子”的蒋锡培，到 1992 年小平南方视察讲话之后，才放心大胆干，之后，经过 4 次的经营体制改革，在 2002 年，他通过回购股权办法，又成为企业的资产拥有者，这时江苏远东集团拥有 12 家核心企业和控股公司，总资产约 12 亿元。2002 年，蒋锡培以民营企业家的身份参加了中国共产党第十六次全国代表大会，作为中国共产党第十六次全国代表大会的代表，蒋锡培引起国内外媒体的广泛关注。蒋锡培在接受《中华工商时报》记者采访时理直气壮地对记者说：“我不怕当有产者。”

但在 1990 年前后，一些民间经济相对活跃的地区都出现个体、私营企业主外逃的现象。广东出现了企业家外逃的小高潮，据相关资料显示，到 1990 年 3 月，广东全省共有 222 名厂长经理外逃，携款额 1.8 亿元。

在宏观调控、银根紧缩和意识形态的波动下，整个企业都处于萧条的状态。这不仅造成很多个体户和私营企业主歇业，乡镇企业也大面积地关门或倒闭，尤其是私营企业如遭霜打了一样。

而几乎是在同一时间里，国际上一些国家遇到的问题也很复杂，其中发生的一件大事就是柏林墙倒塌了，分裂了 45 年的德国，东德和西德统一了；叶利钦宣布退出苏联共产党；波兰、匈牙利、捷克斯洛伐克等东欧社会主义国家相继发生剧变等。

在国内和国外这样的氛围里，来自经济领域和生产、流通领域的更加具体的治理整顿在中国全面铺开，那就是打击假冒伪劣。而浙江省的温州再次成为这次的打击对象。

在中国民营经济40年的发展史上，温州个体私营企业总是走在时代的最前列，同时又成为历次治理整顿的“靶心”。由此而来，温州被视为中国私营经济政策走向的“晴雨表”。在20世纪80年代，温州是个体私营经济最活跃的地方，同时又是“假冒伪劣”的集散地，浙江的温州、福建的晋江、广东的石狮被并列为全国“三大制假中心”，而且尤以温州名声大。从某种程度上讲，温州成为假冒伪劣的代名词。1987年8月8日，在杭州的闹市中心，武林门广场点起了一把大火，将5000多双温州产的假冒劣质鞋一起烧掉，成为当时轰动全国的新闻。

而此次全国性质的打击假冒伪劣产品的行动中，温州再度成为打击的重点目标，而那个当年发生“八大王事件”的柳市镇，再次成为“重中之重”。据国家技术监督局对低压电器市场的一份调查报告显示：“这次全国共检查了近7000个经销单位，查出的伪劣低压电器产品超过170万件，价值3000多万元。各地在检查中发现，大多数伪劣低压电器，来源于浙江温州地区，特别是温州乐清县的柳市镇。”同时，来自全国各地的一些重大安全事故报告中，涉及柳市镇生产的电器产品所引发的事件不断地被曝光。

5月，国务院办公厅专为柳市镇发了一个文件《关于温州乐清县生产和销售无证伪劣产品的调查情况处理建议的通知》，可见柳市镇生产伪劣产品的情形严重。6月，国家七部委成立了联合督查组，到乐清督查处理假冒伪劣产品问题。同时，浙江省、温州市也相继派出工作组进驻乐清，为了配合上面工作组的工作，从当地县机关抽调154名工作人员，进驻14个乡镇，按照“打击、堵截、疏导、扶持”的八字方针，大力度地查处整肃柳市电器。这次整顿治理前后持续有5个月，据公开的数据显示，全镇1267家低压电器门市部全部关闭，1544家家庭生产工业户歇业，359个旧货经营执照被吊销。公安部立案17起，涉及18人，检察院立案26起，涉及34人，工商部门立案144起。

这一次大规模的整肃，对柳市镇来说仿佛是一次洗礼，但其结果，没有使柳市镇整个低压电器行业一蹶不振，经过一年的整治，反而使得一些有实力的私营企业脱颖而出，25家具有一定规模的企业最终获得了补办的生产许可证。1990年底，一家名为求精开关厂的私营企业一分为二，修鞋出身的南存辉成立了正泰，做裁缝出身的胡成中成立了德力西，两人那时都还只有 27 岁。南存辉和胡成中两人最初共同创办的企业，在分开之后，各自成就了自己的事业，至今正泰集团和德力西集团都还坐落在柳市，一个在路北，一个在路南，两家集团大楼几乎相对，但很少有人再提及两家当年“一分为二”的事。正泰集团始终致力于低压电器领域，德力西集团采取的是多元化发展，但在全国低压电器市场，到 2000 年前后，主要是由正泰和德立西统领，柳市镇的低压电器产量早已占到全国市场份额的 60% 以上，尤其是正泰的快速发展和技术改造的引领，2016 年正泰已成为一个现代化的产业集群地，并成为这一产业领域的老大。

治理整顿对行业未来的发展是极其有利的，但由于主要是个体私营企业，这同时也给正在成长民营企业带来短时期内的徘徊从整体来看，民营经济在低回中缓步地艰难前行。

而处于中间地带的集体经济——乡镇企业，仿佛成为一个“避风港”。其实，在此前，一些私营老板为了在发展上寻求保护或是能得到一些相应的政策上的支持，有很多把自己的企业“挂靠”在集体经济体制下，每年缴纳一定的管理费用，其余的资产处置等经营管理仍是自己说了算，这就是后来所说的“红帽子企业”或“假集体企业”。“红帽子企业”到 20 世纪 90 年代中期，成为制约民营企业发展的一个重要问题。

1990 年下半年，假集体企业，即“红帽子企业”现象，已引起政府的重视，这些企业享受的税收信贷等优惠政策，已使国家财政受到了一定的损失。在国务院有关部门的督导下，各地开始清理“红帽子企业”。这一清理工作前后持续了 4 年多。但在企业产权问题上，有的企业和地方政府后来闹得不可开交。

而在这一年里逆风而走的，也大有人在，苏宁电器的张近东在环境吃紧的这一年开始创业。龚家龙也是在这一年从武汉移师海南，从而进入民营石油领域。而从福建石狮走出来的许荣茂，自 1981 年开设一家金融公司，赚得他人生的第一桶金后，1989 年，他出巨资在家乡福建进行了一系列项目开发，在 1990 年这样的环境下，许荣茂十分低调，做着自己的项目，许荣茂的很多项目，大都是在看似低谷的时期开始进入的，这可能是世茂集团之后成为中国最大房地产商之一的奥妙所在。

在治理整顿的大背景下，通货膨胀得到强行的控制，消费市场和物资市场处于低迷，整个经济态势趋冷，由于市场疲软，产品大量积压，平均每100家工厂就有33家出现亏损，很多个体私营企业处于歇业、关门或维持状态。老百姓持币惜购，民间资本投资热情大减，很多大小私人老板都把自己口袋里的钱捂得紧紧的，银行存款量猛增。1990年中国人民银行一年整存整取年利率高达10.08%。

如何启动民间资本，刺激经济回暖，已成为一些有识之士的探寻之道。

1990年的春节，邓小平是在上海过的，并在这个时候提出要开发浦东。关于浦东的开发，其实已酝酿很久，只是缺少一个重要的推手。4月18日，国务院总理李鹏在上海宣布：中共中央、国务院同意上海市加快浦东地区的开发，在浦东实行经济技术开发区和某些经济特区的政策。由此，浦东开发正式启动。

浦东的开发显然是大手笔，开发预算高达几千亿元的人民币，这在当时简直就是天文数字。

宫著铭向上海市委书记、市长朱镕基写信建议说："要想开发浦东，就要借全国的钱。银行资金流动限制得很死，要搞个股票交易所才行。"

可能这个建议正中了朱镕基的下怀，引起他的重视，并表示同意。可要建股票交易所，上哪去找懂资本市场又能操作的人呢？北京证券交易所研究设计联合办公室（简称联办）① 理事长经叔平得知后，向朱镕基推荐了联办的几个主要干将。朱镕基喜出望外，并对经叔平说："把他们请来，我给他们解决户口问题。"②经叔平向朱镕基所推荐的人才，就是王波明、高西庆等人。由此，王波明、高西庆、王巍、李青原、刘二飞、茅桐、王大伟、盛溢8人在1988年3月合作完成的《关于促进中国证券市场法制化和规范化的政策建议》，以及之后形成白皮书，使得中国证券业的整体框架设计在上海得到了实现。

很快，联办就投入到上海证券交易所的筹办之中。联办最初的设计是把股票交易所设在北京，后来由于多种原因，选择了上海。

---

① "联办"：中国证券市场设计研究中心的简称，前身为"证券交易所研究设计联合办公室"，宫著铭时任总干事、高西庆为首席律师。

② 王波明．将证券市场引入中国［J］．财经，2008（7）．

对于浦东的开发，朱镕基的热衷，不能不说是主要原因之一。建立股票交易所是一个系统工程，涉及法律、会计、投资人、交易场所的选择。好在即使在当时的背景下，也没有人给这个工程设限。

12 月 19 日，上海证券交易所敲响了第一声铜锣。12 月，上交所、深交所和北京联办申请的 STAQ 相继投入运营。至此，以“两所一网”为标志的中国证券市场建立起来。

股市的规则是：拥有多少股份，就有多少权益。同理，股市在经济中有多大比重，就有多大能量。

股市，资本市场，让中国人重新认知了财产性收入。民间资本激荡着人们对财富的追求。90 年代，有一批人是从资本市场中获得第一桶金的，从股市掘到本钱做生意的不在少数。

姓“社”还是姓“资”，中央出台 15 号文件

邓小平：不要以为搞点市场经济就是资本主义道路

1991 年 1 月 2 日，创刊还不到两年的《中华工商时报》，在一版以整版篇幅刊登中国改革开放的总设计师邓小平的巨幅照片，照片的题目很耐人寻味《小平同志在北京——1990.12.26》。

当时在一版登这样的巨幅照片在国内报纸中还是首次。1990 年底，港台地区有一些小道传言，说邓小平的身体不好，中国对外开放的政策要变，对个体私营经济的政策也要收。正是在这样一个背景下，中华工商报社的报人，以独特的智慧和语言，刊发了这张邓小平最新近照片。这天的《中华工商时报》在国内外产生了巨大的影响。

当时有一种很强的论调，就是把这场“风波”归于个体私营经济，或者说是归于对“私”的承认。这就使得很多人都在判断政策会不会变。

而 1989 年下半年，全国大张旗鼓地整顿个体工商户和私营企业的税收秩序，同时，各主要报刊载文批评有人提出的“私有化”主张，很多人把私人经济和“私有化”等同起来看，这就使得国内外舆论界关注着中央高层对“私”怎么看，是否还承认“私”。

虽然在 1989 年的 10 月，时任国家工商行政管理局个体私营经济司司长王忠明就明确表态："在坚持公有制的前提下，中国将不会改变在一定范围内和一定程度上发展私人经济的政策。这个政策是改革的产物，是十三大的既定方针，已载入修正后的宪法。……借口允许适度发展私人经济而鼓吹私有化，是错误的；借口反对私有化否定私人经济也是不对的。不搞私有化同适度发展私人经济并不矛盾。"① 但王忠明的表态在大的背景下仍显得很弱。

到 1991 年初，一些地区私营企业的发展呈现下滑趋势，私营企业户数急剧减少。据统计，部分地区私营企业户数减幅在 15%–50%。其下滑原因是多方面的，有经济环境紧缩的原因，有市场疲软的影响，有税负增加过多的因素。

其实在 1990 年 12 月 24 日，中共十三届七中全会之前，邓小平在同一些中央领导人谈话时说："我们必须从理论上搞懂，资本主义与社会主义的区分不在于是计划还是市场这样的问题。""不要以为搞点市场经济就是资本主义道路，没有那么回事。计划和市场都要。不搞市场，连世界上的信息都不知道，是自甘落后。"②

1991 年 1 月 28 日至 2 月 18 日，邓小平第 4 次到上海来过春节，陪同小平在上海的还有李先念和杨尚昆。这一次与之前到上海过春节不同，他一到上海就去视察企业，在上海当时最高的新锦江饭店旋转餐厅听取有关浦东开发的汇报，在这个过程中，他发表了一系列关于深化改革的谈话。他强调："改革开放还要讲，我们的党还要讲几十年。会有不同的意见，光我一个人说话还不够，我们党要说话，要说几十年。"③ 他还说，"发展经济一定要开放，不开放是发展不起来的。""社会主义也可以搞市场经济，市场和计划都是手段，并不是区分两种社会制度的标志。"

邓小平在上海的讲话材料，很快被时任《解放日报》党委书记兼评论部主任周瑞金看到了，周瑞金立即感到这有文章可作，在周瑞金看来，邓小平在上海的讲话不完全是对上海讲的，而是针对全国改革开放的全局讲的，而且传达

① 张志勇．改革中国：上卷 [M]. 北京：中华工商联合出版社，2004：4.

② 邓小平．邓小平文选：三卷 [M]. 北京：人民出版社，1993：364.（引自《邓小平同江泽民、杨尚昆、李鹏的谈话》）

③ 邓小平．邓小平文选：三卷 [M]. 北京：人民出版社，1993：367.

出很多新的思想。

按《解放日报》的惯例，每年大年初一都要在一版写一篇言论来贺新春。小年夜，周瑞金找到评论部的凌河和上海市委政策研究室的一个处长施芝鸿，商量如何把小平在上海讲话的声音用言论传达出去。

2 月 15 日，大年初一，第一篇评论《做改革开放的“带头羊”》，在《解放日报》头版刊发，署名“皇甫平”。文章还引用了当时上海市委书记兼市长朱镕基的话：“何以解忧？唯有改革。”

3 月 2 日，署名“皇甫平”的第二篇评论《改革开放要有新思路》，又出现在该报一版。紧接着，3 月 22 日、4 月 12 日，《扩大开放的意识要强一些》《改革开放需要大批德才兼备的干部》的评论分别见诸报端。

从 2 月 15 日到 4 月 12 日，《解放日报》在头版显要位置连续发表了 4 篇署名“皇甫平”的文章，围绕解放思想以深化改革、扩大开放这个中心，提出改革的新思路在于发展市场经济。文中的观点和当时“左”声言形成鲜明的对立，文中提出“如果我们仍然囿于‘姓社还是姓资’的诘难，那就只能坐失良机，趑趄不前，难以办成大事”。

随之而来的责难和批判如排山倒海，北京的一些媒体围绕“姓社姓资”大做文章。“不问姓‘社’姓‘资’，必然把改革开放引向资本主义道路而葬送社会主义事业。”“我们的同志中，有的也在抹杀两种改革观的分野，忌言姓‘社’姓‘资’。更有甚者，在喧腾一时的‘全面地、迅速地私有化’的呼声受到遏制之后，‘私有化潜行’论者仍在潜行。”有的文章直接就是质问：“改革开放可以不问姓“社”姓“资”吗？”

这一时期的争论和交锋一直持续到小平南方视察讲话，人们才一下子觉得阴霾廓清了，思想解放了出来。

而姓“社”姓“资”的争论，在当时困扰了个体私营经济的发展。其实，从 20 世纪 80 年代来自中国底层的创新，一直伴随着姓“社”还是“资”的质问。从包产到户搞单干，到社队企业成为乡镇企业，从建立特区和沿海开放，从温州个体私营经济快速发展，到有的地方的个体私营经济超过了国有的比重等。

面对这样一个“异常气候”，1990 年至 1991 年，中国共产党不断重申社会主义初级阶段所有制结构政策不变的方针。1989 年十三届四中全会以来，以江泽民为核心的第三代中央领导集体也重申了中共十三大以来对私营经济的方针政策。

在这一年的 7 月 6 日，中国共产党中央批转了中央统战部《关于工商联工作的若干问题的请示》报告，即中发 (1991)15 号文件，在这份报告中精辟地指出："对现在的私营企业主不应和过去的工商业简单类比和等同，更不要像 50 年代那样对他们进行社会主义改造，而是对他们采取团结、帮助、教育、引导的方针，要求他们'爱国、敬业、守法'。" 这个报告较好地体现了邓小平理论中关于私营经济的方针和政策，这个文件稳定了工商界人士和私营企业主们。

据说，15 号文件是在李定、胡德平等人的组织下负责起草的，这个文件对之后民营经济的健康发展，以及全国工商联的性质界定，都起到了重要的推动作用。15 号文件最大的突破，就是明确了新时期的工商联与 20 世纪 50 年代的工商联的性质，既有历史的继承性，又发生了根本性的变化。

20 世纪 50 年代初期，私营工商业在整个国民经济中占有较大的比重，工商联作为各类工商业者的团体，是名副其实的。而在新的历史时期，个体经济、私营经济等非公有制经济是社会主义市场的重要组成部分，这一部分的工作对象明确由工商联来承担，这使得工商联的职能发生了变化。而这一变化正适应了历史发展的需要，由此，工商联工作进入一个新的发展阶段。

到 1991 年的下半年，个体、私营企业的发展停止了下降趋势，有所回升。到年底，个体工商户的户数 1414.5 万户，从业人员 2246 万人。私营企业几乎没有什么增加，略有恢复，数量为 10.7 万家，仍没走出徘徊的困境。

第三部

滚滚春潮势不可挡 1992-2001

第七章

市场经济写入宪法（1992，1993）

提“大哥大”的政协委员。

——23 名民营企业家首次当上全国政协委员，1993 年

小平南方讲话

“92派”民营企业家群体由此产生

在中国改革开放40年的发展史上，1992年是具有划时代意义的一年。

这一年无疑在民营经济发展史上留下重要的刻度，不仅解决了3年来个体私营经济徘徊不前的问题，更是解决了在中国“还要不要实现改革开放”等一系列现实问题。

1992年1月至2月间，88岁高龄的邓小平在其家人的陪同下，毅然要到南方去视察，显然他是要亲眼看看，他分别在武昌、深圳、珠海、上海等地发表重要谈话，正是这一系列的谈话，冲破了姓“社”姓“资”的阴霾，一个春天的故事，由此扬起浩浩风帆。

1月18日，邓小平到达武昌，在会见湖北省委书记关广富和省长郭树言时说：“谁反对十三大路线谁就下台。”由这句话不难看出，小平在南方的一些系列谈话就是要旗帜鲜明地反击“左”的思潮。

1月19日，邓小平所乘的专列抵达深圳。邓小平在南方视察期间的讲话，后来都整理成文。邓小平说：“现在，是‘右’的东西影响我们，也是‘左’的东西影响我们。根深蒂固的还是‘左’的东西。有些理论家、政治家，拿大帽子吓唬人的，不是‘右’，而是‘左’。‘左’的东西在我们党的历史上可怕呀！一个好好的东西，一下子被它搞掉了。‘右’可以葬送社会主义，‘左’也可以葬送社会主义。中国要警惕‘右’，但主要是防止‘左’。‘右’的东西有，动乱就是‘右’的！‘左’的东西也有，把改革开放说成是引进和发展资本主义，认为和平演变的主要危险来自经济领域，这些就是‘左’。我们必须保持清醒的头脑，这样就不会犯大错误，出现问题也容易纠正和改正。”①

针对一段时间以来“姓社姓资”和“要计划经济还是要市场经济”的争论，邓小平正面地回应了这一敏感问题，他明确地讲：“改革开放迈不开步子，不敢闯，说来说去就是怕资本主义的东西多了，走了资本主义道路。要害是姓‘资’还是姓‘社’的问题。判断的标准，应该主要看是否有利于发展社会主义

① 邓小平．邓小平文选：三卷[M]．北京：人民出版社，1993：375.

社会的生产力，是否有利于增强社会主义国家的综合国力，是否有利于提高人民生活水平。”“计划经济不等于社会主义，资本主义也有计划；市场经济不等于资本主义，社会主义也有市场。计划和市场都是经济手段。社会主义的本质，是解放生产力，发展生产力，消灭剥削，消除两极分化，最终达到共同富裕。”①

邓小平关于“三个有利于”和社会主义市场经济的提出，给思想界带来了又一次思想大解放。“三个有利于”标准的提出，成为人们辨别是非和判断市场价值取向的锐利武器。而个体、私营经济的发展，正符合“三个有利于”的标准。

而邓小平提出的社会主义市场经济的命题，科学地概括了社会主义的本质，对计划与市场作了深刻的分析，计划多一点还是市场多一点，不是社会主义与资本主义的本质区别，从而根本上解除了长期以来人们把社会主义与市场经济对立起来的思想束缚，打破了长久以来人们在这一问题上的禁锢。

计划经济不是一种有效的资源配置方式，十一届三中全会之后所实现的一些突破已经证明，必须要换一种方式，实现合理的、优化的资源配置，市场经济正是最合理的选择。而直接参与市场交换的，正是市场中最活跃的主体，也就是个体、私营企业。

在南方谈话中，邓小平还说：“改革开放的胆子要大一些、敢于试验，不能像小脚女人一样。看准了的，就大胆地试，大胆地闯。深圳的重要经验就是敢闯。没有一点‘闯’的精神，没有一点‘冒’的精神，没有一股气呀、劲呀，就走不出一条好路，走不出一条新路，就干不出新的事业。”②

“胆子要大一些”，要敢“闯”敢“冒”，很快成为各地支持发展个体、私营经济的“试金石”。

邓小平在谈话中，还提到8年前的“傻子瓜子不能动”。他说：“农村改革初期，安徽出了个‘傻子瓜子’问题。当时许多人不舒服，说他赚了100万，主张动他。我说不能动，一动人们就会说政策变了，得不偿失。像这一类的问题还有不少，如果处理不当，就很容易动摇我的方针，影响改革的全局。城乡

① 邓小平．邓小平文选：三卷［M］．北京：人民出版社，1993：372-373.

② 邓小平．邓小平文选：三卷［M］．北京：人民出版社，1993：372.

改革的基本政策，一定要长期保持稳定。”[①]

邓小平在南方的这些谈话，扭转了民营经济徘徊不前的局面，给民营经济发展带来明媚的春天。一扫停留在个体、私营企业主心头上的尘埃。

后来，一些专家学者普遍认为，邓小平的南方视察讲话，标志着新时期历史发展进入新阶段，是解放思想的宣言书，更是邓小平理论走向成熟的集大成之作。

东方风来满眼春，邓小平在南方的讲话，很快就由南及北，吹遍大江南北。

4 月 25 日，时任中央政治局委员、国务院副总理的田纪云在中央党校发表讲话。他说：“‘左’的东西的表现很多。你要多宣传一点改革开放，他就会说，‘这会破坏来之不易的大好形势，丧失治理整顿的成果。’他就没有想一想大好形势是怎么来的，大好形势是改革开放带来的。你说要多利用点外资，他就会说，‘多一个外资企业，就多一分资本主义，就会威胁我们国家的社会主义性质。’你要划出一块地方给外商承包开发，他就会说，‘这是出卖国家主权，丧权辱国。’你要多发展一些乡镇企业，他就会说，‘乡镇企业是不正之风的风源，会腐蚀我们的干部，把乡镇企业视为对社会主义的威胁。’你要多发展一些私营企业、个体户，他就会说，‘这会改变社会主义的性质。’你讲要搞厂长责任制，他就会说，‘这是削弱党的领导。’你讲家庭联产承包制不能动摇，他就会说，‘这是走单干的道路，不利于集体经济的发展和共同富裕。’如此等等。他们把改革开放以来最基本、最实质的东西几乎全部否定了。[②]

6 月 9 日，江泽民到中央党校发表讲话，从 9 个方面阐述了如何深刻领会和全面落实邓小平谈话的精神。在谈到计划与市场问题时，他列举了关于对计划与市场和建立新经济体制问题上的几种不同的提法，并说，比较倾向于使用“社会主义市场经济”这个提法。

这些来自上面高层的讲话和鲜明的态度，给个体、私营企业的发展打了气、撑了腰。

1992 年，在邓小平南方视察讲话之后，随着个体、私营经济政策的稳定和从业人员地位的提高，人们看到了中国共产党对大力发展个体、私营经济的决心。这一年，大批官员和知识分子纷纷下海，成为民营经济 40 年发展史中最大

---

① 邓小平．邓小平文选：三卷 [M]．北京：人民出版社，1993：372.

② 马立诚．大突破——新中国私营经济风云录 [M]．北京：中华工商联合出版社，2006：195.

的一次下海潮，这次下海潮更多的是体制内的人，而且是主动的自发的要奔向商海。据国家人事部统计，1992 年，辞官下海的有 12 万人，没辞官却投身商业的人超过 1000 万人。同时还有数以百万计的教师、学生和科技人员在经商。

在民营企业家群体中，由此有“92 派”一说，而这一名词的发明者是陈东升，他也是这一年下海的典型代表，他进入中国市场的一个空白，成立了嘉德拍卖公司，1996 年他又募集资金创办了泰康人寿保险公司。40 年里，我国经历了 4 次创业浪潮，在每一个浪潮中都诞生了一大批企业家，形成了中国企业家代际划分及演化的命题。

总的来看，改革开放以来企业家成长有四次浪潮。第一次浪潮在 20 世纪 80 年代，主要是农村的能人转变为企业家；第二次浪潮在 20 世纪 90 年代，1992 年邓小平南方视察谈话改变了中国的政策环境，一批党政干部和知识分子下海经商；第三次企业家浪潮是 2000 年前后，随着互联网的发展，出现了一批以“海归”为主的专家型企业家；第四次浪潮是在 2010 年之后，一批新生代，包括创二代，以“互联网 +”为代表。由此，改革开放以来，中国有四代企业家。

从企业形态的角度来看，中国真正的企业家产生于 1992 年。一是国际政治环境的变化；二是邓小平南方视察，助推了群体分化的进程；三是 1992 年《有限责任公司暂行管理条例》和《股份有限公司暂行条例》两个文件出台，使中国出现了真正的现代企业。这一标志性的改革进程，促使一批社会精英从体制内向商界移动，形成了“92 派”企业家。据陈东升自己说，他就是受益这两个文件而下海的，他多次说过当时想创办企业，可是不知道资本从哪儿来，正是看到了这两个文件后，知道可以募集资金，可以依据一种商业模式去寻找投资人来投资。在陈东升看来，“92 派”企业家核心价值，一个是现代企业形态的引进，二是把西方先进行业在中国的空白填补上，通过模仿、学习世界上先进企业，形成这些标杆企业带动行业的发展。“92 派”企业家的特点是，它的主体都是过去社会主流精英阶层，在进入商界之前，他们要么在政府机构，要么在研究机构。

无论从哪个角度来看，1992 年，对中国民营经济的发展来说，可以说是重要的分水岭，也由此开启了中国民营经济发展的新阶段。

在这一年里，还有两个重大事件。其一，上海股票市场一飞冲天。5月21日，上海股票交易价格限制全部取消，由市场引导。仅3天时间，股票暴涨570%，上证指数20日从616点连日上蹿，到25日已高达1420点，民间资本被激活。5月大“牛市”点燃了民众对财富充满渴望的热情。那时，买认购证、买原始股就是致富道路，这成为所有人眼中的“真理”。正是在这样的背景下，一纸疯狂的认购证，引起了轰动全国的1992年“8·10事件”。8月10日，深圳百万股民游行，爆发中国股市第一次恶性事件，前一日发现新股认购表发售时出现集体舞弊，由此催生第二年中国证监会的成立；其二，中国“入关”谈判取得突破。在日内瓦举行的中国工作组等12次会议上，中国代表团团长宣布：“我们中国也是搞市场经济的，我们搞的是社会主义条件下的市场经济。”这一公开表态在当时的关协总部引起极大的震动，从而结束了对中国贸易体制的审议。中国与美国也达成了市场开放的协议。

1992年10月，也就是邓小平南方视察谈话8个月后，中国共产党第十四次全国代表大会召开，时任总书记江泽民在大会报告中高度评价了邓小平南方谈话，整个报告贯穿了邓小平建设有中国特色社会主义的理论、路线、方针和政策，在若干问题上有重大的突破。

报告指出：“加快改革开放的步伐，不要被一些姓‘社’姓‘资’的抽象争论束缚自己的思想和手脚。社会主义要赢得同资本主义相比较的优势，必须吸收和借鉴世界各国包括资本主义发达国家的先进经营方式和管理方法。国外的资金、资源、技术、人才以及作为有益补充的私营经济，都应当而且能够为社会主义所利用。政权在人民手中，又有强大的公有制经济，这样做不会损害社会主义，只会有利于社会主义的发展。”

报告提出：“社会主义市场经济是经济体制改革的总体目标。社会主义市场经济体制是同社会主义基本制度结合在一起的。在所有制结构上，以公有制包括全民所有制和集体所有制经济为主体，个体经济、私营经济、外资经济为补充，多种经济成分长期共同发展，不同经济成分还可以自愿实行多种形式的联合经营。”

从报告中，人们欣喜地看到，在对公与私的表述上，是“长期共同发展”，一改过去“补充”的配角地位，同时还可以自愿地实行多种形式的“联合经营”，很显然，这些表达使私营经济的地位比十三大又有了新的提高。多种经济成分共同发展，使个体、私营经济不再感到比别人矮半截了。国有资本、民间资本、外商资本由此拉开市场竞争和交融的波澜壮阔的新画卷。

十四大为个体经济、私营经济确立了重要的地位。廓清了对非公有制经济的思想混乱，扫清了发展非公有制经济的种种障碍，为个体经济、私营经济的发展开辟了更加广阔的道路。

到 1992 年底，全国个体工商户达 1533.9 万户，从业人员达 2467.7 万人，超过改革开放以来发展总量最高的 1988 年。

而这一切都和小平南方谈话有着直接的因果关系。

1992 年是一个令人对财富充满幻想的一年。以邓小平南方谈话和中共十四大为标志，中国改革开放和现代化建设进入了一个全新的阶段，民营经济的一个新时代也正是从这一年开始的。

民营企业家登上政治舞台

一批民营企业家成为新一届政协委员

1993 年，42 岁的刘永好，是一表人才，满脸挂着淳朴和正直。

2 月的一天，四川省委统战部的一位干部找到刘永好，说准备推荐他为全国政协委员，几天后刘永好就填了表，同时，四川省工商联还推荐他做全国工商联的副主席。

客观地说，从十一届三中全会到 1991 年，从整体上看，个体、私营经济虽然在不断地壮大，但在政治层面上，他们仍属于弱势群体。刘永好兄弟虽然已成立了希望集团，但仍面对着社会各方的压力，曾一度向四川新津县委领导提出，想把自己的企业送给国家。这主要是来自于政治地位上的不确定性。也就在这个时候，中央下发 15 号文件，文件规定把全国个体工商户和私营企业的思想政治工作，交由全国及各地工商联负责，中央统战部也把私营经济群体纳入统一战线的范围。

1992 年年底，从全国政协传出消息，政协将吸纳一批民营企业家为政协委员。这样一来，很快各地通过相关渠道来确定委员的人选。当时的标准是，在非公经济群体中或所在的行业中，要有一定影响力的人物，要爱国、拥护社会主义，要有社会责任感，守法经营等。

据说，在选刘永好当政协委员前，还有一个小“插曲”。当时希望集团的法定代表人是老三刘永美，但他不愿抛头露面，兄弟 4 个经过商量，决定将更适合对外联络的四弟刘永好报上去为好，由于他年龄小，未来可能比他们更有发展前途，这样，委员名额就落到刘永好身上了。

1993 年 3 月 14 日，刘永好、张宏伟、王祥林、李静等 23 名民营企业家，以全国政协委员的身份，第一次走进人民大会堂，出席八届全国政协一次会议。开幕那天，来自民营企业界的政协委员，格外引人瞩目，并吸引了国内外众多记者的视线，把他们称为手提“大哥大”的政协委员。尽管在 2093 名的委员中，他们只占 1%，但这标志着私营经济在时隔近 40 年后，重新登上中国参政议政的政治舞台，这可以说是对中国个体、私营经济的最高肯定。

在政协八届一次会议上，刘永好作为新经济成分的代表，作了《中国的民营经济是有希望的》大会发言。据说，为了这个发言稿，中央统战部五局的同志帮助刘永好几易其稿。十几年后，刘永好对自己当时的大会发言记忆犹新：“当时我的话音刚落，全场掌声雷动，我站在主席台上，情绪非常激动。”在会议期间，中央统战部还把这一新群体的委员们召集起来开了个座谈会，征求对非公有制经济发展的意见。在发言中，李静（中国第一个可口可乐批发商）大胆地提出，要成立一家以私人资产为股本的民营性质的商业银行，以此来解决私营企业在发展过程中贷款难的问题，希望得到国家的支持。他的这一想法，得到在座“非公”委员的赞同，于是，李静连夜起草了《关于建立民营商业银行的提案》，并在第二天的小组讨论会上征得 43 位委员的当场签名，这份提案成为那届会议委员签名最多的一份提案。

可以说，正是这份《提案》，促进了民生银行的组建。1996 年 1 月 12 日，由全国工商联牵头组建的我国第一家民营股份制银行——中国民生银行正式成立，该行股本金为 13.8 亿人民币，其中八成以上是来自民营企业，59 家股东主要是全国工商联会员。如今的民生银行已经在国内上市，刘永好、张宏伟也先后成为民生银行的副董事长。此后，民生人寿、民生证券、中民投、浙商银行等民营金融企业相继成立。

从 1993 年开始，民营企业家以一个阶层的面貌走上中国的政治舞台。1993 年 3 月 29 日，第八届全国人民代表大会第一次会议通过了宪法修正案，将社会主义市场经济写入宪法。

宪法第十五条原文：“国家在社会主义公有制基础上实行计划经济。国家通过经济计划的综合平衡和市场调节的辅助作用，保证国民经济按比例地协调发展。禁止任何组织或者个人扰乱社会经济秩序，破坏国家经济计划。”

修改为：“国家实行社会主义市场经济。国家加强经济立法，完善宏观调控。国家依法禁止任何组织或者个人扰乱社会经济秩序。”

通过修改前后的对比不难发现，把市场经济写入宪法，这是根本性的突破，实质就是把人们的实践和期盼，通过法律和政策固定下来，并成为制度。社会主义市场经济写入宪法，这不仅仅是新的突破，也更激发人们对市场经济的追随。这是对选择一条道路的肯定，并要通过法律的办法，把它更加明确的确定下来。

4 月 28 日，国家工商行政管理局发布《关于促进个体经济私营经济发展的若干意见》。该《意见》共有 20 条，全面放宽了对个体经济、私营经济发展的政策。

1993 年，有两个人结束了自己的商业神话。

其一是禹作敏。当时《纽约时报》报道：大邱庄实际上就是一个大公司。这个村有 4400 人，却有 16 辆奔驰轿车和 100 多辆进口豪华小轿车，1990 年人均收入 3400 美元，是全国平均收入的 10 倍。1992 年，大邱庄的工业产值达到 40 亿元。禹作敏挂在嘴边的话是：“大邱庄最大的贡献，是给中国农民长了脸。”他曾对一位离退休官员说：“你是带着穷人打倒富人，我是带着穷人变成了富人。”禹作敏的讲话具有语录性，具有这种讲话风格的民营企业家并不多见。

1993 年初，禹作敏怎么也不会想到自己会卷入大邱庄自制的麻烦之中。1992 年 12 月，大邱庄万全公司的经理病故，查账时发现可能有贪污行为，于是大邱庄派出 4 人审查该公司一个叫危福和的业务员，并非法拘禁了他，在审查中，采取暴力手段，致使该业务员于 12 月 13 日被殴打致死。事发之后，禹作敏让相关嫌疑犯连夜离开大邱庄，没跑掉的躲藏起来。1993 年 1 月，由于事态扩大，检察部门派出6名人员到大邱庄取证，谁知竟被非法拘留13个小时。当检察院对4名嫌疑人发出拘传令时，前来执行公务的公安干警被大邱庄设卡无法进入。2月18日，天津有关方面动用400名全副武装的武警，并与大邱庄人发生对峙，相峙3天3夜。4月，禹作敏因有窝藏、妨碍公务等嫌疑被捕。8月27日，天津法院以窝藏、妨碍公务、行贿、非法拘禁和非法管制5项罪名，判处禹作敏有期徒刑20年，其子禹绍政同时判刑入狱10年。

禹作敏在1993年落马，使民营企业家认识到市场经济需要知法、学法、守法，尤其是随着财富的增加，个人意愿的膨胀，任何人都不能凌驾于法律之上。

1999年10月，保外就医的禹作敏在孤寂中去世，时年70岁。

其二是沈太福，吉林省四平人。1984年，30岁的他从四平水库工程局辞职，办起了吉林省第一家个体科技开发咨询公司。由于相继开发出很多新产品，很快在当地小有名气。1986年，沈太福来到北京发展，以30万元注册了一家集体性质的企业——长城机电技术开发公司，虽然后来沈太福也想改变企业的性质，但当时北京工商局不受理私人性质的高科技企业注册，正是长城公司的产权性质给沈太福“埋了雷”，但客观地说，1992年前后，长城公司的企业性质也使沈太福“如鱼得水”。当时，沈太福和他的科技人员研发出一种高效节能电机，据说市场前景很好，但又苦于没有资金来投入生产，在这种情况下，沈太福想到了民间融资。

沈太福设计的集资游戏是这样的：投资者与公司直接签订“技术开发合同”，集资金额的起点为3000元，高者不限，投资者可随时提取所投资金，按季支付利息，年利息为24%。在当时，银行的储蓄利率为12%，在高于银行利率一倍的诱惑下，他在海南仅用20天的时间就集资2000万元，之后在全国17个城市展开这样的集资活动。

这一疯狂的集资游戏让沈太福尝到了甜头，他一发不可收拾，到1993年初，沈太福先后在全国设立了20多个分公司和100多个分支机构，雇用员工3000多人。到2月份，长城公司在不到半年的时间里共集资10亿多元人民币，投资者达10万人，其中个人集资款占集资总额的93%。集资额最高的是北京，达2亿多元。在这期间，长城公司只售出电机50多台，价值仅有600多万元。这一商业骗局愈演愈烈，很快引起中央高层的注意。

3月6日晚，就在沈太福为集资超过10亿元举行大型庆祝酒会时，他收到中国人民银行发出的《关于北京长城机电产业集团公司及其子公司乱集资问题的通报》。《通报》对长城公司的集资行为给予了明确的定性，并要求“限期清退所筹集资金”。但沈太福所采取的办法和大邱庄禹作敏如出一辙，他心傲气盛地要与国家机器博弈。3月31日下午，准备出逃的沈太福在北京机场被截获。经北京中级人民法院审理，1994年3月4日，被告人沈太福犯贪污罪，判处死刑；犯行贿罪，判处有期徒刑4年；两罪并罚，决定执行死刑，剥夺政治权利终身，并处没收个人全部财产，沈太福对判决不服，其上诉理由是：“北京长城公司是戴着集体帽子的私营企业，被告人不能成为贪污的主体，没有贪污的动机和行为，因而不能构成贪污罪。”法院最终没有采取这些意见，4月8日，沈太福被执行枪决，时年39岁。

禹作敏落马和沈太福被捕在社会上反响很大，两人的所作所为，虽然都具有那一时期的鲜明特色，但无形中也给民营企业家上了一堂“市场经济是法制经济”的课。

现在来看，沈太福所搞的非法集资当时以贪污罪判处死刑，这主要是由当时的企业性质所决定的，当时类似这样的企业其实不在少数，戴着红帽子的所谓“全民”或“集体”的私营企业，之后“戴”出的麻烦，成为中国民营企业发展中的一个致命问题。

1993年11月，中共十四届三中全会通过了《关于建立社会主义市场经济体制若干问题的决定》，明确提出“要建立适应市场经济要求，产权明晰、产权明确、政企分开、管理科学的现代企业制度。”

《决定》中对非公有制领域的“明确”，是一次巨大的飞跃。《决定》指出“坚持以公有制为主体、多种经济成分共同发展”的方针，这是强化了1979年以来提出的“个体私营经济为补充”的提法，指出：“建立社会主义市场经济就是要使市场在国家宏观调控下对资源配置起基础作用。为实现这个目标，必须坚持以公有制为主体、多种经济成分共同发展的方针。”《决定》还指出：“就全国来说，公有制在国民经济中应占主体地位，有的地方、有的产业可以有所差别”，并明确提出“国家要为各种所有制经济平等参与市场竞争创造条件，对各类企业一视同仁”。这是中国共产党第一次在党的报告中提出国家对国有经济、个体经济、私营经济、外商投资经济等各种所有制经济“一视同仁”平等参与市场竞争，并为它们参与市场竞争创造条件。“一视同仁”显然是把参与市场竞争的所有不同性质的企业都放在平等的位置上，打碎了所有制歧视的桎梏，从而使非公有制经济在市场经济发展中，获得了公平竞争的良好社会环境。

人们可以看到，这个《决定》较1984年中国共产党十二届三中全会《关于经济体制改革的决定》更加全面和细致，是一个高水平的经济改革总体设计蓝图。这个《决定》对建立社会主义市场经济体制具有里程碑的意义。它宣布中国在20世纪末初步建立了市场经济体制的框架，由此而来，以民营经济为主的多种所有制经济共同发展格局形成。

十四届三中全会之后，与促进市场健康发展的相关法律也陆续出台，《公司法》《中华人民共和国登记管理条例》《中华人民共和国劳动法》《中华人民共和国企业所得税暂行条例》等，这些法律法规同时适应于各种所有制企业，这都极大地推动了非公有制经济的健康发展。

1993年，留给民营企业家的是更多的想象。福耀集团作为第一家民营的中外合资企业在上海证交所上市。那时，知道福建老板曹德旺的人不多，而就是这家生产汽车玻璃的民营企业，10年后，市场占有份额在60%以上，成就了国内汽车玻璃的“半壁江山”。在这里有必要提及，当时的很多民营企业为了规避风险或多少能享受到一些优惠政策，都搞成中外合资企业，而这一时期的中外合资企业，更多的是“挂羊头”，实际上大都是民营企业。

这年24岁的汕头小伙子黄光裕已在北京正式创立了“国美”品牌，开始连锁式经营家电，并以低价销售打破垄断，他采取的策略是，别的商家在进价和税钱的基础上加价5%出售，而他只加2%。很快他在业内有“价格屠夫”之称。黄光裕17岁来北京，中学还没毕业，跟随哥哥在北京珠市口卖电器。他长得是四方大脸，大眼睛、大鼻子、大嘴，笑起来很有特点，一看就是发自内心的“开怀大笑”那种。之后他书写的商业传奇，成为中国民营企业家通过市场实现创富梦想的一切可能。

第八章

先富论造就中国富豪（1994，1995）

国家对各类企业一视同仁，为各种所有制经济平等参与市场竞争创造良好的环境和条件。

——江泽民，1995 年

民营企业家投身“光彩事业”

确立什么样的社会主义义利观

1994 年的全国两会，有 50 多位民营企业家走进人民大会堂参政议政。3 月 17 日，来自工商联届别的政协委员刘永好、张宏伟、韩伟、冼笃信 4 位民营企业家在“两会”新闻中心集体亮相，就中外记者关心的民营企业问题接受了记者的采访。

以全国政协委员的身份亮相的民营企业家，成为那一时期民营经济的优秀代表。对中国的个体、私营企业主来说，追求的不仅仅是物质财富的增加，他们更渴望得到社会各界的广泛承认。

1994 年 2 月底 3 月初，国务院召开全国扶贫开发工作会议，部署“国家八七扶贫攻坚计划”，要求在 20 世纪末最后 7 年内，基本解决全国 8000 万贫困人口的温饱问题。

4 月 21 日晚 8 时，北京国谊宾馆二楼会议室，全国工商联主席经叔平、副主席胡德平，召集全国工商联七届二次常委会的 10 位民营企业家常委参加座谈扶贫工作。

当时，经叔平、胡德平、刘勇好以及参加座谈会的各位民营企业家都表示了一个共同的愿望：“先富帮后富，实现共同富裕是民营企业家义不容辞的责任。”在谈到为这个活动起个响亮的名称时，大家七嘴八舌地讨论起来。有的提议叫“什么工程”，也有的说叫“什么行动”或是“什么计划”。32 岁的周晋峰尤为兴奋，这位赴美留学博士，归国创办北京中西电子工程技术开发公司的“海归”，提议将扶贫行动起名为“光彩事业”。但也有一些争议，有的认为“扶贫就扶贫，为何非得打上一个标签”。

周晋峰后来回忆说，“光彩”二字源起于胡耀邦的《怎样划分光彩和不光彩》。80 年代初，社会上很多人认为干个体、私营经济是不光彩的。早在 1983 年 8 月 30 日，胡耀邦就对这一问题发表讲话：“凡是辛勤劳动，为国家为人民做出贡献的劳动者，都是光彩的”，还鼓励个体、私营老板干光彩的事，做光彩的人。此后，“光彩”几乎成为民营经济的代名词。虽然经过 10 年的变化，社会对民营经济的看法有一定的好转，但人们仍存有偏见。在当时，如谈生意，对方先问你企业的性质，一听是“私营”就不下订单了。周晋峰说，叫“光彩事业”就是要突出民营经济，要标明正身，表明态度，认认真真地做好，让社会不再误解民营经济。

4 月 23 日下午，周晋峰代表 10 名民营企业家发起人，在全国工商联七届二次常委会议闭幕式上宣读了《让我们投身到扶贫的光彩事业中来》倡议书。全体与会代表以热烈的掌声赞赏和支持。

倡议书中倡议，中国民营经济每年为老、少、边、穷地区培训 1000 名人才，开发 100 个项目，开发十余种资源。到 20 世纪末，共培训 7000 名人才，开发 700 个项目，开发 70 种资源，和贫困地区的群众一起谱写共同的理想，一起创造共同的财富，一起携手奔向共同富裕的目标。可见，这是多么充满激情的“光彩事业”。

“光彩事业”由此拉开序幕，广大民营企业家的扶贫视角更多地、更主动地落在了老、少、边、穷地区。当初，“光彩事业”的倡议在一些人看来，不外乎是民营企业家例行公事的一种表态，是先富裕起来的民营企业家对党的富民政策的一个回应”，也就是一阵风。然而恰恰相反，“光彩事业”如星星之火，燎原祖国大江南北，至今仍生生不息。

投身“光彩事业”，实现共同富裕，这是“光彩事业”首倡者们从一开始就确立的目标，并始终坚持着。

“光彩事业”不仅在国内影响深远，在国际上也形成了深刻的反响和全新“价值”。“光彩事业”的发展和成功，不仅在于它确确实实地帮助了一部分贫困人群和地区取得实效，而且还在于它确立了全新的社会主义义利观。10 位民营企业家发起的光彩事业活动，以“兼相爱、交相利”的义利之辩作为光彩事业理念的最早源头，并提出了社会主义的义利观的事业宗旨。它所提倡的“义利兼顾”的社会主义义利观，这是光彩事业最有价值的思想财富。

墨子的“兼相爱、交相利”思想，有着深刻的哲学基础，二者可以互相引申，互相补充，共同发展。把爱与利统一起来的伦理观，在我国经济思想史上也是罕见的。

而在具有中国特色的社会主义的市场经济建设中，确立什么样的社会主义义利观，也是时代需要回答的问题，而这一问题也伴随着非公有制经济的发展所需要做出回答的。“光彩事业”从一开始就提出和倡导自己鲜明的理念，这就是义利兼顾、德行并重。这一理念非常适合社会主义市场经济改革和发展条件下民营企业家们的思想追求和道德诉求。

“义利兼顾”，以义为指导，以利为基础，在认识上打破义利相互对立的传统思想，在操作中不断探索义利相容、义利结合的方式方法。以扶贫为主题，以兼顾扶贫对象和自己的利益为原则。光彩事业强调的是造血式的扶贫，不同于输血式的扶贫，一定要把扶贫工作和企业家们的市场经济运作结合起来。企业也赚钱，扶贫的对象也有明显的收益，是利益共同体。光彩事业的实施和众多的实践，正是通过结成利益共同的方式来调动民营企业家和被扶贫对象两个方面的积极性，从而达到双赢的市场价值取向。

快速掘金——催生中国富豪

《福布斯》中国富豪榜打破人们的财富观

1994年的中国市场显得格外的活跃，大有万马奔腾之势。这一年民营企业的财富有快速集聚现象。一方面他们投身光彩事业，表达对社会应有的责任；另一方面，他们对市场的热恋，市场给予他们回报。把市场搞得最热闹的当属保健产品，并很快在中国形成了一个保健品产业，这个产业应该说是由民营企业一手“垒”起来的全新产业，而这个产业形成之快，发展之迅猛，市场之可观，在当时可称得上是最热的“掘金之地”。

浙江省台州地区温岭县一家无名无分的保健品公司，在一年前率先抓住“马家军”在当年8月德国斯图加特举行的第四届世界田径锦标赛上取得佳绩的契机，铺天盖地地在各电视台播发由马俊仁代言的“中华鳖精”广告。广告粗制滥造，却丝毫不影响这一保健品的社会影响力，消费者热衷于“马家军”的神奇，而马俊仁深知自己和“马家军”的商业价值，善于“装神弄鬼”的他，也在很多场合暗示，他有一个能够使人迅速恢复体力的神秘药方。1993年12月25日，马俊仁和一位叫何伯权的广东民营企业家公开向媒体亮相，据何伯权声称，他所领导的乐百氏以1000万元的高价买下马家军的营养秘方。药方的交接和新闻发布会在广州的五星级饭店中国大酒店举行，场面极其壮观，过程策划得极有戏剧性，马俊仁和他的神秘配方由警车护送而至，何伯权接过用红绸盖着的一纸配方后，立即将之送进中国人民银行的保险箱。何对媒体宣布，由此配方研制而成的“生命核能”口服液将在两个月后投放市场，与消费者见面。

在媒体的“推波助澜”下，“生命核能”一炮走红。那是个靠一个灵感、一个策划便可以一夜之间占领市场的时代。由此，保健品和饮料食品成为中国民营企业家最热衷的市场。据了解，到 1994 年，全国保健品生产企业从 4 年前近百家增至 3000 余家，平添 30 倍，品种多达 2.8 万种，年销售额高达 300 亿元，增长 12 倍。当时全国最大的保健品公司广东太阳神，营业额为 13 亿元，利润 3 亿元。

在这一时期迅速发展起来的还有沈阳飞龙保健品公司，沈阳飞龙姜伟走的是保健医药路线，靠飞燕减肥茶起家，企业初期是由老太太（姜伟的母亲）支撑和创办的，时间可追溯到 1987 年前后。1989 年，成立了沈阳科进技术有限公司，也就是沈阳飞龙制药有限公司的前身，姜伟放弃中医药研究所的铁饭碗正式下海。在此之前，姜伟曾在商海里扑腾了两三年，那年他 34 岁。1990 年 10 月 26 日，飞龙集团正式成立，注册资金 75 万元，姜伟属于主要创办人之一。在沈阳飞龙集团最初的发展史上有这样一些数字：1991 年实现利润 400 万元，1992 年实现利润 6000 万元，1993、1994 年连续两年利润超 2 个亿，到 1994 年底，集团 4 年完成销售额 20 多亿元，其发展速度位居全国医药行业之首。

民营企业迅速的扩张和膨胀，大都始于 1992 年小平南方谈话之后，沈阳飞龙是这一时期的典型代表。

当时在中国保健品市场上可谓“三国鼎立”，飞龙的竞争对手还有“太阳神”和“田七花粉”。“太阳神”和“田七花粉”是以电视广告赢得消费者的。在当时，媒体促销对中国的民营企业家来说还是个新领域。客观地说，当时报纸广告还不是很多，如何低投入换来最大的收益，是每一个老板做事的出发点。于是姜伟选择了报纸广告这样一个“空挡”。随后，他亲自操练，创造性地形成了“大版面”“多文字”“重科普”这一独特的广告营销手法。报纸的科普广告应是姜伟的首创，从而飞龙取得了令人惊叹的快速发展。产品打开市场，一路平扫天下。后来姜伟说，那时报纸的广告没有一个固定的价格，尤其是科普式的广告，很少有人采用这样的形式，同时成本又很低。1991 年飞龙集团投入广告费 120 万元，获利 400 万元；1992 年投入广告费 1000 万元，获利 6000 万元；1993 年广告投入 8000 万元，获利 2 亿元；1994 年广告投入 1.4 亿元，获利 2 亿元，地毯式的报纸广告轰炸不能不说是飞龙超速成长的一个秘诀。

沈阳飞龙姜伟成功的最大意义，是让中国的民营企业家看到了市场的无限魅力，财富梦想可以实现。紧随其后的“三株口服液”在吴炳新和吴思伟父子更“铺天盖地”的广告轰炸下进入保健品市场。后来更是以“宣传队”“刷标语牌”等“兵团作战”的方式展开宣传推广产品，曾聘用 10 万大学生充实到宣传队搞产品推广。“三株”可以说是把中国保健品市场搞得翻天覆地。

保健品市场的火爆，暴利的诱惑，投入回报之快，使得急需实现利润的史玉柱决定跳出电脑产业，走多元化的扩张之路，他提出“二次创业”的总体目标，以发展寻求解决公司出路的问题。这一产业的重大调整，成为史玉柱给自己种下的恶果，也成为巨人集团之后崩塌的重要根源。这年夏天，史玉柱向外界宣布投资 5 亿元进入保健品和药品产业，在一年内推出上百个新产品。史玉柱以气吞山河之势，要驰骋保健品市场。这位崇拜毛泽东，爱读《毛泽东选集》的 32 岁的年轻人，亲自挂帅，以大兵团、集团野战军的作战方式，展开大规模的市场战役。他在一则给下面的动员令中写下：“三大战役将投入数亿元，直接和间接参加人数有几十万人，战役将采取集团军作战方式，战役的直接目的要达到每月利润以亿元为单位。组建 1 万人的营销队伍，长远的目标则是用战役锤炼出一支干部队伍，使年轻人在两三个月内成长为军长、师长，能领导几万人打仗。”

从这不难看出史玉柱是一个充满着理想和浪漫主义色彩的人。

1994 年，以飞龙、三株、巨人为典型代表的民营企业，其快速成长的秘方都是广告，以致后来成为央视广告标王的“秦池”“爱多 VCD”等争相效仿，迅速成功但也迅速消亡。

同时，从飞龙、三株、巨人迅速获得财富的路径不难发现，1992 年之后，民营企业财富增长之快，完全超出人们的想象。在各个行业民营企业都在超速成长，此处选择三家保健企业的成长案例，是因为它们更具有鲜明的时代特征。

1994 年，民营企业把中国的市场搅得热火朝天。而在这年，一本中国人只听说过，还从没看过的杂志：《福布斯》(Forbes)，首次发表的中国内地亿万富豪榜，给中国人的财富观带来了颠覆性的震荡。这一富豪榜是香港出版的中文杂志《资本家》刊出的。列入美国财经杂志《福布斯》中国富豪榜的内地富豪共 19 名。前 10 名的是：刘永好兄弟 (财富约 6 亿人民币，下同)、张宏伟 (5 亿)、冼笃信 (5 亿)、牟其中 (3 亿)、张果喜 (3 亿)、罗中福 (3 亿)、罗西峻 (3 亿)、李晓华 (2 亿 –3 亿)、热比娅 (2 亿)、宗庆后 (2 亿)。

这个富豪榜一出炉，在社会各界引起广泛的反响。在中国传统的财富观念中，个人财产越私密越好，私人财富是不能见光的，“不露富”成为民众的价值认同。中国人的财富文化是不露富文化，爱财，但又怕别人知道自己拥有财富，对财富总是遮遮掩掩，这和中国社会长期缺乏牢固可靠的私人财产权利及法律保障体系有着直接的关系。

针对 1994 年的中国富豪榜，内地很多媒体说，这个排行有错误，同时很多人对入选者的财富将信将疑。但是，这毕竟是中国亿万富豪第一次的集体亮相，虽然它的权威性有很多需要质疑，但它第一次把中国私营企业家的财富“晒”了出来，它既显示了私营企业老板的财产实力，同时也激发了人们的创富热情。靠辛勤劳动、靠知识、靠智慧、靠市场竞争，实现财富梦想，是对过去靠出身、靠权贵、靠单位、靠组织的全面颠覆。市场竞争的观念，就这样走进人们的意识形态。

据当时在中国一直从事这项调查统计工作的英国青年胡润 (Rupert Hoogewerf) 说，1994 年中国富豪榜是《资本家》杂志与《福布斯》杂志一次不成功的合作。之后，《福布斯》对中国富豪的披露停了 4 年。这期间，由胡润接手此事。从 1999 年开始，《福布斯》与胡润合作，开始正式经营和发布中国富豪排行榜。由此，每年都有中国富豪榜问世。到 2003 年，胡润与《福布斯》分手，他自己单干，并且又找到新东家——英国的“欧洲货币投资机构”。2004 年推出胡润版的中国富豪排行榜，而且他还分作了很多财富排行榜单。胡润的工作室设在上海，在繁华南京路的一个胡同里，由他搞的各种财富排行榜一经发布，都要引起不小的争议。

对中国富豪榜毁誉皆有之。富豪们对每年入榜的态度是，近之，远之，怕之，喜之。与此同时，每年在排序变化的上榜富豪中，问题富豪频频落马，使得这个榜单成为大众的“看笑场”。但如从另一个角度来看，中国富豪排行榜的出现，也不断显示和标志着中国私营企业家的崛起。

对富豪一词，客观地说，无论是官方，还是民营企业家都不是太喜欢，但这个富豪榜是按西方人的文化搞的，由于是先入为主，所以，中国人也就默许了。同时，人们对胡润的排行榜和《福布斯》的富豪榜接受认同。

2008 年 10 月 7 日，“胡润百富榜”正式发布，鹏润投资董事长黄光裕以 430 亿元的个人身家第 3 次登上中国首富的宝座，43 岁的日照钢铁集团董事长杜双华则以 350 亿元的财富排名第二，而 2007 年中国首富，碧桂园第一大股东杨惠妍的财富大幅度缩水近 8 成，以 330 亿元位居第三位。2008 年 10 月，正值华尔街金融风暴席卷全球，从这年的排行榜可看到，房地产富豪和金融富豪资产缩水最为厉害。这是胡润在国内对富豪财富的第 10 次发布，上榜富豪人数首次扩大到 1000 位 (2007 年是 800 位)。上榜门槛增至 7 亿元。在上榜的企业家中，财富突破 100 亿元的有 50 位，比去年少了 25 位。平均财富为 30 亿元，比去年下降 22%。超过 50% 的企业家财富出现下降，仅有不到 20% 的企业家财富小幅上升，约 30% 的企业家新上榜。

而到 2017 年底，胡润研究院发布的中国富豪榜，基本可以反映出中国民营企业家的真实面貌。这是一个 2000 名的大榜单，其中财富在 20 亿以上的中国富豪高达 2130 人。许家印以 2900 亿首次登顶中国首富，其次分别是马化腾、马云、杨惠妍、王健林、王卫、李彦宏、何亨健、何剑锋等。

中国经过 40 年的改革开放，民营经济从无到有，民营企业所创造的财富有目共睹。如果从 1994 年开始，把历年所公布的中国富豪榜拿出来，做一些比较和分析研究，可以从另一个视角，来解读中国民营经济在不同时期和不同阶段的发展与变化，从中看到中国民营企业发展的轨迹及财富增长。

1994 年，以北京中关村为代表的一些民营科技企业先后都已走过 10 年，这标志着民营科技企业已初具规模。5 月 16 日，四通集团迎来发展 10 周年。12 月 8 日，联想集团也举办了创业 10 周年庆典。

戴出麻烦的“红帽子”

一大批民营企业从摘掉“红帽子”转制而产生

在中国民营企业的发展过程中，“红帽子企业”，这是最具时代特色的企业，“红帽子”也是最具有中国特色的词汇。

应该说，自小平南方讲话之后，中国政治、舆论和某些实际政策都有很大的改变，如税收政策，私营企业和集体企业享受同等待遇等。同时，很多地方政府官员也意识到，面对庞大的社会劳动力急需解决的就业问题，人们生活亟待改善，地方经济需加快发展等问题，鼓励私营企业的发展已是一条重要的出路了。然而人们还没有真正冲破几十年计划经济体制所形成的思想束缚，仍然有相当多的私营企业戴着“红帽子”。其原因主要有两个方面：一是当地的党委、政府担心更多地突出非公经济发展和出现大比例的非公经济企业，会带来压力和麻烦，因此有些地方故意用“红帽子”来遮掩；二是非公企业还是害怕政策变化影响到企业的经营和前途，还有的企业，“红帽子”戴得很舒服，没受到冲击，还在一些如贷款等问题上还有空子可钻，有便宜可占。

据统计，1994 年中国私营企业最保守的数字是 100 万至 150 万户。但是在工商局登记的只有 43.2 万户，那其余的 100 多万户藏到哪里去了呢？为什么不登记？事实上，他们藏在个体工商户里，藏在集体企业和乡镇企业里，。那些“红帽子企业”，貌似是集体企业和乡镇企业，在现行体制中属于公有制范畴，能贴上“公”姓，不姓“私”，而且待遇比私营企业要优惠。而甘愿成为个体工商户，因为个体工商户没有或者只有轻微剥削，也算劳动者的光彩阶层。1994年国家工商局抽样调查，仅在乡镇企业中就有83% 的企业属于私营企业。

“红帽子企业”，指的是私营业主在进行企业注册时，事先找好一个国有或集体单位，挂靠在它的下面，然后注册为全民所有制企业或集体企业。这些企业其实还是自筹资金、自主经营、自由组合、自负盈亏，但和挂靠单位商议好，要定期交一笔管理费。这样一来，这个企业就有挂靠单位的照应了，同时这些企业以公有制的名义来从事经营活动，这使私营企业主寻求到一种安全感，同时还能得到经营、融资、出国、信息等诸多方面的便利和优惠，即使交了管理费，仍是有好处的。而对被挂靠的单位来说，私营企业到自己门下“戴红帽子”，可以收取一定的费用，这样单位也增加了一定的收入，大家都高兴。真可谓各有所求，双方都有利，何乐而不为。

但是，私营企业戴红帽子毕竟不是长远之计，刚开始双方都很高兴，可时间一长各种问题和矛盾自然而然就产生了，单就产权和民事责任而言，为日后的经济纠纷与官司埋下了祸根。“红帽子”企业的最大问题就是产权不清，产权混乱，民事责任主体模糊，法律责任不明，经济上出了问题，找不到谁该来承担，既影响投资者的权利、义务，同时也把挂靠单位拉了进去，分配形式、民事责任等都给双方造成麻烦。

温州市一家股份合作企业——鹿城运输总公司法人代表、总经理张朝荣，就是“红帽子”戴出麻烦了。该公司成立于 1993 年 2 月 19 日，张朝荣出资约 361 万元，约占公司总股金的 62%，是公司最大的股东。鹿城运输总公司的创立，为发展温州交通运输，缓解市民乘车难的问题，起到了积极的作用。特别是在国家没有分文投资的情况下，张朝荣大胆筹资并发起创办该公司，为解决社会热点、政府难点的公共交通问题做出了应有的贡献。这本应是件大好事，可两年后麻烦来了。令张朝荣不解的是，1995 年 3 月 17 日，该公司挂靠的鹿城区工交委以“莫须有”的罪名免去了张朝荣的公司法人代表及总经理职务，并于当日安排了一名非股东取代张朝荣在公司中的职务，而且启用了一套不知何时何处审批、刻制的企业新公章；之后，在不到一周的时间里更换了《企业法人营业执照》和《税务登记证》。就这样，张朝荣投入公司的 361 万元资产被主管单位接管了。

这就是张朝荣戴“红帽子”戴出的麻烦，经媒体披露后，引起社会各界的广泛关注。他对媒体抱怨说：“我们办企业现在没有安全感了”。温州当时的市委书记张友余对此发表的看法是，“红帽子”企业要还其本来面目，不是集体企业，就不必戴什么帽子。张友余认为，在 20 世纪 80 年代初，一些个体、私营经济戴上集体的“红帽子”，是迫于姓“资”姓“社”的压力。戴上“红帽子”，就是集体企业，其实也是假集体。“‘红帽子’企业应该还其本来面目，应该是什么性质，就定什么性质，这应作为规范企业的一项措施。”

经过舆论的监督和张朝荣锲而不舍的诉讼，2000 年 4 月，“鹿运红帽子”事件才终于画上句号，张朝荣领回了正本清源的《企业法人营业执照》，重新当上了法人代表、董事长。张朝荣的“红帽子”麻烦历时 5 年才解决，其中的艰辛、磨难可能只有张朝荣自己知晓。

尽管这种实际上由私人创办、注册为股份合作企业的“红帽子企业”遇到了种种麻烦，但是“红帽子”在当时的情况下也确实保护和促进了温州经济的发展，同时也使“温州模式”得到了难得的发展机遇。客观地说，这种类型企业产权划分很清晰，根本不存在产权不明确的问题。相反，与戴“红帽子”的温州模式相比，以乡镇企业面目出现的苏南模式却遭遇了发展的瓶颈。在 20 世纪 80 年代，温州与苏南是两个齐头并进的模式。一个主张私营企业发展，一个主张集体企业发展。这两种发展模式在早期各有所长，但苏南不少企业有政企合一的人民公社社队企业的底子，由政府管理后越来越像国有企业。

乡镇企业发展到了 20 世纪 90 年代中期，就不难看出，“温州模式”明显优于“苏南模式”。苏南模式曾经奏效的原因在于改革开放初期，国营企业生产效率低，私营企业又在社会上广泛受到排挤，所以走“集体所有制”这条中间道路的乡镇企业发展很快。然而到 1992 年之后，国有企业进行改革，私营经济非常活跃时，“中间道路”就显得明显落伍了。同时随着企业的发展，集体组织和政府机构与企业分抢利润，在这种产权不清的企业中，就逼得企业转制或脱去“红帽子”。

能从中走出来的企业再获新生，走不出来的或和当地政府纠缠不清的，最后大都死掉了。如陕西咸阳无线电二厂的官司，就是这一方面的典型案例。厂长陈安民在 1995 年“摘帽”潮中，不声不响地将原“全民所有制”企业改为民营企业。之后，在求证这家企业到底是国有还是私有的过程中，企业的一些员工几乎把所有的精力全都花上访和法律诉讼上，最后是“鸡飞蛋打”，陈安民在 2001 年以犯有挪用公款罪、巨额财产来源不明罪终审判处有期徒刑 8 年。

陈安民戴“红帽子”事件在当时也是闹得沸沸扬扬，“陈安民现象”从另一个角度说明“红帽子企业”的尴尬，“戴红帽子”而引发问题的私营企业不在少数。

关于“红帽子企业”的很多问题，在 1997 年党的十五大之后得到相应的解决。十五大报告指出：“非公有制经济是我国社会主义市场经济的重要组成部分”，这无疑使私营经济的地位比过去的“补充”角色，有了更大的提高。

十五大还指出要健全财产法律制度，依法保护各类企业的合法权益和平等竞争，这都使私营企业主在企业发展中增强了信心。中共十五大之后，很多戴红帽子的企业纷纷“摘帽”。

以“苏南模式”为代表的一大批乡镇企业借“摘红帽子”的名义开始转制，之后对集体企业开始理直气壮的转制，正是在这一转制过程中，中国民营企业的整体规模迅速壮大，如红豆集团等等。

1995 年，中国出现了第一批投身到互联网事业的先行者。10 年之后人们充分体会到“世界是平的”所带来的新变化，人们耳熟能详的一些名字，如田溯宁、马云、丁磊、张树新与其丈夫姜作贤等都是在 1995 年开始他们的互联网创业生涯，当年 4 月，马云创办“中国黄页”网站，这是国内第一家网上中文商业信息网点，同时也在国内最早形成主页发布的互联网商业模式。从这之后，也由此产生了一批全新民营企业家，而他们财富的增长在之后让人无法想象。

1995 年 9 月 25 至 28 日，中共十四届五中全会在北京举行。全会审议并通过了《关于制定国民经济和社会发展“九五”计划和 2010 年远景目标的建议》。《建议》指出：“国家对不同所有制的企业一视同仁，依法征税，形成平等竞争环境。”还提出对国有企业改革实行“抓大放小”的战略，加快国有小企业的改革改组步伐，可以“区别不同情况，采取改组、联合、兼并、股份合作制、租赁、承包经营和出售等形式”。明确提出把进一步发展个体私营经济，作为今后 15 年经济和社会发展必须贯彻的重要方针。“把国有企业改革作为经济体制的中心环节。……同时，要大力发展集体经济，鼓励和引导非公有制经济的发展。”“坚持公有制为主体、多种经济成分共同发展的方针”“继续发展个体和私营经济”。

时任总书记的江泽民在 9 月 28 日的中共十四届五中全会闭幕会上，发表了重要讲话。他在讲话中，重申了中央发展非公有制经济的方针，强调要对非公有制经济与国营经济一视同仁，鼓励、支持其发展。他说：“以公有制经济为主体、多种经济成分共同发展，是我们必须长期坚持的方针。”“只有坚持这条方针，才能使我国经济充满生机和活力，促进社会生产力的迅速发展。”他还说：“在积极促进国有经济和集体经济发展的同时，允许和鼓励个体、私营、外资等非公有制经济的发展，并正确引导、加强监督、依法管理，使他们成为社会主义经济的必要补充。国家对各类企业一视同仁，为各种所有制经济平等参与市场竞争创造良好的环境和条件。”

中共十四届五中全会的《建议》和江泽民在闭幕会上的讲话，尤其是对个体、私营、外资等非公有制经济的一些具体提法和表态，给快速发展的民营经济极大的鼓舞。

这一时期的个体私营经济，以前所未有的力量形成喷涌之势。到 1995 年底，全国登记注册的私营企业达到 63.1 万家，注册资金 2462.5 亿元。

国家工商行政管理局个体私营经济监督管理局在《经济日报》上公布，对 1995 年中国 500 家大型私营企业的销售额或营业收入的调查显示，希望集团有限公司的销售额或营业收入达 16.5675 亿元，上亿元的共有 41 家，500 家大型私营企业的销售额或营业收入均在 1110 万以上。而如果把戴“红帽子”的私营企业计入的话，按最保守的估计，1995 年私营企业应在 150 万户以上。据官方当时的数据，1993 年至 1995 年，非公有制经济获得高速发展，3 年平均速度达到 66%，最高年份达到 82%，最低年份也有 51%。当然，不可否认，这种高速发展与当时的经济过热现象是有关系的。

第九章

“抓大放小”“国退民进”（1996-1998）

各类企业对于市场经济来说，都有生的权利，没有不准出生的人。

——全国政协委员胡德平在全国“两会”期间如是说，1998 年

“陈卖光”开启“抓大放小”

民营企业在“国退民进”中壮大成长

1992 年，37 岁的陈光，出任山东省县级市诸城市市长。就在他为该市国企亏损发愁的时候，十四大报告让他豁然开朗，“国有小型企业有些可以出租和出售给企业或者个人”，这使他对自己的思考有了信心。由此，他决定把当地最让他头疼的企业全都卖掉，这样一来，当地掀起了职工买股的股份合作制改革。

1995 年后，全市 288 家乡镇以上企业，有 272 家乡镇办以上的国有或集体企业都出售给了个人，完成了企业产权变革。由此他被称为“陈卖光”，并成为中国国有资产管理历史上的标志性人物。有媒体报道说，“全卖光”开始并不是陈光提出的，而是厂里职工提出来的办法。当时市委、市政府为了避免被说成“私有化”，提出改制后保留 20% 国有股，国家继续当第一大股东。但职工坚决不同意，职工们说：“要卖就全卖光，一股也别留，只要还留一股，这个企业就还是政府说了算，我们占多大股份也都是白搭。”正是这样，市委、市政府才只好让步，国有股份从企业中完全退出。

一切伟大的实践都是人民创造的，只是在历史的特殊时期看谁顺应了潮流，并成为其重要的推手，陈光可能就是在这样一个看似很小的点上，起到了“推手”的作用。当时，一些杂志、报刊批评他是“私有化先锋”“反社会主义”。在对“陈卖光”的各种说法不一的时候，时任国务院副总理的朱镕基 1996 年到诸城考察，得出结论是：诸城不存在国有资产流失问题。1997 年，他被调任菏泽地区行署，任地委副书记，后菏泽转为市，陈光任市长，后升任市委书记。1998 年，他在菏泽针对早已资不抵债的国有企业，采取的是“白送”，这样一来他又被称为“陈送光”。

最典型的就是一家资产仅有 500 万元的小厂被送给北京汽车摩托车总公司，当年引进北汽 3000 万元扩建投资，到第三年，诸城市从这家企业拿到的税收就不止 500 万元了，之后，这个小厂成为中国农用车的巨无霸，它就是著名的北汽福田。

无论是“卖”还是“送”，在当时都引起不小的争议。1998 年前后，“抓大放小”在全国铺开。民营企业在参与国有企业改制的整个过程中，有得有失，但从整体而言，民营经济在资本的整合中得到了快速的发展，工业化进程加快，改革开放走过40年，从某种意义上说，如没有国企的改革，就没有之后民企超常的发展和民企资产迅速的壮大，这一点不能回避。

据2004年第七次全国私营企业抽样调查显示，从1993年开始，众多民营企业积极参与国企改革，通过股份制改造、产权改革等途径，使大批濒临倒闭的企业重现生机，在被调查的私营企业中有两成以上是国有和集体企业改造而来，这些企业一般规模比较大，股权比较分散，很多还保持着工会组织和党组织。这类私营企业组织机构不断发育，为民营企业形成完善的企业治理结构提供了组织基础。

1996年前后，与非公有制经济高速发展形成极大反差的是国有企业。民营企业生龙活虎，而国有企业就如一只老病猫般萎靡不振，始终无法从低效率和旧体制中自拔。1996年，预算内国有企业的净销售利润率降低到历史最低点，亏损总数是1985年的28.6倍。相对比，全国乡镇企业的产值增长22%，中外合资企业的所得税增长40%。这一年还是《破产法》颁布的第10个年头，1986年8月3日，沈阳防爆器材厂成为全国第一家实施破产的国有企业，当时震惊了国内外，一时间破产问题沸沸扬扬。1986年至1990年，全国破产的国有企业只有121家，虽然很多国有企业早已资不抵债，但仍然强撑着，很多国有企业的技术人员和技术工人，早已投奔到民营企业去了。很多国有企业的设备、厂房早已破烂不堪，即使还能运转的机器设备，由于产品无市场，也都处于闲置状态。

1996年，国有企业破产达到了高潮，全年破产企业数超过了过去9年的总和，共计6232家。在国有企业集中的辽宁省，这一年就有453户企业公告破产，其中，国有大中型工业企业116户。已破产终结的企业，其中国有工业企业126户，而全省优势企业兼并劣势企业已达119户。

与此同时，全省地方预算内的718户国有小型工业企业，实行了多种形式的改组，资本向优势企业流动，劣势企业向优势企业靠拢。大批下岗职工大部分移师个体私营领域，1996年，辽宁省工商局下发了《关于鼓励国有、集体企业下岗职工从事个体工商户、私营经济有关问题的通知》，并出台优惠政策，实施具体办法鼓励下岗职工进入个体、私营行列。据不完全统计，辽宁省 1996 年就有近百万下岗职工，需要分流到非公有制经济领域。

在此对当时国有企业的状况作简单介绍，就是为了更加全面地认知民营经济在发展中所处的时代背景，更好地理解民营企业是怎样快速发展起来的。

比如，国有企业在几十年发展过程中所形成的工业基础和工业文化，以及国企所搞的班组长建制及车间主任管理等，都很快被移植到民营企业的生产管理中。又比如，大批的国有企业产业工人转移到民营企业里之后，不用经过上岗前的培训，直接就可以操作机器，国有企业缺的是灵活的机制和市场，正好是民营企业的优势。很多西方经济学家对中国私营企业发展的速度常常不解，其实，民营企业是截留了，或是说享用了国有企业几十年发展过程中所积累的资源和经验，在这一点上不应回避。这个资源在我看来更多的是人力资源，而不是侵吞国有资本。经过改革开放 40 年，有一点必须看到，如没有国企隐痛改革，尤其是在不良资产上果敢的放弃、抛售，在竞争领域的退出，等等，就没有之后民营企业的快速发展。

3 月 5 日至 17 日，第八届全国人民代表大会四次会议在北京举行。时任国务院总理的李鹏代表国务院作《关于国民经济和社会发展“九五”计划和 2010 年远景目标纲要的报告》。会议通过了这个《纲要》，明确把继续鼓励和引导发展个体私营经济，作为今后 15 年发展国民经济必须坚持的方针，进一步促进了非公有制经济的发展。

也就是在这年的 3 月，由国务院副总理朱镕基带队，组成一个考察组前往山东诸城，同行的还有时任国家经贸委副主任陈清泰、国家体改委副主任洪虎，经济学家吴敬琏也被邀请其列。此时的陈光被一些媒体指责是“搞私有化的急先锋”“造成国有资产流失的败家子”。经过 3 天多的调查研究，最后得出的结论是：诸城不存在国有资产流失的问题。

24 日，朱镕基在济南召开山东省、地、市、局四级干部开会交流。在会上，朱镕基充分肯定了诸城的小企业改制做得好。吴敬琏在交流会上谈了他自己的看法，他说：“他们采用多种形式探索放活小企业的途径，在明晰产权和政企分离这两个作为现代企业制度基本特征的重大问题上迈出了重要的一步，企业的效益和全市的财政状况有了明显改善，成绩喜人。”“只要有利于生产的发展，实行租赁经营、卖给个人或改组为公司都是可以的。"吴敬琏在讲话中还提醒政府部门对企业的生产经营不要干涉过多，他说："一定要探索适合新企业制度的政府工作方式，否则'保姆'很容易变成'婆婆'。"

对"诸城经验"的肯定，标志"抓大放小"的全面铺开。客观地说，中国的经济改革实际上都是"逼"出来的，从基层找到解决问题的办法，更加注重基层的实践，然后把这些实践和经验汇集起来，集中成为深得人心的政策，并转化成为制度。经济学家周其仁有个极朴素的观点："什么是改革？改革就是把能解决问题的办法合法化。"

面对国有企业整体在经济层面上所存在的问题，5月3日和4日，江泽民连续两次召集了四川、河北、辽宁、山东、上海企业界人员和江苏、浙江、山东、上海4省市的领导人座谈。座谈会的主题就是改革，江泽民在这两次的座谈会上说："改革当前正处在一个非常关键的时刻。"[①] 很显然，他这样的讲话不仅仅是对着这7个地方，而是针对全国。后来有媒体评价说，这是中国共产党最高领导人所发出的最为强烈的改革之声。

之后，针对所有制改革的问题，理论界也动了很多脑筋，先是将所有权变为产权，私营变为民营，然后推动产权重组。这使得国有企业在转制过程中得以逐步推进。

利弊皆有之，但总的来看，在"放小"的过程中，民营企业得到了扩张和壮大。如辽宁省本溪市的民营女企业家崔玉莲和崔玉静就是在1998年前后收购国有企业而使企业发展壮大的；本溪的工源水泥是一个大型的国有企业，正是通过股份制改造，使得濒临倒闭的企业重现新生。

兼并、收购国有中小企业成为民营企业资本迅速扩张的助力器。其中，最典型的是三九集团。当时三九集团的赵新先认为这是企业扩张中千载难逢的机会。于是，三九凭着国有企业，从1996年到2001年共并购了140多家地方企业，平均每一个月并购两家。在这种跑马圈地式的疯狂并购中，三九集团迅速扩张，并成为全国最大的中医药企业，总资产猛增到186亿元，形成了医药、汽车、食品、制酒、旅游饭店、商业、农业和房地产8大行业。扩张之初，企

① 人民网.中国共产党大事记[EB/OL].1996.http://cpc.people.com.cn/GB/64162/64164/4416164.html.

业负债率是19%，到1998年负债率已高达80%。三九就是这样在其后的不断扩张中使企业走到悬崖的边缘。之后，赵新先动了改变企业产权的心。2005年底，赵新先因涉嫌向境外转移资产被宣布“双规”。2007年6月，赵新先以“国有公司人员滥用职权罪”被法院判处有期徒刑一年零九个月。

这一年，顾雏军也感悟到了资本的力量。1990年初，顾雏军在美国成立多个分公司，并谋求与国外一些机构合作。1995年，一家金融机构在顾雏军的说服下，投资1000万元资金，在天津成立了制冷剂生产厂，注册资本为5000万元，其中顾雏军持有76%的股权。这家企业，就是天津格林柯尔的雏形。1996年，顾雏军来到香港，在那里，顾雏军开始谋划搭建自己的资本运作平台，由此走进资本运营的一跃。

细心人会发现，正是资本的作用，从1996年左右，人们对私营企业老板的称呼发生了改变，由过去的老板，改称为民营企业家了。

1996年，无论是从企业和市场的外部环境，还是从企业发展自身的渴望和需要，以及民营企业家对市场的判断及对未来发展的谋划和狂飙突进的超速成长，这一年，成为民营企业发展过程中最喧闹的时期。其中，各级政府组织、工商联组织也起了推波助澜的作用。

之后，社会上形成了这样一个表述氛围：“促进农业稳定增长，非公经济应有作为；深化国有企业改革，非公经济要积极参与；调整优化经济结构，培育新的经济增长点，非公经济应发挥积极作用；妥善解决下岗职工就业问题，非公经济要发挥自己的优势。”从这一表述中不难看出极强的时代特征。同时，在这种纷纭、迷乱、商机无数的市场背景下，中国的民营经济迎来另一个高速发展时期。随着对非公经济的理论突破，民营企业有了一个质的变化和飞跃。

这一年，60岁的尹明善已在摩托车行业做出名堂。知识分子出身的尹明善在53岁时开始造摩托车，在1998年金融危机爆发后的4年，尹明善的摩托车利润却实现了井喷，从一个20万元资本的小厂，成为摩托行业的老大，到2004年，达到年出口两亿多美元的公司。

重要组成部分的提出

个体、私营经济从社会主义经济的补充地位上升到重要组成部分

1997年2月19日的早上，我坐在由沈阳开往北京的列车上，从列车扩音器转播的中央人民广播电台早间新闻里，我得知一代伟人邓小平逝世了，他生命的终点停在了93岁。人们更多惋惜的是他没能亲眼看到7月1日香港的回归。

邓小平作为中国改革开放的总设计师，是中国经济体制改革最重要的捍卫者和推动者，放弃中国共产党几十年搞的计划经济体制，转向充满活力的市场经济体制，虽然对这一方向性的转变已根植在中国人们的心中，但客观地说，很多还没有完全建立起来。

在这样一个特殊背景下，人们心里多少怀揣着一些不溢言表的心情。

1997年5月29日，在邓小平逝世3个多月后，江泽民来到中央党校，并在那里发表了重要讲话，这次讲话称为"五·二九"讲话。

江泽民的讲话是在向外界提前传达中共十五大的精神，因此，国内外各界人士都非常关注江泽民的这个讲话。江泽民在论述了社会主义初级阶段理论和邓小平理论的重要意义后，强调要高举邓小平理论的伟大旗帜；在谈到学风问题时说："离开本国实际和时代发展来谈马克思主义，没有意义。孤立静止地研究马克思主义，把马克思主义同它在现实生活中的生动发展割裂开来、对立起来，没有出路。"北京理论界认为，江泽民的"五·二九"讲话，推动了新的思想解放，是自1978年十一届三中全会以来的第三次思想解放。

所有制的问题成为改革的焦点，同时也成为改革的难点和阻力。这一时期，理论家和经济学界纷纷表达对所有制问题的认识和观点。江泽民的"五·二九"讲话之后，在关于坚持公有制主体地位和用多种手段实现公有制实现形式上，形成截然不同的两种声音和观点。经济学家吴敬琏、董辅礽，时任中宣部理论局副局长的李君如，中央党校教授王珏等都参加这场论战，姓"公"姓"私"成为争论的焦点。

9月12日，中共十五大召开。果然，江泽民在大会上所做报告的主旨，正是他在"五·二九"讲话中所阐述的精神。十五大报告对我国社会主义初级阶段的基本特征、发展过程、主要矛盾和根本任务，作了更加系统的论述，明确

指出："公有制为主体、多种所有制经济共同发展，是我国社会主义初级阶段的一项基本经济制度。""个体、私营等非公有制经济，是社会主义市场经济的重要组成部分，应当继续鼓励、引导，使其健康发展。"

至此，个体、私营经济从社会主义经济的补充地位上升到重要组成部分。

报告中还说："要全面认识公有制经济的含义，公有制经济不仅包括国有经济和集体经济，还包括混合所有制经济中的国有成分和集体成分。公有制的主体地位主要体现在，公有资产在社会总资产中占优势；国有经济控制国民经济命脉，对经济发展起主导作用。这是就全国而言，有的地方，有的产业可以有所差别。公有资产占优势，要有量的优势，更要注重质的提高。"

"只要坚持公有制为主体，国家控制国民经济命脉，国有经济的控制力和竞争力得到提高，在这个前提下，国有经济比重少一些，不会影响我国的社会主义性质。"

"公有制实现形式可以而且应当多样化。一切反映社会化生产规律的经营方式和组织形式都可以大胆利用，要努力寻找能够极大促进生产力发展的公有制实现形式。股份制是现代企业的一种资本组织形式，有利于所有权和经营权的分离，有利于提高企业和资本的运作效率，资本主义可以用，社会主义也可以用。不能笼统地说股份制是公有还是私有，关键看控股权掌握在谁手中。"这些理论上的突破，是党在正式文件中第一次对我国传统的所有制理论做出的重大的修正。"公有制实现形式可以而且应当多样化"，也就是"混合所有制"这一新概念的提出，表明中国经济改革没有绕开所有制的明暗问题。

在十五大的小组讨论会上时任国务院总理李鹏、副总理朱镕基都鲜明地表达了各自的观点，李鹏说："十五大是又一次思想解放。"朱镕基说："中国目前仍处于社会主义初级阶段，发展非公有制经济只会有好处。缺一条腿，发展就快不了。"

在发展中得到本质的认识，这是马克思主义的辩证法。从实践经验中得到总结，这是对马克思主义的理论创新。十五大上关于非公有制经济地位的论述，对非公有制经济认识上的重大突破，从而也拨开了长期以来笼罩在所有制问题上的迷雾。

国企转制

民营经济迎来又一次发展机遇

1998 年，私营企业增长速度再次加快，在“抓大放小”和“国退民进”的重大背景下，民营经济迎来又一次发展机遇。到 1998 年年底，全国城乡个体工商户已经发展到 3120.2 万户，从业人员 6114.4 万人，注册资本 3120.31 亿元；全国私营企业共创总产值 5853.25 亿元，比上年同期增长 49.22%；实现营业收入 5323.75 亿元，比上年同期增长 71.92%。另外，在吸纳下岗职工再就业、支持国有企业改制方面，私营企业发挥了积极作用。

关于国企解困问题，始终伴随中国市场化的改革。当时辽宁省省长闻世震提出一个十分形象的问题：“钱从哪里来？人往哪里去？”显然，“抓大放小”不是一放了之。时任国务院总理朱镕基说：“用三年时间让国有企业摆脱困境。”这必须要有战略方针，“国退民进”在 1998 年全面推进。由此而来，中国企业所有制格局发生了重大的变化和调整。据 2002 年一份《中国私营企业调查报告》显示，在过去的 4 年里，有 25.7% 被调查的私营企业是由国有和集体“改制”而来，在这些企业中，以东北部地区所占的比重最大，为 45.6%。“改制”前，国有企业占 25.3%，乡镇集体企业占 74.7%，60.6% 的企业主是原企业的负责人。在通过公有制企业改制而产生的私营企业主中，中共党员所占的比例高达 50.66%。2003 年，国资委表示，在实际操作中，绝大多数地方进行的国有资产处置，很大程度上体现为全部退出，都是采用全部转让的方式处理地方国有资产。从 1998 年至 2003 年，国有及国有控股企业户数从 23.8 万户减少到 15 万户，减少了 40%。

“国退民进”历时 5 年左右，关于其中存在的问题，后来有很多争议。如辽宁，1998 年国有中小企业为 31000 多户，占全部国有工业企业 91.1%。可见这样一个盘子，放小的难度非常大。3 月，辽宁省政府一次性把 600 户中小企业推向市场，进行公开招商。很多昨日还是国有企业的厂长和经理，几乎是一夜之间花一元钱，或是不花钱，就成为这个厂子的企业主了。在整个过程中，很多人用了低廉的价格，买了相对好的企业；还有的花几百万元把企业买下后，几年后又重新卖掉企业，或是干脆把企业整个卖给房地产商，把这块黄金地段作为房地产项目开发，俨然成了新一轮的财富游戏。

但历史就是这样，无法推倒重来。

在 1998 年的两会其间，3 月 7 日，《中华工商时报》在一版显要位置发表了全国政协委员胡德平的文章，《没有不准出生的人——非公有制经济随想》。在这篇短文里，胡德平说："各类企业对于市场经济来说，都有生的权利，没有不准出生的人。市场对兴办各类企业也不应搞计划生育，没有多生超生的问题，一切公民只要具备一定条件，申办个体经济私营企业，工商管理部门都会批准它出生的。"

这是继 1997 年党的十五大关于非公有制经济地位的论述后，胡德平以人性化的角度来解读非公有制经济的发展，文章充满了人道主义思想。这一短文的发表，很快在社会各界产生极大的反响。在参加两会的代表中引起共鸣。

3 月 19 日，第九届全国人民代表大会第一次会议闭幕。在闭幕会后举行的记者招待会上，刚刚当选国务院总理的朱镕基，在回答香港凤凰卫视记者吴小莉提问时所说的一段话，实在是令人玩味。他说："这次九届全国人大一次会议对我委以重任，我感到任务艰巨，怕辜负人民对我的期望。但是，不管前面是地雷阵还是万丈深渊，我都将一往无前，义无反顾，鞠躬尽瘁，死而后已。"

朱镕基这段充满激情的讲话，无不提振了中国人对改革开放的信心，同时从他的话语中无不感到改革在深化过程中所将遇到困难和阻力。他承诺在其任满期内完成三件事情：一是力保人民币不贬值；二是激活经济，启动内需；三是用 3 年时间让国有企业摆脱困境。

这三件事情，可以说是件件都是硬碰硬。

多年之后，很多他国政要和经济学家评论说，中国政府力保人民币不贬值，在亚洲金融风暴中体现出了一个有责任的大国形象。

1998 年，为了扭转经济下行和消费过冷的局面，如何拉动内需，成为当时中国经济发展中亟待破解的难题。据说，年初，万科的王石被秘密召见，当他从深圳赶到北京才知道，是朱镕基总理要向他了解地产业的情况。据王石后来回忆说："朱总理向我询问了对房地产市场走势的看法。"之后，很快，国家计委和财政部取消建筑行业的 48 项不合理收费。4 月 28 日，中国人民银行以特急件的方式将《个人住房担保贷款管理试行办法》发往各商业银行，宣布即日起执行。7 月，国务院做出重大决定，党政机关一律停止实行了 40 多年的实物分配福利房的做法，推行住房分配货币化。与此同时，国务院出台《关于进一步深化城镇住房制度改革加快住房建设的通知》，明确要求“加快建立和完善以经济适用住房为主的住房供应体系”。中国人民银行则颁布了《个人住房贷款管理办法》，规定了住房贷款有等额本息和等额本金两种还款方法，允许商业银行开展住房按揭贷款的服务。为了进一步表示鼓励，央行还特意安排了规模为 1000 亿元的住房贷款指导性计划等等。这一系列配套政策的出台，迅速刺激了房地产市场的复苏，由此拉开中国房地产业进入支柱产业的序幕，中国房地产业在之后的 10 年时间里一路高歌，到 2006 年前后几乎达到产生泡沫的发展状态。2008 年虽然受国际金融危机影响，但房地产仍处于上升期，从某种角度看，房地产行业救了中国经济，但同时中国经济过度的依赖了房地产行业。

也就是在这 10 年时间里，成就一批民营企业房地产商，同时拉动了与房地产业相关的行业，如钢铁、水泥、化工、装饰材料等行业，在这些行业里民营企业得到长足进展，无数民营企业家在这个领域里演绎着商业传奇。同时老百姓口袋里的钱被调动了起来，加速了整个市场的资金流量，经济得以快速发展。2007 年，无论是从胡润的中国百富榜，还是《福布斯》的中国富豪榜，都能找到佐证，近 10 年的时间里，一批富豪是从房地产及相关领域获得财富的，如杨惠妍、许荣茂、王建林、杜双华、张志祥等。

从 1993 年海南房地产泡沫破裂以后，房地产业就始终处于还暖阶段，但没有外力的作用，很多房地产商都是在强撑着。当年云集在海南的一些民营企业家又回归各地，等待时机。1997 年，“万通六兄弟”之一的潘石屹“单飞”，用冯仑的话就是“以江湖方式进入，以商人方式退出”。之后，他们各自在房地产业成就了各自的事业。退出万通的潘石屹在北京东三环，就是国贸的对面拍下一块地，开发一个名为现代城的商住楼盘，并制造了 SOHO 的新地产概念。

第十章

私营企业主被定为“建设者”（1999-2001）

把我们作为劳动者和社会主义事业的建设者，使我们更加感受到作为社会主人的存在价值。

——尹明善，2001 年

1999年修宪

所有制平等的又一次进步

1999年初，在中国各大中小城市的书摊上有本书闹得好不热闹，《学习的革命》，是由科利华电脑有限公司叫卖的。搞软件的公司去卖书，这在当时让很多人搞不懂。该公司董事长宋朝弟对媒体的扬言是，用1个亿来做广告，要让中国人最少有1000万人去读《学习的革命》，以此来改变人们在观念和方法上所存在的问题，

这本书被热捧，显现出当时人们内心世界的不安及轻狂。

但历史仍是按着它内在的动力向前发展。

1999年3月，在第九届全国人民代表大会第二次会议上，根据党的十五大的提议，通过了宪法修正案，修改了宪法，并于3月15日公布施行。这是自1982年12月通过新的宪法之后第三次作修改。

此次对宪法中的三条做出重大的修改，同非公有制经济直接相关。

第一，宪法第六条，把多种所有制经济共同发展作为我国的基本经济制度的组成部分。作为国家根本大法的宪法，第一次明确地表明非公有制经济已经成为社会主义基本经济制度的内涵，是一个新的突破。宪法修正案指出："国家在社会主义的初级阶段，坚持公有制为主体，多种所有制经济共同发展的基本经济制度，坚持按劳分配为主体，多种分配方式并存的分配制度。"

第二，宪法第十一条，增加"在法律规定范围内的个体经济、私营经济等非公有制经济是社会主义市场经济的重要组成部分。"删去1988年宪法中"非公有制经济是社会主义公有制经济补充"的提法，这是一个新的飞跃和新的发展。同时，将本条的其他文字修改为"国家保护个体经济、私营经济的合法的权利和利益。国家对个体经济、私营经济实行引导、监督和管理。"作为国家根本大法，肯定了非公有制经济在我国社会主义市场经济中的重要地位和作用，给非公有制经济重新定位。

第三，提出国家保护个体经济、私营经济的合法权利和利益，保护其财产，并明确提出："要健全财产法律制度，依法保护各类企业的合法权益和公平竞争。"这就为个体经济、私营经济等非公有制经济的发展，创造了更加宽松

的环境，促进非公有制经济的发展。

第九届全国人民代表大会第二次会议通过的《中华人民共和国宪法》修正案，是把中共十五大的精神变成国家的意志。非公有制经济的发展，大大促进了我国经济和社会的发展。据世界银行结算，到90年代中期，中国的市场化程度已达到65%左右，市场化进程快的根源之一在于所有制结构的变化，国有经济的比例由1985年的87%降至58%。

在这一年，另一件与企业改革及私营经济发展相关的大事，是9月22日，中共十五届四中全会通过的《中国共产党中央关于国有企业改革和发展若干重大问题的决定》。

这个《决定》，是在总结多年来国有企业改革经验的基础上，制定的一份重要指导性文件，通篇贯穿了社会改革的精神。总的指导方针是：积极探索公有制多种实现形式，增强国有经济在国民经济中的控制力，促进各种所有制公平竞争和共同发展。

《决定》指出："坚持有进有退，有所为有所不为。目前，国有企业分布过宽，整体素质不高，资源配置不尽合理，必须着力加以解决。国有经济需要控制的行业和领域主要包括：涉及国家安全的行业，自然垄断的行业，提供重要公共产品和服务的行业，以及支柱产业和高新技术产业中的重要骨干企业。"

"国有经济……在整个国民经济中的比重还会有所减少。只要坚持公有制为主体，国家控制国民经济命脉，国有经济的控制力和竞争力得到增强，这种减少不会影响我国的社会主义性质。"

"国有大中型企业尤其是优势企业，宜于实行股份制的，要通过规范上市、中外合资和企业相互参股等形式，改为股份制企业，发展混合所有制经济，重要的企业由国家控股。"

同时《决定》重申了"抓大放小"的方针。

所有这些都是引导、支持、鼓励私营企业参与国有企业的改组、改造，也是对近年来一些地区实行"抓大放小"，推行"国退民进"的实践的肯定。同时，这也在表明：国有经济有进有退不是私有化。

而全社会对非公有制经济的发展，逐步由改革开放初期对个体经济、私营经济的歧视，转向公正、认同和赞扬。

私营企业主入党

“致富思源，富而思进”

2 月 21 日至 25 日，时任中共中央总书记的江泽民在广州考察时，提出在广东干部群众中，特别是在发展较快地区的干部群众中开展“致富思源，富而思进”的教育活动。这就是后来在民营企业家中引起广泛影响的“双思”活动。

在这一时期，一个热门话题再次引起人们的争议。不少私营企业主既在经济上谋求发展，也要在政治上有所参与，很多私营企业主要求加入中国共产党。另外，有相当一批下海人士原本就是中国共产党党员，现在他们成了私营企业主，对这样的党员身份怎么看待，同时，很多中国共产党党员过去在国有企业工作，现在很多都被私营企业吸纳了，党的组织关系及党的组织生活怎么处理。

这就出现两个亟待解决的问题：一是私营企业主能不能入党，赞成与反对各有之；另一个就是在非公有制企业中党组织建设如何建立，怎样开展党的组织活动。

2000 年 5 月 8 日至 15 日，江泽民先后在江苏、浙江、上海考察工作，重点就加强新时期党的建设进行调研。在考察期间，江泽民在浙江着重就非公有制企业党建工作进行调研，先后考察了温州大虎打火机厂、温州长城鞋业公司、德力西集团公司、正泰集团、杭州富通集团公司、浙江传化集团公司、杭州大地网架制造有限公司等民营企业。

中共中央总书记，如此大密度地在民营企业里调研，这可以说是前所未有的。他就非公有制经济组织建立党组织问题发表了重要讲话，江泽民说：“非公有制经济是我国社会主义市场经济的重要组成部分。在我们社会主义国家中，坚持共产党的领导，国有经济控制国民经济的命脉，对经济发展起主导作用。应该积极鼓励和引导非公有制经济健康发展，发挥它们在活跃城乡经济、满足社会多方面需要、增加就业、促进国民经济发展等方面的重要作用，促进它们在同内外市场竞争中增强竞争力，完善企业管理，提高技术水平和产品档次。在非公有制企业开展党建工作是一个新领域。各级党委特别是主要领导同志的思想认识要跟上客观形势的发展，抓紧在非公有制经济组织开展党的工作，加强党的建设。这是我们党确立和巩固社会主义初级阶段基本经济制度，引导非公有制经济健康发展的需要，也是坚强党同在非公有制企业劳动的广大职工群众的联系、巩固党在新形势下执政的群众基础的需要。凡是已具备条件的非公有制经济组织，都应建立党组织，都要在企业职工中发挥政治核心作用，党组织要按照政策积极做好团结、教育、引导私企业主的工作，把他们团结在党组织的周围，使他们支持在企业中建立党组织，拥护党的各项政策，依法经营企业，关心和保障职工权益，为国家和社会做出贡献。"

江泽民在浙江考察了传化集团，这家浙江省最大的私营化工企业，拥有 3 亿多元的家产、8 个子公司、1200 多名职工。1995 年 4 月，集团的 18 名共产

党员建立了党支部。随着人才的引进，共产党员也越来越多，1998 年达到 104 人，这年 9 月，传化集团成立了党委，成为浙江省第一个私营企业党委。集团管委会是集团最高决策机构，有 7 人组成，其中有 5 人是中国共产党党员。由于共产党员的政治素质、业务素质比较高，在企业的生产经营中，比普通职工表现好，发挥了模范作用。集团总裁徐冠巨说："我思想认识的提高，离不开党组织的悉心教育。依靠党组织，只会对自己的企业有利。"

关于私营企业主入党问题，一时成为理论界争论的焦点，只要看看当时几篇公开发表文章的题目，就可以了解是一个什么样的状态。《真理的追求》杂志 2001 年第 1 期发表项启源的文章《工人经济的政党岂能吸收资本家》；《真理的追求》2001 年第 2 期发表宫韫书的文章《决不能把私营企业主拉进中国共产党》；《中流》杂志 2001 年第 1 期发表《允许私营企业主入党后果严重》。这些文章都在表达一个观点，不能让私营企业主入党。

然而在 2000 年 9 月，按照江泽民的要求，中央组织部下发《关于在个体和私营等非公有制经济组织中加强党的建设工作的意见（试行）》，各级非公有制经济组织逐步建立党组织，并呈现出良好的发展态势。到 2001 年 6 月，全国已在各类非公有制经济组织中建立党组织 4.6 万个。

在经济层面上，民营经济已成为一股重要的力量。但如何来看待他们的财产，如何来界定有产者的社会地位，仍是要回答的现实问题。对于非公企业人士入党始终这个问题，虽然局部地区有所探索，但一直争论不断，这实际上也是对非公经济的一种"有色眼镜"。

2001年7月1日，江泽民在庆祝中国共产党成立80周年大会上发表重要讲话。他说："改革开放以来，我国的社会阶层构成发生了新的变化，出现了民营科技企业的创业人员和技术人员、受聘于外资企业的管理技术人员、个体户、私营企业主、中介组织的从业人员、自由职业人员等社会阶层。而且，许多人在不同所有制、不同行业、不同地域之间流动频繁，人们的职业、身份经常变动。这种变化还会继续下去。在党的路线方针政策指引下，这些新的社会阶层中的广大人员，通过诚实劳动和工作，通过合法经营，为发展社会主义社会的生产力和其他事业做出了贡献。他们与工人、农民、知识分子、干部和解放军指战员团结在一起，他们也是有中国特色社会主义事业的建设者。"明确提出私营企业主是有中国特色社会主义建设者，这是中国共产党历史上第一次对社会主义初级阶段私营企业主的社会地位作出的新论断。

同时，江泽民指出："不能简单地把有没有财产、有多少财产当作判断人们政治上先进与落后的标准，而主要应该看他们的思想政治状态和现实表现，看他们的财产是怎样得来的以及对财产怎么支配和使用，看他们以自己的劳动对建设有中国特色社会主义事业所做的贡献。"这为私营企业主入党问题打开了一扇门。后来，理论界普遍把江泽民的这一讲话看作是中国共产党党建理论新的突破。

这一讲话极大地鼓舞了个体私营企业主。"中国特色社会主义事业的建设者"，在民营企业家看来，是对他们最大的褒奖和肯定。

江泽民的讲话，对私营企业主的"建设者"身份的确定，使得民营企业家也能履行自己的权利和义务。据中组部公开的一组数据，2004年，全国在新的社会阶层中国共产党发展党员1.1万名，其中在私营企业主中发展党员894名。这在中国共产党党建史上，可以说是前所未有的突破。而对私营企业主来说，把他们作为劳动者和社会主义事业的建设者，使他们更加感受到身为人民，作为社会主人的存在价值。

建立经济信用体系

信用时代随之到来

1999 年，在收购、并购、重组等一些和资本有关的游戏过程中，有三个年轻人显得格外春风得意，一个是文化产业的刘波；一个是科利华的宋朝弟；再一个就是西部软件园的宋如华。然而他们迅速得意，却又迅速失意，来时轰轰烈烈，去得无声无息，至今很少有人再提及他们。

只有一个人，以超常的智慧进入中国的资本市场，在 1999 年的股市狂热中，他如鱼得水，他就是德隆集团的唐万新。在他身边工作的人后来评价说："唐万新是一个满怀金融抱负的理想主义者。" 并不完全像媒体所认为的那样，说他有什么不可告人的目的。德隆从 1997 年起，采用连续买卖、自买自卖等手法，长期大量买卖 3 只股票。截至 2004 年 4 月 14 日，德隆累计买入这 3 只股票 678 亿元，操纵股市非法获利 98 亿多元。从 2001 年至 2004 年，德隆旗下企业以承诺保底和固定收益率的方式变相吸收公众存款 450 多亿元。当时据政法机关介绍，这起德隆案件是新中国成立以来涉案金额最大的一起金融证券案，涉及 20 多个省、市、区的 2500 多家机构和 32000 多名个人。

德隆对资本的偏爱，也使之在此道路上毁于一旦。1999 年前后，民营企业家们对资本的狂热，已到了失控的状态，有的民营企业家曾明确表示："做什么也没有玩资本来得快。" 之后国美的黄光裕，也同样走了这样一条不归路。

2001 年，有 33 位民营企业家做了一件非常有价值的事，那就是 7 月 15 日在人民大会堂向首都新闻界发布了一份《信誉宣言》。《信誉宣言》由 33 位全国人民代表、全国政协委员、全国工商联常委的非公有制企业家签名发起，并立即得到中央统战部和全国工商联领导的重视与支持。

他们认为，在经济转型时期发生的商业欺诈和信用紊乱问题已经严重影响了经济生活的正常运转，阻碍了社会主义市场经济体制的建立和完善。他们在宣言中强调，"失信用、无信誉、轻信义的不良风气已经激起了全社会的愤慨，必须采取实际行动予以遏制。"

由此，33 位民营企业家向全社会郑重宣誓："我们要从自己做起，带头在经济活动中做到守信用、讲信誉、重信义。他们倡议全国非公有制经济人士积极投入到守信用、讲信誉、重信义的行动中来。”

同时，我们还应看到，33名《信誉宣言》的发起者是党的改革开放政策的受益者和市场经济的先行者，他们对十一届三中全会以来的路线、方针、政策，非公有制经济地位的变迁，市场经济的艰难进程，商海的沉浮得失，日益激烈的国际竞争及信用失范造成的危害都有深切的感悟。他们清醒地认识到，非公有制经济面临着前所未有的大好机遇，也面临着严峻的挑战，所以他们明确地提出，企业是社会经济的细胞，企业守不守信用、有没有信誉、重不重信义，决定企业竞争能力的强弱，决定企业生命力的盛衰。

这一年，从中央到地方，从沿海到内地，从生产领域到流通领域，一场整顿市场经济秩序的专项斗争拉开序幕。伴随着全国整顿市场经济秩序工作会议的召开，一个重建信用体系的行动在全国各地广泛开展起来。近年来，经济领域的信用问题引起社会各界的关注，几乎所有的经济学家都承认，中国市场经济建设正在遭遇一个空前尴尬的局面，那就是信用危机。

1月31日，《2001：重建信用经济》报道中透露，有关部门宣布今年将进一步推进“百城万店无假货”活动。而在上年年底，一场声势浩大的全国范围的联合打假活动已经展开。在金融领域，人民银行正在考虑建立个人信用制度的可能性，上海等地的金融机构已开始建立个人信用档案数据中心。

12月25日，国家工商行政管理总局公布首批“重合同守信用”企业名单。这些企业已连续8年以上被各地工商部门和人民政府命名为“重合同守信用”企业。这一称号被许多外商评价为“中国政府的LC(信用证)”。

2001年，从全球来看，是极其不平静的一年，而对快速发展的中国来说是极其不平凡的一年。

就在12月2日，美国最具创新精神的公司——安然公司申请破产。与安然事件几乎同时发作的还有美国世通公司的财务丑闻。这也表明，信用话题在全球范围内开始受到挑战。与此同时，纳斯达克的股灾使得美国经济变得动荡不安。从某种角度来看，我个人始终认为，2008年由美国次贷危机所引发的金融海啸及产生的经济危机，其实在2001年，早已埋下了祸根。

第四部

一个社会阶层的形成 2002–2011

第十一章

"两个毫不动摇"（2002，2003）

"我们现在不怕当有产者，还要争当有产者。"

——蒋锡培以民营企业家代表身份参加十六大，面对媒体采访，他理直气壮地说，2002年

给民营企业“国民待遇”

让一切创造财富的源泉充分涌流

2001年12月11日，中国正式成为世界贸易组织成员，这无疑是中国政府实行20多年的改革开放政策后一个新的标志，主要体现在对内开放进入了一个新的阶段。加入世界贸易组织后，“凡是对外资开放的领域，必须先要对内开放”成为改革与发展的迫切需要。之后，中国迅速崛起为世界工厂，也证明了“以开放促改革”的有效性，事后看来，中国成为加入世界贸易组织的最大赢家。

改革开放所遵循的是“摸着石头过河”。这是一条什么样的河？仿佛说清楚，仿佛又说不太清楚，但中国人内心都渴望到达这个彼岸。1992年之后，河对岸变得清楚起来，就如在隧道里看到前面的光亮，那就是市场经济。

改革是什么？为什么要改？不改行吗？

针对这三个问题，可以从后往前说。首先，不改革不行，不改革，中国过去所走过的路很多都走不通了；其二，为什么要改，就是想到达河的对岸，对岸是什么，最初不是很清楚，但要去彼岸是人们共同的心志，而40年之后，目标和路径更加明确，那就是要建立市场经济基本的制度规则，市场在资源配置中起决定性作用；其三，改革是什么，改革就是把解决问题的办法合法化和制度化，把人们好的经验和办法，上升到中国共产党领导人治理这个国家时的国家意志，用政策、法规固定下来，通过改革使得经济得以迅速发展。

而加入世界贸易组织后，以后的制度规则是国际通行的，不是你自己想怎样就怎样的，建立市场经济的基本制度更加明确，已没有回头路可走。

客观地说，中国的开放是从对外开放开始的。由南及北，由沿海到内地。由此形成全方位的对外开放格局，到2002年，中国是世界上吸引外资最多的发展中国家，也是在全球范围内仅次于美国吸引外资最多的国家，外商企业已成为中国企业的重要组成部分，外资经济已成为国民经济的重要组成部分。截至2001年12月底，全国实有外商投资企业20.23万户，比上年底下降0.44%；投资总额8750.11亿美元，增长6.10%；注册资本5057.93亿美元，增长4.51%；外方认缴出资额3596.83亿美元，增长6.67%。其中中外合资企业96222户，中外合作企业23420户，外商独资企业82381户，中外股份公司283户。

据预测，1980年至1999年的20年间，中国GDP年均9.7%的增长速度中，大约有2.7个百分点来自直接和间接利用外资的贡献。在中国的经济发展中，对外贸易占了很大的比重。到2002年的上半年，中国对外贸易在GDP中所占比重达43%，贸易额居世界第8位，是所有大国中对外贸易依存度最大的。中国外汇储备已逾2000亿美元。

2002年，关于民营企业走出去，如何参与国际竞争，已引起各方的关注。

客观地说，对内开放显然落后于对外开放，这是民营经济在不断快速发展中所显现出的问题导致的。然而即使是这样，在现实经济中，个体私营等非公有制经济已经成为国民经济发展中重要不可或缺的力量。以民间投资为例，1980年至2000年，民间投资占全社会固定资产投资比重的1/3；工业总产值，个体私营企业总产值占1999年数值的1/3左右；2000年个体私营经济纳税1100多亿元，占当年全国财政收入近10%，比1986年增长了25倍。在民营经济比较发达的地区，民营企业的纳税已成为当地财政收入的主要来源。

越来越多的数据表明，民营经济已成为主宰地区经济发展快慢强弱的重要标志。如从广东、江苏、山东、浙江、上海等省（市）的一些经济发展数据中，很容易找到这样的例证。如浙江，全社会投资主要依靠民间资本。“九五”期间，全省民间投资占了社会总投资额的2/3。2001年，浙江全省的民间投资达到1739.5亿元，比上年增长28%，增幅高出全国平均数的1倍以上。2001年，浙江民营经济的税收总量超过了国有经济，成为第一大税源。

加入世界贸易组织后的对内开放，即在新形势下的对内资开放，说到底就是对私营资本开放。显然，私营企业在市场准入等方面的国民待遇要比外资企业和国有企业差许多。很多领域民营企业还无法进入，如参与经营性的基础设施和公益事业项目建设等。

加入世界贸易组织，既推进了我国改革的进程，也推进了对内开放的进程。但对民营企业的发展和投资仍存在很多禁区，如基础设施领域、金融、教育、文化、医疗、保险和大型制造业领域等，这些问题的解决，不仅仅是适应加入世界贸易组织的需要，更重要的是直接关乎中国经济能否持续高速发展。

世界银行行长沃尔森说:“中国要想在不依赖政府支出的情况下保持高增长率，就需要民营企业继续成长和发展。政府应该为民营企业发展创造更好的投资环境，包括提高企业的透明度和问责制，减少腐败现象，改进法律和司法制度等。”亚洲银行公布的《2002 年亚洲发展展望》也指出，民营部门是带动中国经济发展的重要动力。亚洲银行预计，今后几年，中国每年需要为城市新增劳动力创造 800 万到 1000 万个新的就业机会，并帮助每年约 500 万的国有企业下岗职工再就业。亚洲银行给出的解决办法是，需要由充满活力的民营部门担负起带动经济增长和创造就业机会的重任。但要想实现这些，就必须要给民营带来良好的发展环境。

2002 年之后，随着民营企业的发展，以上说法从企业内部的用工上得到十分重要的印证，那就是民营企业在解决就业问题上“功不可没”。但到 2007 年，很多人对民营企业解决就业问题不以为然，并在加紧新《劳动法》出台上，对民营企业主提出这样或那样的限制。2008 年春，有一些经济学家深知就业压力的严峻，有的提出,《劳动法》是否可考虑在中小企业中缓行，但这一声音很微弱，被更大的声音淹没，虽然 2008 年 9 月相关细则已出台，但面对整个经济层面的危机，此“法”只好无声无息地放在一边，因为新的就业压力和失业压力一下子全部压了下来。

2002 年，给民营企业“国民待遇”在民营经济领域中是使用频率比较高的一个词语。解决对内开放，其实质就是给予民营企业以国民待遇。自 2001 年加入 WTO 后，为履行加入世界贸易组织承诺，国家在过渡期内有步骤地开放了对外贸易、批发零售、文化产业等领域，比较突出的是:2002 年 4 月 18 日，第一家以民营资本为投资主体的保险公司——民生人寿保险股份有限公司创立，标志着内地民营资本已经涉足保险业。民生人寿保险公司由全国工商联牵头，由中国万向控股有限公司、中国泛海控股有限公司、东方希望集团有限公司等著名民营企业作为发起人而设立。21 家股东中，民营企业所占比例高达九成以上，公司 8.3 亿元人民币注册资本中，民营资本比例在八成以上。

而在政治层面，中国民营经济也开始步入历史发展的新阶段。2002 年上半年，全国各省市工商联相继完成换届工作，重庆力帆集团董事长尹明善与浙江传化集团董事长徐冠巨，分别当选重庆市工商联主席和浙江省工商联主席，由民营企业家代表担任省市工商联主席，可以说是进入 21 世纪后工商联首次换届工作的创新之举。之后，贵州神奇制药的老板张之庭，温州神力集团的老板郑胜涛也分别被选为贵州省工商联和温州市工商联的主席。

民营企业老板做工商联的主席，这是一个全新的尝试。改革开放后，一度工商联和民建共同办公，1988 年后，工商联和民建分开，当时工商联的会长大都选用的是老工商业者，或是老工商业者的后人，而在 2002 年上半年各地工商联换届过程中，由于年龄的问题，这批老工商业者，大都无法再继续工作了，所以换届成为工商联的必然选择。其实在 20 世纪 90 年代后，很多老工商业者就相继去世了，工商联的工作随着形势的变化，在不断地面对着挑战和新的探索。

2002 年各地工商联换届，选拔非公有制经济代表人士担任工商联领导职务，也是有明确的评定标准的，即要求在保证政治标准的前提下，强调所属企业的纳税额在本行业中所处领先地位，参与社会公益事业或光彩事业的业绩，强调社会主义的公私观、义利观、信用观和法治观。对新形势下的工商联换届工作，中国共产党中央十分重视，中央政治局常委还专门进行讨论研究，并以中央办公厅名义下发了做好这次换届工作的文件。文件根据我国社会主义市场经济发展的需要和非公有制代表人士队伍的实际情况，明确提出："非公有制经济代表人士担任省级工商联会长，可先在个别具备条件的省进行试点，并根据人选条件在当地政协领导班子换届时统筹考虑。"时任全国政协主席的李瑞环说："我赞成你们对非公有制经济代表人士担任工商联会长的试点，关键是要把人选好，要讲政治条件，也要看经济实力，通过纳税和安排就业等指标看他们对社会的贡献。"中央统战部对这项工作也非常重视，认为这是工商联工作中带有改革和探索性的工作，应给予积极支持，加强指导，并制定了有关的政策和具体办法。时任中央统战部副部长胡德平认为，此举对科学社会主义的贡献不应低估。由非公有制经济代表人士担任省级工商联会长，是中国共产党与时俱进的正确决策，是对这一新生群体进一步的肯定，是对工商联体制建设进一步的改革。

尹明善、徐冠巨等当选所在地工商联的主席，很显然，他们是非公有制经济领域中杰出的代表人物，是社会主义事业建设者中的优秀代表。而作为绝大多数个体工商户和私营企业主，也在非公经济领域中为社会主义建设事业做出了贡献，他们的劳动，也得到了社会的认可。

4 月 29 日，庆祝“五一”国际劳动节大会在北京举行，有 4 位私营企业主荣获全国“五一”劳动奖章。这是中华人民共和国成立以来首次把五一劳动奖章授予私营企业主。在此前，关于私营企业主能不能当劳模一直处于争论之中。而此次，由国家全国总工会评选出的 4 位私营企业主荣获全国“五一”劳动奖章，不仅是突破，而且标志着社会对包括私营企业主在内的新社会阶层的接纳，是所有劳动者的光荣。据资料显示，自 2001 年“七一”讲话之后，到 2002 年，全国各省市相继有 600 多位个体经营者、私营企业家被评为了劳模。

5 月 20 日，在中国共产党广东省第九次代表大会上，出席的 880 名代表中，首次出现的 18 名新阶层代表受到了普遍的关注。这 18 名代表包括私营企业主代表 8 名、中外合资企业代表 3 名和股份制企业代表 7 名。广东第九次党代会筹备小组的一位负责人在接受记者采访时说：“2001 年江泽民的七·一讲话，使得大家对非公有制企业的认识有了进一步提高，他们中的优秀党员代表，完全符合党代表条件，他们的当选是民心所向，是历史发展的必然，也是时代的抉择。”

几乎与广东同时举行的北京市第九次党代会上，北京时代集团公司副董事长王小兰成了新闻人物，她是唯一一名非公有制经济代表人士。时任北京市委书记的贾庆林在回答记者提问时明确表示，私营企业家可以入党。他介绍说，自 2001 年 7 月 1 日以来，北京私营企业家中要求入党的有 90 多名，至于这些人能否加入党组织，有两个条件：一是看本人表现，二是要经过组织考察。

以 2002 年 11 月 8 日中国共产党第十六次全国代表大会召开为标志，中国私营经济发展跃入了一个新的阶段。

在发展私营经济的问题上，中国共产党第十六次全国代表大会上不负众望，提出了许多精辟的新观点，实现了新的重大突破。在十六大报告中，把个体、私营经济快速发展作为改革开放的成果写进了大会的报告。报告在列举改革开放取得丰硕成果时说：“社会主义市场经济体制初步建立。公有制经济进一步壮大，国有企业改革稳步推进。个体、私营经济等非公有制经济较快发展。市场体系建设全面展开，宏观调控体系不断完善，政府职能转变步伐加快”。

从这里可以看出，作为社会主义市场经济重要组成部分的个体、私营经济的地位再次得到提升。

人们还记得，在中国共产党第十五次全国代表大会上上，第一次把“以公有制为主体、多种所有制经济共同发展”确定为我国社会主义初级阶段的基本经济制度。这一基本经济制度的确立，极大地推动了我国包括非公有制经济在内的整个民营经济的快速、稳定和健康发展。民营经济已经成为国民经济持续快速增长的主要力量，成为转型时期中国经济增长格局的一个基本特征。

以非公有制经济为例，1997 年，全国私营企业 960726 个，从业人员 1349 万人，注册资金 5140 亿元；到 2001 年，全国私营企业已达 202.85 万个，从业人员 2713.86 万人，注册资本 18212.24 亿元。据不完全统计，加上个体工商户及其他非公有制企业，全国非公有制经济领域从业人员已有上亿人，仅北京全市从业人员比例就达 53.5%，已占据就业市场“半壁江山”；全国非公有制经济对 GDP 增长的贡献率已达 43%。而像浙江这样市场经济起步较早的省份，在工业经济的竞争性领域里，非国有经济的比重已上升至 95% 以上。

中国共产党在对非公有制经济的认识和提法变得越来越清晰。1987 年，中国共产党第十三次全国代表大会的提法是“以公有制为主体，其他经济成分为补充”；1992 年，中国共产党第十四次全国代表大会以后，提出公有制为主体、多种所有制经济共同发展的方针；1997 年，中国共产党第十五次全国代表大会把方针上升为“一项基本经济制度”，不仅使多种所有制经济共同发展更具有长期性、稳定性，而且使之更带有根本性。1998 年修改后的宪法，增加了“国家在社会主义初级阶段，坚持公有制为主体、多种所有制经济共同发展的基本经济制度，坚持按劳分配为主体、多种分配方式并存的分配制度”等内容，使之有了法律的保障。2002 年 5 月 31 日，江泽民在中央党校的讲话中说，实行“公有制为主体、多种所有制经济共同发展”的基本经济制度，这是我们党对建设社会主义的长期实践的总结，必须坚定不移地加以坚持。要根据解放和发展生产力的要求，进一步深化对公有制为主体、多种所有制经济共同发展这一基本经济制度含义的认识，在实践中不断完善这一制度。

正是这一基本经济制度的确立，到中国共产党第十六次全国代表大会召开之前，社会发展的建设实践已证明，民营经济的发展是社会主义市场经济发展的一个重要基础，可以说，如果没有民营经济的蓬勃发展，社会主义市场经济体制也建立不起来。

历史发展到一定的阶段和时期，必须要有与之相对应的回答。

中国共产党第十六次全国代表大会上的报告，及时地回答了社会各界关注的话题。报告指出：第一，必须毫不动摇地巩固和发展公有制经济。第二，必须毫不动摇地鼓励、支持和引导非公有制经济发展。坚持公有制为主导，促进非公有制经济发展，统一于社会主义现代化建设的进程中。“两个毫不动摇”和“一个统一”标志着中国非公有制经济进入一个新的发展时期。

同时，报告鼓励一切创造财富的力量，并且正面评价了“资本的活力”。报告指出：“要形成与社会主义初级阶段基本经济制度相适应的思想观念和创业机制，营造鼓励人们干事业、支持人们干成事业的社会氛围，放手让一切劳动、知识、技术、管理和资本的活力竞相迸发，让一切创造财富的源泉充分涌流，以造福人民。”这诗一般的语言，极大地鼓舞了人们创富的热情，而且对“资本的活力”有了积极的认识。

报告还明确指出，“在社会变革中出现的民营科技企业的创业人员和技术人员、受聘于外资企业的管理技术人员、个体户、私营企业主、中介组织的从业人员、自由职业人员等社会阶层，都是中国特色社会主义事业的建设者……对他们的合法权益都要保护，对他们中的优秀分子都要表彰。”

这是自江泽民发表七一讲话以来，首次以中国共产党的全国代表大会决议的形式明确下来个体户、私营企业主是社会主义建设者、劳动者这一认识，从而进一步澄清了一些人在这个问题上产生的混乱，纠正了一些人的模糊认识。报告指出：“不能简单地把有没有财产、有多少财产当作判断人们政治上先进和落后的标准，而主要应该看他们的思想政治状况和现实表现，看他们的财产是怎么得来的以及对财产怎么支配和使用，看他们以自己的劳动对中国特色社会主义事业所做的贡献。”

具有突破意义的是，报告中明确提出要“完善保护私人财产的法律制度”。关于私人财产的保护问题，可以说是伴随着私营企业成长和发展始终争论不休的一个重大问题。当时最典型的就是，企业的职员和管理层高管，如贪污的钱财，国有的就是贪污公款罪，而个体、私营等非国有企业，常常是不了了之，也无法定罪。发生于个体、私营企业内的产权争议案件非常之多，但很多都无法得到法律的保护，客观地说，得到保护的典型案例很难找到，而侵占私人财产的案件可以说随处可拾，这绝不是耸人听闻，只是大量这样的案件无人关注。在当时，既有法律上的问题，也有多年来对私人财产权的认识问题，更有把“私”放在一个什么地位上的问题。很显然，中国共产党第十六次全国代表大会冲破了有形和无形的阻力，在保护私人财产上实现的突破，为修改宪法，在法制建设上建立对私产的保护，都做了充分的理论准备。

参加中国共产党第十六次全国代表大会的代表中，有9位是民营企业家。江苏远东集团董事长蒋锡培就是以民营企业家代表的身份参加了十六大，他在接受记者采访时说：“我们现在不怕当有产者，还要争当有产者。”民营企业家、浙江飞跃集团总裁邱继宝作为十六大代表，在大会期间，还被大会安排和其他代表一起集体接受记者的采访，他说，“两个毫不动摇”让我们私营企业的信心更坚定了。

可以说，以十六大为标志，长期以来束缚人们的“姓资姓社”“姓公姓私”的问题统统被破除了，非公有制经济从经济层面、政治层面都获得了与其贡献相符的认同，民营经济发展的道路更加宽阔了。

就在中国共产党第十六次全国代表大会闭幕一周后，11月23日，全国工商联第九次会员代表大会在北京京西宾馆召开。在这次换届中，有相当数量的民营企业家和非公有制经济代表人士，成为新一届全国工商联的领导成员。在副主席中，有11位是民营企业家，他们是：联想集团董事局主席柳传志，香港京沪航空食品有限公司副董事长伍淑清，东方集团董事局主席兼总裁张宏伟，四通集团董事长段永基，香港瑞安集团有限公司主席兼行政总裁罗康瑞，澳门泊车管理公司及澳门中国国货公司董事长马有礼，山西海鑫钢铁有限公司董事长兼总经理李海仓，新疆德隆集团董事局主席唐万里，新奥集团股份有限公司董事长王玉锁，安徽三联集团总裁金会庆，南昌科瑞集团执行总裁郑跃文。

全国工商联九大上新当选的412名执委，来自全国31个省、自治区、直辖市以及香港和澳门特别行政区、台湾地区，包括了非公有制经济代表人士、工商联负责人、港澳台人士，有关部门和团队负责人，特邀人士等方面的代表。其中非公有制经济代表人士有233名，所占比例为56%，非公有制经济代表人士首次在执委中超过半数。这次换届，展示了全国工商联九届执委全新的面貌，充分突出了非公有制经济人士的会员主体地位。全国工商联在换届后更充满活力，与市场经济的市场化需求贴得更近了。

2002 年 7 月，温州烟具协会针对欧盟对中国出口欧盟的打火机进行反倾销立案调查决定，积极组织企业进行应诉。当时温州有打火机企业 500 多家，其产品在欧盟市场上占据 70% 的市场份额，继 4 月 30 日通过 CR 法规之后，6 月 27 日，欧盟又宣布对中国制造的打火机进行反倾销调查。由此，温州打火机企业遭到双重的打击，温州打火机企业所面临的处境可称得上是“双剑封喉”。一方面 CR 法规 3 年后生效，而另一方面，就在眼下的反倾销调查如果进展迅速，半年左右就有可能被初裁征收高额反倾销税，从而失去欧盟市场。客观地说，在温州 500 多家打火机企业中，有些规模很小，利润也很薄，而反倾销应诉又是一个耗费巨额诉讼费的事情，如果请的是外国律师，仅来回差旅费就非常高，这都很难支付。面对这样双重的被动局面，温州烟具协会积极应对，组织了温州 16 家打火机企业前往欧盟应诉。最后，温州打火机企业赢得了这起“洋官司”。这是中国民营企业借助商会的力量，实行第三方治理取得成功的典型案例。

商会、协会等民间组织在市场中所发挥的独特作用已开始显现。这一年“国退民进”等企业产权改革进入了最后的收官期。2002 年年初，健力宝的李经纬不但没能实现他对健力宝的转换，反而被当地政府逐出健力宝，在郁闷中突发脑溢血，病房成了他的“家”；那个曾在 30 岁发明了一套以自己名字命名的顾氏热力循环理论的顾雏军得手广东科龙，名不见经传的格林柯尔公司成为制冷家电龙头企业科龙的第一大股东。格林柯尔以 5.6 亿元收购科龙电器 20.6% 的股权（后来这个金额降至 3.48 亿元）。几年后他遭遇牢狱之灾。

这年 5 月，仰融赴美不归，从此离开华晨。

这一年，在改制过程中被叫停的除了春兰，还有海尔、长虹和海信等集团。而让社会各界看得比较热闹的是伊利集团的郑俊怀和牛根生。而牛根生所创办的蒙牛集团不能不说是中国奶业的奇迹，牛根生在股权上的创新也值得一提，2002 年 6 月，摩根士丹利、鼎晖投资、英联投资三家国际机构宣布投资 6000 万美元入股蒙牛，牛根生与三家投资商签订的对赌协议，大有置之死地而后生的感觉。在这个时候，中国奶业的市场竞争已狼烟四起，大批民间资本已开始进入这个诱人的市场，如果回过头来看当年中国奶业的超速发展，对发生在 2008 年 9 月的三鹿奶粉事件也就不感到奇怪了。

中国富豪的“多事之秋”

富豪企业家为何接连“倒下”

2003 年初，各省政协组织开始进行紧锣密鼓的换届工作。1 月 11 日，重庆力帆集团董事长、重庆市工商联会长尹明善当选为重庆市政协副主席，这是改革开放以来首位进入省级政协领导班子的私营企业家。1 月 21 日，浙江传化集团董事长、浙江省工商联会长徐冠巨也当选为浙江省政协副主席。这样两位民营企业家的杰出代表当选省级的政协副主席，引起国内外媒体和社会各界的广泛关注，他们的当选揭开了民营企业家参政的新序幕，也标志着中国私营企业家的政治之“舞”登上新舞台。

就在这年 3 月即将召开全国两会之前，时任中央统战部经济局（即统战部五局）局长的曹虹冰在接受媒体记者采访时公开表示：“一个重要的时间背景是，今年的人大、政协换届是在中国共产党第十六次全国代表大会对非公经济给予充分肯定后进行的。”因此，代表和委员中非公经济人士安排的比例比较大。第九届全国政协委员中非公经济人士共 46 名，后来增补 2 名，人大代表共 48 名——这意味着本届的人数是上届的一倍。再早一些，第八届政协委员中非公经济委员有 23 名，第七届第一次出现非公经济委员，仅有 1 名。曹虹冰说：江泽民同志“五·一三”讲话首次表明，私营企业家可以入党，这说明我们党在政策上发生重大变化。在此之前，中组部 9 号文件规定私营企业家不可以入党。“五·一三”讲话和十六大报告都肯定私营企业家可以入党，其意义不在于有多少人入党，而在于解决了能不能入党的问题。允许加入中国共产党是对私营企业家地位认可的标志。

曹虹冰还说，“非公经济人士成为全国政协委员和人大代表发展这么快，安排这么多，反映了这支队伍在迅速成长壮大，也表明中国共产党对私营企业主的看法越来越解放，越来越重视，私营企业的生存环境越来越宽松。”她还说，“现在全国有三个省的工商联会长由非公经济人士担任，下一届呢？做了会长，能不能做政协副主席？能不能做全国政协副主席？这些都要有计划地培养。”

曹虹冰上述的这些说法，很快就引起了社会各界的广泛关注，尤其引起境外一些媒体的猜想，有的还视为中国在民主政治上的新趋势。

在十届全国人大第一次会议选出的2900名代表中，非公有制经济的代表有200名，占代表总数的10%。据全国政协十届一次会议新闻中心发布的消息，本届全国政协委员中至少有65名来自非公有制阶层，占所有委员的比例至少有2.9%，人数和比例均超过上届。这些代表和委员绝大部分来自工商联。

人们还记得，1991年中央15号文件规定，中华全国工商联合会的服务对象是个体工商户、私营企业主、三资企业、部分乡镇企业。其中，三资企业包括台港澳资企业。

从全国工商联的服务对象来看，笼统地说非公有制经济领域中，三资企业客观地说不归工商联，主要还在政府相关的职能部门。而部分乡镇企业随着时间的变化，到2003年之后，大都转制成私营企业，从这也不难看出，本书中多次提及的工商联工作的主要对象是个体工商户和私营企业主，也就是大家在公开场合说的民营经济、民营企业和民营企业家。

2003年，对于中国民营企业家这个群体而言，是一个“多事之秋”。社会的转型期，使中国的民营企业家们仿佛游走在风口浪尖上。尤其是在社会上被视为富豪的民营企业家，在这一年里，一个又一个的相继倒下，一个又一个的恶性突发事件引发的震荡引起了全社会的关注，中国民营企业家的“命运交响曲”呈现出如此多舛的旋律。

李海仓被害，刘恩谦被杀，乔金岭自杀，周正毅落马，杨斌判刑，胡志标坐牢，刘波“外逃”，仰融落魄美国，艾克拉木神秘蒸发，孙大午被“冤”……2003年，中国富豪所遭遇的是历年来从未有过的。是什么把他们推向了悲剧的命运？一个又一个的恶性突发事件所引发的震荡，留下的又是何样的昭示？

创富时代的中国寄希望于中国的有产者，寄希望于中国的民营企业家。中国民营企业家的生机和活力，从某种意义上来说就是体现了中国市场经济的生机和活力。2003年，中国富豪的生死遭遇，留给有产者和全社会的不仅是困惑，还有警示。

李海仓遇害

2003 年 1 月 22 日上午，山西省闻喜县东镇的两声枪响震惊了国内外。刚刚当选为全国工商联副主席还不到两个月的山西海鑫钢铁集团董事长李海仓在其办公室内被枪杀。凶犯冯引亮作案后在现场自杀身亡。在这突发的恶性事件发生的第二天，国内的大小媒体上都有不同程度的报道。李海仓，一个生前很低调的民营企业家竟死于非命，一时众说纷纭。

李海仓是一个土生土长的农民的儿子，在不到 10 年的时间里，在一个相对封闭的穷乡僻壤建起一座现代化的十里钢城。在 2002 年《福布斯》中国富豪排行榜中李海仓居于第 27 位。

山西钢铁大王李海仓的不幸遇害，应该说是一次非正常状态下的非理性突发事件。李海仓遇害，本应是一个个案，但这个个案却迅速地被附加了很多社会符号，在社会各界所产生的震荡是始料未及的。

除了对这样一位优秀的民营企业家的遇害深感惋惜，显然，社会公众所关注的其实不仅仅是李海仓作为一个生命个体的命运，更多的应当是出于对中国的先富阶层生存状态的探询。一个民营企业家之死，折射出一个阶层的生存文本。

李海仓被杀事件震惊全国，成为当时仅次于海湾局势的热点新闻。从当时网上的反应不难发现，有关李海仓遇害的新闻和网民评论多达 5000 条，但是正面评价的不到 1/10。人们对李海仓被杀的关注超出了事件本身，表达了对富人、财富和贫富差距的看法。在当时的环境下，能上网的网民大部分是接受过良好教育的年轻人。这么大规模对富人的怀疑和仇恨，不得不令各方警醒。

很快，网民的一些情绪宣泄被转移到平面媒体上，平面媒体有文章开始质疑李海仓的财富。

社会公众的目光主要集中于两个问题：一是民营企业家的生存环境，二是财富品质问题。很快，质疑海鑫资产的报道接踵而来。媒体的声音基本形成两条脉络：一条是沿着海鑫集团资产这一个案继续保持质疑与追踪；另一条则是从这一尚未弄清的个案引发出去，在财富、财产权、生存环境、富人、等概念上展开凶猛的观点博弈。此间，网络媒体发挥了极强的民间声音的作用。李海仓这一非正常死亡事件很快就成为质疑整个民营企业的整体性事件。

2 月 10 日晚 10 时，在中央电视台二套节目的《对话》栏目中，全国工商联新任主席黄孟复走进演播室，从“后李海仓舆论”解读中国财富。现场参与讨论的有东方集团董事局主席张宏伟、新希望集团董事长刘永好、力帆集团董事长尹明善、奇正药业集团董事长雷菊芳、重庆南方集团有限公司董事长孙甚林、江苏远东集团董事长蒋锡培等。节目播出后，争论进入白热化阶段，有人说：是李海仓被害案刺激了中国富豪。

若李海仓地下有知，当惊讶于身后天下人的悠悠之口。真相未白于天下，而观念已相搏于报端，这反映出社会心理意识的极大矛盾。对先富阶层，从最初的“红眼病”，到 2000 年之后贫富差距的不断拉大，这时关于中国民间财富的话题已如春天里的干柴，遇火就燃。而此前所出现的个别企业偷漏税问题，官商勾结造成的社会腐败问题等，都是“火”，而有了财富，还能做政协副主席的尹明善、徐冠巨也是“火”。

《对话》栏目本想就全社会关注的财富话题，搭建一个相互沟通的平台，但媒体在社会上引发的震荡有时会超出媒体人自己的想象。

李海仓遇害是一个个案，但其中折射出的社会心态是不可忽视的。首先，在当时的社会背景下，民营企业家确实有一个生存环境的问题，他们的生存环境是不宽松的。否认这一点，恐怕无助于我们为企业家创造一个良好的创业生存环境；其次，民间的仇富思想和心理确实是存在的，尽管这种心理的产生有历史和现实原因，但这种心理如果积蓄起来，产生的破坏力也是惊人的。很多人说，目前日益拉大的贫富差距是仇富心理产生的根源，但是我们必须说明，富人并不是贫富差距的根源。而且，公众仇富的对象不是那些合法致富的民营企业家。换句话说，不是仇视财富本身，而是仇视财富攫取的不正当性和掠夺性。这和有些民营企业家在制度夹缝中的财富创造是不一样的。但是很显然，要公众相信企业家的财富来源是干净的，也不是一件容易的事。

仿佛是有意要往一块儿赶。

2 月 12 日，浙江皮草大王、亿万富豪、北京照地盛商贸有限公司董事长周祖豹，在家乡温州的自家门口遭歹徒袭击，身中 14 刀当场身亡。

8 月 17 日，甘肃地产大王、亿万富豪、甘肃长青置业发展有限公司董事长刘恩谦在自己的家中被劫杀。

9 月 7 日，有河南首富之称的上市公司黄河旋风（河南黄河旋风股份有限公司）的实际控股人乔金岭突然自杀身亡，自杀原因令人费解。

在 2003 年这一年当中，企业家意外死亡的名单当中，还有绍兴纺织科技中心有限公司的丁遐、包头的李刚。

数位民营企业家的意外死亡，所遭遇的都是突发的恶性事件。民营企业家的生存状态已成为中国创富时代的生态危机。这一阶层的生存状态已成为社会各界关注的话题，很多专家学者和政府要员也站出来讲话。

一个拥有十几亿资产的民营企业家竟发出这样的感慨："从另一个角度来看，民营企业家是'弱势群体'。"

李海仓等民营企业家所遭遇的恶性突发事件，最直接的表现就是在中国富豪群体中引发了对人身安全的担忧，以至于一些地方的保镖业因此得到发展。应该说这还仅是由此引发的表象，更深层的是中国民营企业家的生存危机已无法再回避了，这关系到如何正确理解财富、如何理性保护财富、如何善待财富、如何改善有产者创造财富的生态等诸多问题。如何从人文和文化的视角来改变中国民营企业家的生存状态，已成为创富时代共生的话题。

周正毅、杨斌、胡志标的"覆没"及问题富豪

市场经济的不断发展，必然有其自身的游戏规则。没有规则的游戏，只能在少数人中玩，并游离于法律之外。很显然，不在游戏规则下的运作，来钱比什么都快。自誉资本运作高手的，尤其是乐于玩空手道的，其操作过程没有敢裸露在阳光下的。看似长袖善舞，其实整个资金链中有一个环节出了问题，不是乱了方寸，就是彻底崩盘。2003 年，很多富豪消失在这样的游戏中。

2002 年度《福布斯》中国富豪榜第 11 位，上海首富周正毅，于 2003 年 5 月 27 日在上海被拘捕质询，一周后，周正毅的问题被媒体披露。9 月初，上海农凯发展（集团）有限公司法定代表人周正毅因涉嫌虚报注册资本罪和操纵证券交易价格罪，被上海市公安机关依法逮捕。周正毅凭借旗下的 4 家上市公司，在证券市场和房地产行业之间玩的就是一个"圈地——借贷——圈钱"的

游戏。用银行的抵押贷款收购烂尾楼，通过上市公司再来套现，将风险转嫁给银行。其实周所玩的并不是多么高明的手段，但他热衷于这样的玩法，在游戏规则的秩序下，他必然要走向与法律相悖的路子上去。

7月14日，沈阳市中级人民法院一审判决被告人杨斌虚报注册资本罪、非法占用农用地罪、合同诈骗罪、对单位行贿罪、伪造金融票证罪，数罪并罚判处有期徒刑18年，罚金230万元。9月，辽宁省高级人民法院作出终审裁定，驳回杨斌上诉，维持原判。曾被誉为2001年《福布斯》中国富豪排行榜一匹黑马的“中国二号富豪”，他的企业欧亚农业在港上市仅一年左右昙花一现，在沈阳组织建设的荷兰村也迅速破灭。荷兰村项目“玩”的是银行的钱，欧亚农业的巨额亏损，留给当地银行的是一巨大的黑洞。

被判刑的还有原爱多的总经理胡志标，6月19日胡被一审判决票据诈骗罪、挪用资金罪、虚报注册资本罪，三项罪名成立，判处有期徒刑20年，并处罚金50万元。

游荡在资本市场上的玩家，尝到过甜头，有过风光，但资本就像个幽灵，想和幽灵玩游戏，市场经济的法则不陪你玩。

9月，传出原诚成文化董事长刘波逃匿海外的消息，据权威媒体报道，刘波涉嫌约40亿元的贷款黑洞，以及数目不详的担保贷款。

11月3日，新疆啤酒花董事长艾克拉木失踪，据说他已逃至中东，结果啤酒花崩盘，流通市值损失十几亿元。艾克拉木的神秘蒸发，带出啤酒花为其他公司所做的18亿元巨额担保黑洞。消息一出，啤酒花接连15天跌停。艾克拉木间接持有啤酒花24.8%的股份，市值高达29亿元。艾克拉木在股市上玩的是自己买自己，从而达到操纵股价的目的。

上市公司董事长出逃成为2003年的多发事件。总计已有4家上市公司董事长下落不明，公司市值损失达20多亿元，流通股股东损失惨重。2003年上市公司董事长的失踪也创下了中国股市的一个纪录。

很显然，无论是被捕的，还是被判刑的，以及出逃的，都不难看出，以往的玩法是玩不下去了，在新的游戏规则下，他们都共同走上了覆没的道路。在市场经济游戏规则不完善条件下所滋生的怪胎，必将被法制所唾弃。建立和完善社会主义市场经济的新秩序，是转型时期的一个永恒主题。过去的玩法，换来的必将就是出局，市场经济就是法制经济。之后的唐万新，以及 2008 年 11 月出事的黄光裕，都再次验证了这是一条不归路。

富豪的命运

在这一年中，有两个人物在问题富豪中显得尴尬，一个是走进监狱的孙大午，一个是自我了结生命的乔金岭。这两人给我们留下了说不完的话题，两个截然不同性格的民营企业家，书写的是角色冲突下的共同悲剧，两人的结局令人玩味。

7 月 5 日，河北大午农牧集团董事长孙大午被逮捕，罪名是涉嫌非法吸收公众存款。靠养猪和卖饲料起家的孙大午，后来成为一个亿万富翁，但他依然过着苦行僧一般的生活。称孙大午是富豪，多少有些可笑，他连几套像样衣服都没有，有着富豪的虚名，但没有过上富豪的生活。

孙大午的入狱引起全社会广泛的关注，“一个少有的好人，怎么就被逮捕入狱了呢？”这是普通老百姓最简单的判断。孙大午犯了什么罪呢？表面上看是违反了我国金融法律法规，实际上还可能有更复杂的原因。

专家和学者纷纷站出来为孙大午一案说话，但是合理的东西不合法，如何让合理的东西合法化，这是体现在孙大午案中令人费解的问题。

10 月 31 日，河北省徐水县人民法院作出一审判决，法院以非法吸收公众存款罪判处孙大午有期徒刑 3 年，缓刑 4 年，总计罚金 40 万元。孙大午一案总算以一个令人相对满意的结果了结。优良的、讲信用的企业却贷款无门，在企业急需资金的情况下，孙大午不得不另寻出路，由此世人看到了中国民营企业在融资渠道上的艰难。

性格决定命运。企业家的性格同样决定着企业和他个人的命运。

这一年，更令人费解的是河南首富乔金岭，他在位于长葛市黄河集团的别墅内自缢身亡。据说，乔金岭的自杀，在当地引起巨大的震动，家人、朋友、同事及其地方官员都迷惑不解：为什么他在贫穷困厄、创业坎坷的时候尚且热爱生命，而在日益富有、声誉日隆、事业也是蒸蒸日上之时，却要选择突然弃世而去呢？

孙大午和乔金岭都让我们看到作为一个民营企业家“脆弱”的另一面。孙大午为什么要非法集资？乔金岭为什么要放弃一切寻求自我解脱？孙和乔性格有差异，他们对待身边的事以及处理问题的方式、方法各不相同，所扮演的社会角色也各异，但他们两人却有着相似的悲剧结局。

斗转星移，大浪淘沙。这是自然的法则。

2003 年的上半年，被称为 SARS 的病毒侵入中国，举国上下奋力抗争。仿佛是对 3 月份两会后确立的新的中央领导集体的考验，6 月 24 日，世界卫生组织宣布解除对北京的旅游警告，使得对非典的抗争总算告一段落。

就在非典爆发之前，很多人还对互联网产生诸多质疑，普遍认为这是一个商业泡沫的时候，令人万万想不到的是，“非典”竟成为中国电子商务重要的转折点，互联网成为人们在“非典”期间重要的沟通工具，并成为之后都市人们生活不可或缺的一部分。10 月 10 日，网易股价升至 70.27 美元的历史最高点，丁磊纸面上的财富已超过 50 亿元人民币，他成为第一个靠互联网而成为“中国第一富豪”的创业者。这一创富方式的成功，使人们改变了很多靠传统方式的创业思维；几年后让人刮目相看的阿里巴巴，也正是从非典之后绝地反击的；而且就是在这一年，百度在第三方评测中首次超越 Google，成为中国网民首选的搜索引擎。人们已开始记住一个年轻人的名字——李彦宏，这位北大学子，给中国的民营企业注入了全新的形象。

互联网是一个没有管制、没有禁区、没有体制性障碍的领域，创富的中国正吸引着年轻人投入其中。

而“禁区”仍阻挡不了那些大胆的实践者。

2003 年，另一显著的特点就是有了一定资本规模的民营企业开始瞄准重化工产业领域，重型化运动已引起新一轮的投资热潮。“中国制造”的重点区域长三角出现了“电荒”。在重型化运动中，民营资本开始大规模地进入钢铁业。远离媒体视野的东方希望集团的董事长刘永行，虽然总部设在上海，但他忙的是包头的投资项目，投资 100 亿元建设百万吨级的铝电一体化项目，已破土动工。

这一年，民营资本瞄上了汽车产业，李书福的造车成就，吸引了更多民营企业家要实现制造整车的梦想。到 9 月，国家发改委先后收到来自浙江 40 余家民营企业要求取得整车生产目录的申请。浙江已经进入汽车整车制造的企业有 28 家，范围涉及轿车、皮卡、商务车和客车，其中汽车生产厂 5 家，占全国的4%，生产改装车的企业14家，占全国的2.7%。

而在其他地区，民营资本也有不同的表现。在重庆，力帆集团先后收购重庆客车厂和重庆特种汽车公司，重组成立重庆力帆重客商用汽车制造有限公司；重庆的另一家摩托车企业重庆隆鑫，收购了成都三鹿汽车有限公司，进入客运车市场；在河北，保定的长城汽车集团于12月在香港主板正式挂牌，发行1.14亿股H股，募集资金15.16亿港元，成为首家在港上市的民营汽车企业；在江苏，已经入主科龙的顾雏军宣布收购扬州亚星集团所持有的60.67%国家股，成为亚星客车的第一大股东。

民营企业投入造车运动，如同急着去赶集，仿佛过了这个村就没这个店似的。

2003年，无论是从钢铁业，还是到铝业，无论是从造汽车，还是到石化等重工业领域，民营资本大有一种全面进入之势，新一轮的投资热情，使得转过年来，中央政府不得不采取宏观调控，以控制投资，防止经济出现过热。

10月14日，中共十六届三中全会审议通过了《中国共产党中央关于完善社会主义市场经济体制若干问题的决定》。全会的决定提出了全面深化改革的各项措施，中国的经济体制改革进入新的阶段。人们感受到当下和今后一段时间里，中国改革的新特点：一是社会主义市场经济体制从建立到完善，更加强调协调发展、整体推进；二是开放倒逼改革，改革的紧迫性从来没有像现在这样强烈；三是以利益的全面调整为重点，改革的难度从来没有像现在这样大。全会提出“股份制是公有制的主要实现形式”。这是对所有制新的理解，这一新提法也意味着，今后将有更多的国有企业，特别是大型和特大型国有企业也要走股权多元化道路；同时也预示着未来几年，中央190多家国有企业会有较大的动作。

《决定》要求积极引导非公有制经济的发展，“放宽市场准入，允许非公有资本进入法律法规未禁入的基础设施、公用事业及其他行业和领域。非公有制企业在投融资、税收、土地使用和对外贸易等方面，与其他企业享受同等待遇”。这对民营企业家来说是一个新的“诱惑”。

第十二章

第四次修改宪法，保护私产（2004，2005）

公民的合法的私有财产不受侵犯。

——宪法修正案，2004 年

东边日出西边雨

宏观调控给非公有制经济带来巨大影响

2004年的春节，1月22日，除夕恰逢大寒节气，上一次在1966年。

1月1日，世界首条商业运行的磁悬浮——上海磁悬浮列车正式投入使用，德国的技术，中国率先开始享用。

年初，对民营企业家来说，最关注的还是即将在3月召开的人大会议修宪的话题。去年12月12日，中国共产党中央委员会向全国人民代表大会常务委员会提议修改宪法。

在诸多建议中，关于"公民的合法的私有财产不受侵犯"备受关注。其实，关于这一问题社会各界早就有过讨论。此前，全国工商联曾三次提交修宪提案。1998年，全国工商联在政协九届一次会议上提交了"关于健全财产法律制度依法保护各类财产的合法权益"的提案，呼吁"将保护私有财产写入宪法"。这份开历史先河的提案主要包括两个方面的内容：其一，要求明确公共财产和私有财产同样神圣不可侵犯；其二，要尽快制定《公民私有财产保护法》及其实施细则。

时任全国工商联副主席的保育钧直接负责了1998年和2002年提案的起草工作。虽然提案引起了社会上的广泛关注，但1998年的提案并没有提上议事日程，用保育钧当时的话来说：十六大还没开，一些思想上的障碍还没有扫除。到了2002年的两会期间，虽然在一号提案中对如何修改宪法提出了具体建议，但仍是没有结果。

第三次是在2003年的两会，全国工商联再次提交私产入宪的提案。这次是在2003年年中的时候有了明确的回应，中央成立了修宪领导小组。全国人大有关负责人说，十六大已经提出了"完善保护私人财产的法律制度"，那么宪法一定会修改的。

2004年3月14日，十届全国人大二次会议高票通过宪法修正案，这是我国现行宪法自1982年颁布以来的第四次修正。其中，宪法修正案修改的内容如下：

宪法第十一条第二款原文："国家保护个体经济、私营经济的合法的权利和利益。国家对个体经济、私营经济实行引导、监督和管理。"

修改为："国家保护个体经济、私营经济等非公有制经济的合法的权利和利益。国家鼓励、支持和引导非公有制经济的发展，并对非公有制经济依法实行监督和管理。"

宪法第十三条原文："国家保护公民的合法的收入、储蓄、房屋和其他合法财产的所有权。""国家依照法律规定保护公民的私有财产的继承权。"

修改为："公民的合法的私有财产不受侵犯。""国家依照法律规定保护公民的私有财产权和继承权。""国家为了公共利益的需要，可以依照法律规定对公民的私有财产实行征收或者征用并给予补偿。"

宪法第三十三条增加一款，作为第三款：国家尊重和保护人权。

合法的私有财产不受侵犯，尊重和保护人权，这都是首次的明确规定，这是对"私"的最大的承认，而生命权、自由权和财产权是人类最基本的人权，这标志着中国市场经济基本原则在中国社会得到确认。

保育钧认为：私产入宪，是中国民营经济发展的必然结果，也必将进一步促进民营经济的发展；是建立和完善市场经济体制的必然要求，是坚持以人为本的科学发展观的基础；是尊重和保障人权的基本条件；私产入宪必将推动中国文化理念与伦理道德的重建、再造；私产入宪，对党依法执政，对政府依法行政提出了新要求；私产入宪对民营经济提出了新要求、新任务。

"公民的合法的私有财产不受侵犯"。这一法律上的定位，标志着我国公民的私有财产权开始从一般的民事权利上升到宪法权利，受到国家根本大法的认可与保护。这在基本制度层面上为非公有制经济的发展进一步铺平了道路，而个体私营企业，也就是说民营企业是最大的受益者。

保育钧，1966 年从中国人民大学新闻系毕业，被分配到人民日报工作，自此一直工作到 1996 年，调至全国工商联任副主席，30 年的新闻生涯，历任记者、编辑、部主任，直至副总编辑。他作为知名报人调入全国工商联任职时，非公有制经济、民营经济这些都是政界的敏感词汇，尤其是民营经济中很多理论问题还比较模糊，曾有人劝他，工商联乃是非之地，务必要慎重对待，少说话。可保育钧快人快语，始终如一为民营企业奔走呼吁，在民营经济界有"保大炮"之称，2016 年患病去世。

如何构建和谐的劳资关系成为各界关注的问题，随着中国经济的不断发展，企业家与员工的关系在经历了漫长的“以物为本”的阶段后，必将并已经开始进入“以人为本”的阶段。

4 月 29 日，在全国工商联和全国总工会联合召开全国民营企业“关爱员工、实现双赢”经验交流会上，有 82 名企业家荣获“全国关爱员工优秀民营企业家”称号；74 名员工荣获“全国热爱企业优秀员工”称号；83 家企业荣获“全国双爱双评先进企业”称号。这一表彰，目的就是在民营企业中鼓励建设和谐的劳动关系。打破那种长期在人们心目中所形成的，企业主无偿占有工人的剩余劳动属于剥削和被剥削的关系这一刻板印象。而建立新型的劳动关系，就是为了中国的劳动者对国民经济发展的贡献将不再被资本的贡献所掩盖，他们完全可以以财富的最主要源泉的身份，能够得到与资本相当的足够的尊重。建立和谐的劳资关系，这不能不说是一个全新的、有着重大理论探索价值的新话题。

12 月 24 日，由中央统战部、国家发改委等五部门，首次联合表彰 100 名民营经济界人士大会在北京人民大会堂举行，他们被授予“优秀中国特色社会主义事业建设者”称号。这是我国首次对为改革开放和社会主义现代化建设作出贡献的民营经济人士进行如此大规模的公开表彰，是我国授予优秀建设者的最高荣誉，这极大地调动了民营经济主体的积极性，提升了他们的社会地位。在这之后，2005 年五一前，私营企业主还第一次被正式纳入全国劳动模范的评选范围，受表彰的私营企业主主要是从 100 名“优秀中国特色社会主义事业建设者”中和其他省级部级劳模中产生。其实在此前，1994 年，沈阳市市级劳模名单中就出现过私营企业主，但当时不是以私营企业主的身份进入的，而是采取变通的办法。而 1997 年，济南市市级劳模名单中明确有了私营企业主。1999 年，浙江省劳模名单中也出现了多位私营企业主。2005 年，最后评选出来的 2969 名全国劳模、先进工作者中，有 33 位私营企业主当选为全国劳动模范。

2004 年，民企感受最深的是宏观调控。

当年一季度，GDP 的增长达到了 9.7%，尤其是全社会固定资产投资比上一年同期增长 43%，这引起中央决策层和经济界的高度警觉。既要发展，更要科学发展；既要保持宏观政策的连续性和稳定性，把各方面加快发展的积极性保护好、引导好、发挥好，同时又要适时、适度采取有效的调控措施，解决好经济生活中的突出问题。抑制经济过热，避免大起大落，研究具体问题，加强对经济运行的监控，增强忧患意识，提高预见性，加强宏观控制，保持经济的长期稳定增长和协调、可持续发展，可以说，这已成为中国经济自 2004 年之后发展的主题，并逐渐成为共识。

同时有一个大的背景必须看到，在 2003 年全球产业转移的大背景下，民营企业家看到一个全面进入重化工行业的大好时机，为了取得跨越门槛的机会，民营资本大有一种义无反顾的态势，在民企看来，将来被淘汰出局的不会是他们。也就是说，在轻工业领域通过快进快出完成原始资本积累的民营企业，正好碰上结构的大变动，是难得的大发展机遇。

然而，在民营企业向与国家宏观政策紧密相关的重化工业转型的关键时刻，民营资本与当时的宏观紧缩撞了个满怀。其实从 2002 年和 2003 年重化工业领域所显现的投资增长速度就可以看出。据资料显示，2002 年，全国钢铁行业的投资总额为 710 亿元，比上年增长 45.9%；2003 年，全国钢铁行业的投资总额 1329 亿元，投资增长 96%。与钢铁行业类似的，如电解铝的投资增长了 92.9%，水泥投资增长了 121.9%。宏观投资过热，已成不争的事实。2003 年底，国务院已开始采取手段，国务院办公厅下发 [2003]103 号文件，即《国务院办公厅转发发展改革委等部门关于制止钢铁电解铝水泥行业盲目投资若干意见的通知》。2004 年 2 月，国务院组织了来自审计署、发改委、财政部、国土资源部、建设部、农业部、商务部、人民银行等部门的人员，组成 8 个督查组分赴各地清查，清查的重点就是那些进入三大行业、盲目投资的民营企业。江苏省常州市的铁本项目在这次调控中就撞到了枪口上。

2002 年初，江苏铁本钢铁有限公司（简称“铁本”）筹划在常州市新北区魏村镇、镇江扬中市西来桥镇建设新的大型钢铁联合项目。该项目设计能力 840 万吨，概算总投资 105.9 亿元人民币。2002 年 5 月，铁本公司法人代表戴国芳先后成立 7 家合资（独资）公司，把项目化整为零，拆分为 22 个项目向有关部门报批。2002 年 9 月至 2003 年 11 月，常州国家高新技术产业开发区管委会、江苏省发展计划委员会、扬中市发展计划与经济贸易局先后越权、违规、拆项审批了铁本合资公司的建设项目。在审批程序完成之前，“铁本”在 2003 年 6 月就进入现场施工。

“铁本事件”正是在 2 月份的大清查中暴露的。此后，国务院组成的检查组，对铁本项目进行了全面调查。公安机关对该公司法人代表戴国芳等犯罪嫌疑人采取了刑拘强制措施。

4 月 28 日，国务院总理温家宝主持召开国务院常务会议，责成江苏省和有关部门对“铁本”违规建设钢铁项目有关责任人做出处理。随即，常州市委书记、扬中市委书记、江苏省国土资源厅副厅长在内的各级官员受到严重警告、撤免、责令辞职等处理。之后，公安部和有关部门配合，继续深入查处涉案单位和人员的经济犯罪等问题。

中行、建行、农行等 6 家银行因涉及铁本项目的贷款有 160 多笔而深陷漩涡。国务院检查组的调查显示，截至 2004 年 2 月末，中国银行常州分行等金融机构对铁本公司及其关联企业合计授信余额折合人民币 43.39 亿元，其中 25.6 亿元的银行贷款已实际投入到项目中去。

联合调查组的调查结果表明：当地政府及有关部门严重违反国家有关法律法规，越权分 22 次将投资高达 105.9 亿元的项目分拆审批……这是一起典型的地方政府及有关部门严重失职违规，企业涉嫌违法犯罪并造成严重后果的案件。

4 月 29 日，《人民日报》发表社论：“国务院责成江苏省和有关部门对这一案件涉及的有关责任人严肃处理，是严格依法行政、维护宏观调控政令畅通的重要举措。”

由此，戴国芳入狱，在媒体看来，对“铁本”的处理是杀鸡给猴看。

铁本事件，成为这轮宏观调控的分水岭，由此而来，民营企业面前仿佛悬了把利剑，任何人都不得不避剑而走，很多民营企业在钢铁、电解铝及水泥等行业的投资项目不得不搁浅。这种冲击对当时挺不住的民营企业是致命的。而进一步调控的力度会怎样，会不会使一些民营企业牺牲，会不会打击民营资本的投资热情，已成为当时关注民营经济健康发展的焦点。

货币紧缩政策成为 2004 年宏观调控的主要手段，这自然而然就波及民营企业在这次宏观控制中需要退烧的重点行业。成也金融，败也金融，这是中国民营企业始终也跳不出的圈子。金融瓶颈，一直是制约中国民营经济发展的一个深层次问题，而此次的宏观调控更使得一些民营企业愈发束手无策。当时国家四大银行只能支持国内 8 家国有钢铁企业，对民营钢铁企业采取的手段是只收不贷。

而东方希望集团刘永行电解铝的项目也在不断大“瘦身”，产能扩张计划也宣布无限期推迟。2004 年 5 月，刘永行不得不把东方希望准备了 6 年的第二主业——包头电解铝项目、三门峡氧化铝项目紧急叫停，悄然动工并已投入 20 亿元自有资金的两个巨无霸项目被迫停工达半年之久。

有个问题不能回避，那就是这一轮的经济增长是市场启动的，和 1993 年不一样。2002 年的下半年以后，正是中国民营资本的跟进，才保持中国经济较快的增长，也正是这一轮的民营资本刺激了经济的复苏。尤其是资源的配置是在市场机制的前提下实现的。这些积极的因素不应受到打击和冲击，因为这一局面来之不易，更不能回到过去的老路上去。如何处理好本轮宏观调控中与民营经济的关系，对民营经济下一步的发展起着至关重要的作用，如果民营经济受到沉重打击，不仅仅是对中国的民营经济发展不利，对完善社会主义市场经济的建设也不利。

同时也应该看到，2000 年之后民营企业的快速成长，也暴露出很多问题，如高成长、高负债、高风险、低效益。如何做实、做强、做大、做久，都是再次在本轮宏观调控中留给中国民营企业需要面对的问题。民营企业粗放式发展的问题、多元化的问题、资金链薄弱的问题、盲目过热的问题等，再次提醒了民营企业。而本轮宏观调控留给民营企业的思考也是多方面的，如民营企业的投资如何和国家整体的经济战略相一致，包括国家安全和民族安全，如何面对地方政府为吸引民企的投资所做的承诺、所给的优惠政策，如何量力而行和量力而为等。

在这次宏观调控、防止经济过热的运动中，国有企业没有受到太多影响，反而不少国有企业仍在继续扩大产能。面对民营资本转型重型化的热潮，中央政府采取的策略是有保有压，但民营只有在政策的缝隙中寻找自己生存的空间。

一场深刻的自我调整正等待着民营企业。

也正是在紧缩的状态下，4 月，德隆集团已面临着最危急的时刻。股票市场已彻底崩溃，德隆集团庞大的投资项目从题材落到地时，就已经难以支撑下去了，德隆的资金困境已陷入难以为继的局面，德隆在资本市场上留下的“病”开始发作了。8 月 31 日，德隆集团三大嫡亲——湘火炬、合金投资和天山股份同时发布公告称，公司控股方和关联方新疆德隆集团、德隆国际战略投资有限公司、新疆屯河集团都将其拥有的全部资产全权托管给华融公司，曾经在资本市场上叱咤风云的德隆集团彻底瓦解。我最后一次采访唐万里是在 2005 年的 11 月，在全国工商联地下的一个食堂，他已筋疲力尽。12 月 14 日，武汉市检察院以非法吸收公众存款罪和操纵证券交易价格罪两项罪名，对德隆系核心人物唐万新等提起公诉；12 月 27 日重庆市高级人民法院也以非法吸收公众存款罪宣判了德隆系刑事第一案的罪与罚。中国有史以来最大的民营金融集团不仅灰飞烟灭，而且在诸多领域造成严重后果。

就在宏观调控、银根紧缩、民营企业经营艰难的时候，7 月 24 日至 25 日，时任国务院副总理曾培炎在青岛主持召开国务院促进非公有制经济发展座谈会。国务院总理温家宝就这次座谈会还专门作了批示。温家宝在批示中指出，“我国个体、私营等非公有制经济是社会主义市场经济的重要组成部分，是促进社会生产力发展的重要力量，对经济增长、扩大就业、活跃市场、增加财政收入发挥着重要作用。要按照党的十六大和宪法的要求，坚持公有制为主体、多种所有制经济共同发展的基本经济制度，毫不动摇地巩固和发展公有制经济，毫不动摇地鼓励、支持和引导非公有制经济发展。要抓紧研究制定鼓励、支持和引导非公有制经济发展的政策措施，清理和修订限制非公有制经济发展的法律法规和政策，消除体制性障碍，切实保护私有财产权，使非公有制企业与其他企业享受同等待遇，实现公平竞争。当前，国家实行的宏观调控，解决了经济运行中的突出矛盾和问题，不仅有利于国民经济平稳较快发展，也有利于非公有制经济健康发展。”

很显然，温家宝的批示是有的放矢的，公开表述是非公有制经济，其实是专指民营经济和民营企业，在这次青岛座谈会上，参加座谈会的主要以民营企业家为主。

在座谈会上，曾培炎听取了来自全国 10 个省市区的 13 位非公有制企业代表、国家有关部门和部分省市区的领导对发展非公有制经济的意见和建议，共商促进非公有制经济发展大计。曾培炎在座谈会上说：改革开放以来，以公有制为主体、多种所有制经济共同发展的基本经济制度不断完善，发展环境不断改善，非公有制经济较快发展，已成为社会主义市场经济的重要组成部分。但同时也要看到，制约非公有制经济发展的体制性、政策性障碍依然存在，有关法律法规不够完善，政府管理服务还不到位，企业素质有待提高。他还强调，要放宽市场准入，允许非公有资本进入法律法规未禁入的基础设施、公共事业及其他行业和领域。继续深化改革，保障非公有制企业在投融资、税收、土地使用和对外贸易等方面，与其他所有制企业享受同等待遇。深化金融体制改革，积极探索建立适应非公有制经济和中小企业发展需要的融资机制。支持非公有制中小企业的发展，鼓励有条件的企业做强做大。引导非公有制企业依法经营、提高素质，保障职工合法权益，维护正常的市场秩序。

青岛座谈会的精神，温家宝的批示，曾培炎的讲话，很快被媒体进行了报道和解读，在民营企业看来，这是国家在为民营企业的发展清障。青岛会议时间选在 7 月下旬，其时恰逢宏观调控初见成效的关键时刻。这次会议向民营企业发出几个强烈信息：第一，国务院充分肯定民营企业家的作用；第二，坚持“两个毫不动摇”；第三，国务院正在制定发展非公有制经济若干政策的文件，在投资上、土地使用上、行业准入上都要有新的规定；第四，这次宏观调控只是针对过热的行业，不是针对民营企业家。这是 2004 年下半年，令民营企业为之一振的座谈会，其实这个座谈会的精神，正是转过年后，“非公经济 36 条”颁布的意见征求。

2004 年，有一位年轻的民营企业家在此必须提及，那就是当年 11 月病故的王均瑶，年仅 38 岁。他是第一个从事支线航空承包业务的温州人，1991 年 7 月，年仅 25 岁的王均瑶以私人身份承包长沙到温州的包机航线，打破了尚处在计划经济时代的中国民航业务的垄断坚冰，他因此被称为胆大包天，成为轰动一时的新闻人物，有“中国私人包租飞机第一人”的称号。1992 年，王均瑶创办了国内首家民营包机公司——温州天龙包机有限公司；2002 年，均瑶集团以 18% 的股份参股东方航空武汉责任有限公司，成为国内首家参股国有航空运输的民营企业；2003 年又投巨资购买和重新改造了湖北宜昌机场。他的名字从此和新闻曝光率极高的民航连在一起，王均瑶被温州人视为敢闯的典型代表。2002 年 6 月，我在温州采访，和王均瑶有过交流，王均瑶曾对我说，温州商人没有不敢做的生意，在别人看不到利润的空间里，温州人也能做得很好，这就是温州人。在我的印象中，王均瑶烟抽得很凶，头发梳理得总是光光的，精力充沛，总是有用不完的力量。可就是这样一个年轻人，竟英年早逝。之后，公司由其胞弟王均金接管。

2004年，好多民营企业在宏观控制的紧缩中迎来公司创业20周年。20岁，这是一个年轻、充满朝气的年龄，也是一个基本可以确定未来的年龄。

9月，万科迎来创业20周年的纪念日。这时的万科已完全实现由过去的多元化向房地产专业化的转变，同时，王石带出一个经理人团队，专业化使命完全交由经理人来承担，而不是自己亲自去做。这时的王石可能是中国老板中最潇洒的一个，2003年5月，52岁的王石成功登顶珠穆朗玛峰，他让世人看到了中国企业家的另一面。

迎来创业20周年的还有四通、联想等。10年前，四通是中国民营科技企业的一面旗帜，而20年后，四通的主业已变得很模糊，很难还有人能具体说清四通到底是一家做什么的民营企业。而联想却一枝独秀，这年底，联想收购IBM的PC业务，这可能是全球IT业最有影响的财经新闻。12月8日，联想集团在北京五洲大酒店发布新闻：用12.5亿美元收购IBM的PC业务。联想在国际化道路上迈出了重要的一步，这一步是必须要迈的，但未来如何，大家都在拭目以待。早在2000年，柳传志就把他的两个爱将杨元庆和郭为提拔起来，这使人们看到柳传志的雄才大略。但之后，一切又显得事与愿违，毕竟谁也不是神仙，柳传志也同样如此。

12月24日，100名非公经济人士在北京人民大会堂接受中央统战部等五部委的联合表彰，并被授予“优秀中国特色社会主义事业建设者”称号。这是我国首次对为改革开放和社会主义现代化建设做出贡献的非公有制经济人士进行表彰，是共和国赋予优秀建设者的最高荣誉，体现了党中央国务院对广大非公有制经济人士的亲切关怀和殷切期望，也极大地调动了民营经济主体的积极性，提升了他们的社会地位。

改革开放以来，我国非公有制经济获得了快速长足的发展，成为社会主义市场经济的重要组成部分，成为国民经济新的增长点。与此同时，民营企业家队伍也在不断成长壮大，成为中国特色社会主义事业建设者的重要组成部分。评选表彰优秀中国特色社会主义事业建设者，是对民营企业家们的充分肯定，同时又是对这一新社会阶层群体的巨大鼓舞和鞭策。

“非公经济 36 条”颁布

确立了民营经济在市场经济中的地位

2005 年 2 月 24 日，新华社授权全文播发《国务院关于鼓励支持和引导个体私营等非公有制经济发展的若干意见》(以下简称《若干意见》)。这份《若干意见》之后被业界广泛称之为“非公经济 36 条”的颁发，在早春的 2 月里，对中国的非公有制经济来说是忽如一夜春风来。这是中华人民共和国成立 56 年来第一次以中央政府的名义发布的鼓励支持和引导非公有制经济发展的政策性文件，是中共十六大之后，中国民营企业期盼已久的关于非公经济发展的一份非常及时和重要的纲领性文件，民营企业家们把它视为这个春天的最好礼物。

细心的人都会发现，每年的两会前后，中央都会出台重大的政策。2005 年的两会是在从以往的经济发展单兵突进转而强调以科学发展观为指导，以构建社会主义和谐社会为圭臬的大背景和前提下召开的。在 3 月全国两会召开之前颁布的“非公经济 36 条”，对全面建设小康社会和加快社会主义现代化进程具有的重大战略意义。

无论是来自经济界的专家学者，还是工商界的各阶层人士，普遍认为“非公经济 36 条”不仅仅是国务院为非公有制经济发展清障，同时是对改革开放以来非公有制经济发展取得成绩的充分肯定，是对非公有制经济的市场主体地位的确立。从中共十一届三中全会，到确立了非公有制经济的市场主体地位，中国非公经济的发展走过了 27 年。

客观地说，中国改革开放的历史，从某种意义上讲实际就是中国非公经济不断发展壮大的历史，非公经济不断发展壮大的过程，就是中国社会主义市场经济体系不断建立和完善的过程，27 年这一历史过程，从另一视角来看亦是一部中国非公经济争取合法身份的正名史。中国非公有制经济发展的过程，是建设中国特色社会主义的过程，是社会主义市场经济不断完善和建立的过程。非公有制经济已成为社会主义经济增长的重要推动力量。

非公有制经济，显然是官方语言或者说是官方的公开表述，而其实质主要就是指民营经济。

参加 2005 年两会的代表和委员，一致认为，经济领域最新且最深刻的变动，集中表现为《若干意见》的正式发布。《若干意见》近三分之一集中在放宽非公有制经济市场准入和加大对非公有制经济的财税金融支持方面。《若干意见》的着重点则在于“消除影响非公有制经济发展的体制性障碍，确立平等的市场主体地位”。

据国家发改委调查显示，到 2004 年，非公有制经济在近 30 个产业领域存在着限制进入的情况。在沿海某省，国有经济可以进入 80 多个行业，外资可以进入 60 多个行业，而私营资本仅能进入 40 多个行业。金融部门对中小企业的拒贷率超过 56%。与此同时，银行资金超过 70% 贷给了国有部门。而不足 30% 的资金支持的私营经济，却创造了 50% 的 GDP 和 70% 的就业机会。

“非公经济 36 条”的出台，是中国市场化进程当中的大事件。政府的清障、开闸，还体现在这几年《合伙企业法》《个人独资企业法》《中小企业发展法》和《行政许可法》的先后出台，以及颁布《关于投资体制改革的决定》、修改《公司法》《证券法》和《破产法》、拟定《物权法》《反垄断法》《国资法》和《融资租赁法》。这一系列体现市场化导向的法律与“36 条”一起，正在整体塑造市场经济的制度框架。

“非公经济 36 条”的出台，更重要的是旗帜鲜明地确立了非公有制经济平等的市场地位，这个平等地位的确立是中国非公有制经济发展的胜利，是市场经济道路选择上的胜利。同时，党的十六大之后，中国共产党在所有制理论、非公有制经济理论方面的突破和创新，逐步转化为具体的政策和法律，向制度化迈进，而法治社会的调整是先从经济结构调整得到依据的。

“36 条”公布后，各地各部门高度重视贯彻落实工作。截至该年年底，各省市累计出台贯彻落实“36 条”的实施意见共计 13 件，相关法规政策性文件达到 200 多件；国务院有关部门也相继出台了贯彻落实《若干意见》的具体措施和配套办法 17 件，改进政府监督和管理工作，扩大市场准入，民营经济开始向昔日的垄断领域伸展。

6 月 1 日，国防科工委发布《武器装备科研生产许可实施办法》，允许非公经济申请第二类许可，从事武器、装备的一般分系统和其他专用配套产品；支持非公有制企业按有关规定参与军工科研生产任务的竞争以及军工企业的改组改制，鼓励非公有制企业参与军民两用高技术开发及其产业化，2006 年，国防科工委受理300家武器研发及生产许可证的审查工作，其中包括60家–70家民营配套单位。

7月，铁道部出台了贯彻“36条”的《关于鼓励支持和引导非公有制经济参与铁路建设经营的实施意见》，允许民间资本进入铁路建设、铁路运输、铁路运输装备制造、铁路多元经营四大领域，同时还拿出多个大项目清单，对外招商。此前，3月22日，铁道部上海铁路局、常山县国有资产经营管理公司和由民营企业浙江绍兴光宇集团投资的常山水泥有限公司正式签订合同书，合资组建衢常铁路有限公司，三方股比依次为35%、31%和34%。

7月28日，银监会下发《银行开展小企业贷款业务指导意见》。

7月29日，国家民航总局正式对外公布《国内投资民用航空业规定（试行）》，从8月15日开始，民航业将向民营资本全面放开，各种投资主体都可以投资除空中交通管制系统外的所有民用航空领域。其实，早在2005年3月11日，奥凯航空就飞上了蓝天，这是中国第一家民营航空运输企业的首次航班。2005年6月30日，由均瑶集团控股的东部快线航空公司获准筹建，均瑶集团获准成立吉祥航空，均瑶飞天梦想得以实现；7月，民企中兴置业集团投资成立的辽宁渤海通用航空有限公司拿到了民航东北管理局颁发的运行合格证，正式挂牌成立。到2006年年初，国内已有14家民营航空公司正在申请筹备或已经成立，其中奥凯、鹰联、春秋等民营航空公司已经投入商业飞行。

8月，国务院下发了《关于非公有资本进入文化产业的若干决定》，明确了非公有资本进入文化产业的具体领域。

9月20日，商务部和中国出口信用保险公司下发了《关于实行出口信用保险专项优惠措施支持个体私营等非公有制企业开拓国际市场的通知》。

9月26日，商务部出台了《商务部关于促进中小流通企业改革和发展的指导意见》。

10月18日，文化部出台了《关于鼓励支持和引导非公有制经济发展文化产业的意见》等。

资本的“魔咒”

成也金融，败也金融

对民营企业家的个人命运而言，2005 年也是个多事之秋。3 月 24 日，31 岁的张海被广东佛山市公安局刑事拘留，罪名是涉嫌挪用健力宝巨额资金，于 4 月 30 日被正式逮捕，起诉罪名：涉嫌职务侵占、挪用资金。

6 月，金正董事长万平涉嫌挪用上市公司资金案在山西省晋中市中级人民法院判决：罪名职务侵占，处 15 年有期徒刑、没收个人全部财产，并追回犯罪所得 3200 多万元。

7 月 29 日，格林柯尔系企业领军人物顾雏军在北京被拘，随后引发格林柯尔系亿元讨债案，倾 5 年之力搭建的格林柯尔系，在短短一个月内陷于坍塌，顾雏军于 9 月 2 日被正式逮捕，起诉罪名：涉嫌虚假注册资金、会计造假、挪用资金和职务侵占。

11 月 30 日，创维集团董事局主席黄宏生被逮捕，起诉罪名：涉嫌造假账、挪用公司资金。

同时，客观地说，以德隆、科龙、健力宝等为代表的大型民营企业相继出事，也预示了更多的民营企业资金链紧张，步履蹒跚。这种普遍现象既暴露了企业在成长中的决策失误、管理漏洞，以及企业家们打擦边球、法律意识淡薄等问题，从另一个方面也揭示出民企的融资困境及诸多社会问题。融资渠道的不畅，使得他们在法律边缘寻找着能使自己实现梦想的平台。

成也金融，败也金融。这已成为中国民营企业发展中无法跨越的魔咒。在民营经济整个发展过程中，融资难问题始终伴随着民营企业的发展而无法解决。据有关方面统计，到 2005 年底，在沪深证券交易所上市的私营企业有 336 家，在香港有 119 家，在美国有 66 家，在新加坡有 50 家。

特别值得一提的是，2005 年 8 月 5 日，号称全球最大中文搜索引擎的企业百度正式在美国纳斯达克股票交易市场挂牌上市。交易首日，百度股价从 66 美元狂飙到 122.54 美元，涨幅达到了疯狂的 353.85%，创造了美国股市 5 年来新上市公司首日涨幅之最，百度也在一夜之间成为纳斯达克股价最高的中国公司，一批亿万、千万、百万富翁由此诞生，李彦宏和他的百度，书写着新一代中国人的创富传奇。李彦宏不仅一夜之间成为坐拥9亿美元的富翁，同时，在百度员工中有7位已是1亿美元身价，达到1000万美元的就有100多人。这年，在纳斯达克上市的公司还有分众传媒，该公司号称占据了中国楼宇视频广告。8月11日，阿里巴巴（中国）网络技术有限公司正式宣布收购雅虎中国所有业务，包括门户网站、雅虎搜索、即时通讯及拍卖业务等，同时还获得雅虎10亿美元投资，成了10年来中国互联网领域最大一笔并购案。同时，海内外资本市场在提供宝贵资金的同时，也对民营企业的经营管理提出了严格的要求。在香港上市的民企板块频遭质疑，财富蒸发也给了初试资本市场的民营企业上了一堂代价高昂的资本课。

以2004年6月新和成上市为标志，千呼万唤的中小企业板终于开张了，到2005年年底，已有50家中小企业进场挂牌交易。2005年，金融领域的新政不断推出，随着这些政策措施的到位和发挥功效，民营企业在金融领域获得的扶持将更加具有普遍性和实质性。

证监会在逐步完善中小企业板块，积极推进创业板市场建设，鼓励到境外资本市场融资等方面继续加大了支持力度；商务部和中国出口信保公司对开发适应中小企业的保险产品和承保模式等提出了新措施，支持非公有制企业实施“走出去”战略。

7月28日，银监会发布了《银行开展小企业贷款业务指导意见》，从政策、机制、程序和方法等方面对银行开展小企业贷款业务提出了具体措施，为增加对小企业和个体工商户贷款创造了必要条件。

11月1日，国家外汇管理局发布《关于境内居民通过境外特殊目的公司境外融资及返程投资外汇管理有关问题的通知》（即75号文），对境内外资产置换行为的控制开了一个口子，这意味着民营企业海外“红筹上市”禁而复开。

11月初，横店集团和万向钱潮公司获准分别在银行间市场发行规模为人民币10亿元和6亿元的一年期短期融资券。这也是自2005年短期融资券重新启动以来的民营企业首次获得这样的机会。据透露，融资券的发行成本，即使包括各项中介费用仍在3.5%以内，极大地节约了企业的财务费用。所以，在央行备案待批的额度已超过1000亿元。

11月24日，国家开发银行与内蒙古包头市商业银行、浙江台州市商业银行分别签订《微小企业贷款项目合作协议》，此举标志着国家开发银行正式启动了"中国商业可持续微小企业融资项目"。这是国家开发银行社会瓶颈业务领域的一项重要内容。按照初步规划，在"十一五"期间，国家开发银行通过这个项目，每个月将为10多万个个体经营者和微小企业提供贷款服务，平均单笔贷款金额4万元左右，单笔最大额度不超过50万元。随后，国家开发银行与江苏省常州市商业银行也已达成了微小企业贷款业务合作意向。截止到2005年第三季度末，国家开发银行开展的"两台一组"(贷款平台、担保平台和群众组织)中小企业贷款模式，已累计向担保公司发放软贷款24亿元。

2005年9月，国家发改委抓紧研究和制定《中小企业信用担保管理办法》《国家中小企业发展基金管理办法》《国家创业投资基金管理办法》《创业投资企业管理办法》等相关政策，着力解决中小企业融资难的问题。

这年6月6日至12日，劳动保障部、全国总工会、全国工商联第一次联合组织1万家民营企业，在全国100个大中城市组织开展"民营企业招聘周"活动，为民营企业招聘人才，为下岗失业人员、大中专院校毕业生、技能人才和其他劳动者实现就业再就业服务。此后，每年都举办一次，并深受欢迎。从2005年开始，可能将有10年的时间，每年新增就业人员在1000万左右。就业的压力成为一种新的社会问题，而民营经济已经成为吸纳社会就业的主要渠道。据资料显示，"十五"期间，民营经济在第二、第三产业的就业人数净增7000万人。城镇民营经济就业人数，净增5700万人。而同期城镇就业总数只增加了4100万人，国有单位就业减少了约1500万人，个体私营企业就业增加了2600万人。民营经济在第二、第三产业就业的比重，已经从2000年的77.5%增加到2005年的84.1%。民营经济占城镇就业的比例从2000年的为65%左右增加到2005年的75%以上。民营经济创造的就业，不仅分担了国企"减员增效"的后顾之忧，而且吸纳了更多的新增劳动力。可以说，没有民营经济，就没有就业问题的基本解决，也就没有社会的基本稳定。

资本的属性是流向洼地，流向能创造利润的地方。

民营企业跨出国门是一种内在的冲动，是外部竞争的压力和资本的力量共同作用的结果，是经济全球化的结果。随着民营企业"走出去"步伐的加快，中国对外贸易规模不断扩大，贸易摩擦也不断增加。2005年，接踵而至的中美、中欧纺织品谈判，使中纺商会这家中国纺织品进口最大的中介组织忙碌。然而无论怎样的努力都未能阻挡企业抢关的脚步。大多企业抢在 7 月 20 日《纺织品临时配额管理办法（暂行）》实行前，进一步加大了出口量。

2005 年年初，为了应对“后配额”时代中国纺织品出口的挑战，在国家商务部提议下，由中纺商会牵头并负责与中国纺织工业协会等机构共同建立了出口协调机制，在市场准入和最低限价方面对企业提出了要求。但到企业签订行业自律呼吁书的时候，响应的企业寥寥无几。客观地说，中国纺织品企业绝大多数都是民营企业，它们单打独斗惯了，即使市场已经发生变化，它们仍是按照自己的惯性在运作这使得中方在这次纺织品贸易战中极其被动。

这主要表现在中国的商会还不是严格意义上的商会和中介组织，大都是“二政府”，官不官，民不民，这也是很多企业不买账的原因所在。体制性的障碍仍在不断地束缚民营企业。

在 2005 年大大小小的改革中，政府改革还是格外引人瞩目的。在 10 月 11 日召开的中共十六届五中全会上，中央明确提出，加快行政管理体制改革，是“十一五”期间全面深化改革和提高对外开放水平的关键，而其中的重中之重便是进一步转变政府职能。这再一次表明，在中国经济转轨的过程中，政府和市场的博弈进入一个新的阶段，如果说前 20 年的改革决定于如何改革企业，那未来 20 年的改革决定于如何改革政府。

在各种思想的交锋中，十六届五中全会通过了《关于制定国民经济和社会发展第十一个五年规划的建议》。《建议》明确指出，要继续深化体制改革，“深化垄断行业改革，放宽市场准入，实现投资主体和产权多元化”“大力发展个体、私营等非公有制经济，鼓励和支持非公有制经济参与国有企业改革，进入金融服务、公用事业、基础设施等领域”。处在各种争论旋涡中的民营企业家，对未来既坚定了发展的信心，同时也预感到来自市场以及利益集团的压力在不断增强。

2005 年底，非公有制经济在 GDP 中的比重已经超过 1/3，增长速度超过其他经济成分，在国民经济中发挥着生力军的作用。

第十三章

挑战比预想来得要早（2006-2008）

“国家、集体、私人的物权和其他权利人的物权受法律保护，任何单位和个人不得侵犯。”

——十届全国人大五次会议高票通过《物权法》，2007 年

新社会阶层

“新社会阶层”得到社会普遍的尊重，这一尊重是对财富创造者的尊重

从2006年的年初开始，中国的民营企业家就已经感受到，他们作为这个社会阶层的群体，与过去越来越不一样了。

央视一年一度的“CCTV年度中国经济人物评选”，在每年的最后一天揭晓，在很多人看来，这是一场经济界新年联欢晚会，更是对过去一年里将引领未来发展、最能代表时代的企业家进行的一次素描。在2005年的10位获奖者中，有4位是民营企业家。他们分别是：百度董事长兼CEO李彦宏；中星微电子有限公司董事长邓中翰；大连万达集团董事长王健林；三一集团有限公司董事长梁稳根。

在4位获奖的民营企业家中，他们所从事的领域虽然各不相同，年龄和文化结构也不相同，但有一样是相同的，那就是他们每个人都在专注属于他们自己的东西。李彦宏和邓中翰都是在常人不关注的领域长久地专注而成就事业；王健林从1989年以来，始终在房地产领域深耕，而梁稳根13年来，一直倾注心血于重工业，而这种专注表现为一种在困难中的义无反顾，2005年6月10日，三一重工股权分置改革方案以流通股股东93.44%的高赞成票顺利通过表决，成为中国股权分置改革的第一股。虽然过程中也有质疑，但就如同梁稳根这个名字一样，三一重工股改不但成功了，而且为后来企业股改提供了范本，起到了“企业一小步、证券市场一大步”的效果。

在中国的经济转型时期，在财富不断积累和企业快速发展的过程中，他们的专注，得到了社会的肯定。

就在2006年年初，纽约时间1月10日，无锡尚德太阳能电力有限公司董事长施正荣，这位很少有人知道的民营企业家，成为内地新首富，纽约交易所当日收盘时，无锡尚德每股达到29.3美元，施正荣也因持有6800万股，身价高达19.9亿美元，约161亿元人民币。无锡尚德不但成为中国第一家在美国主板上市的民营企业，而且也成为中国海外上市民企中市值最大的公司。

施正荣，1988年留学澳大利亚新南威尔斯大学，师从“世界太阳能之父”，诺贝尔环境奖获得者马丁·格林教授，并持有10多项国际太阳能技术

发明专利。2000 年，他回国创办了尚德太阳能电力有限公司，出任董事长兼 CEO，该公司成为中国最大的太阳能电池企业。由于将时间和精力用于环保宣传，他被称为“环保英雄”。施正荣夫妇投入了大约 500 万美元成立施氏家族基金会，这也是目前国内唯一一家专门关注气候、环保、能源和全球变暖问题的非公募慈善基金会。

2006 年，全国两会政协委员和代表们所关注的热点话题很多，但关于对改革的反思等话题，在这年的两会上反映得尤为突出。3 月 5 日，政协经济 32 组的召集人，全国政协委员、著名经济学家吴敬琏在接受记者采访时显得格外激动，他表示，对于改革的看法始终没有改变，显然他是针对当时一些媒体的报道所指，他说：“改革需要反思，这是一回事，但有些人要否定我们 20 多年以来的改革，要把我们拉回到过去，这是另一回事，这个必须寸步不让。”他说：“我是说改革碰到了障碍，但有人理解成改革本身出了问题，甚至说市场化就是复辟资本主义，这怎么能是一回事呢？”“虽然改革面临着重重障碍，但这是改革自己的问题，而不是改不改革的问题，至于打破这些障碍的难与不难，那是另外一个话题了。”

在吴敬琏看来，关于改革的争论早已开始。改革开放以来，像这样的争论已经有过很多次。举其大者，1981 年至 1984 年有一次，1989 年至 1992 年也有一次，到 2006 年，这已经是第三次了。前两次争论的经验表明，只要这种争论能够遵循实事求是的原则，能够按摆事实、讲道理的方式来进行，就能够得出有益于我们国家和人民的成果。因此，这种争论我们肯定是要把它进行到底的。吴敬琏对改革的态度，对改革的坚定，显然是针对 2005 年以来一些人对改革的质疑。

3 月 6 日，胡锦涛在出席人代会上海代表团座谈会时的讲话，明确表达了中国共产党的态度，他说：要毫不动摇地坚持改革方向，进一步增强改革的使命感和紧迫感，进一步坚定改革的信心和决心，坚持用改革的办法，发展的办法，解决经济社会发展中的深层次矛盾和问题。[①]胡锦涛在上海代表团的谈话，极大地鼓舞了参与和支持改革的实践者们，而在民营企业家们看来，这是支持

① 国际新闻网．胡锦涛与上海代表团共商国是 [EB/OL]. 2006-3-6.

民营经济发展的重要讯号。应该说，中国民营经济的发展无不和改革开放的整体利益相吻合。

没有改革开放，就没有中国民营经济的发展，这已被中国40年的改革开放所证明。2006年，关于“中国改革搞错了吗？”这样的争论主要还是在经济学界和理论界。但是民营企业家把争论放在一边，而把更多的精力放在了市场上。他们深知，市场是不给他们留争论的时间的。

2006年4月，由时任国务院副总理吴仪率领的中国经贸代表团，在大洋彼岸的美国完成了我国历史上最大的一次巡回采购。而在中国经贸代表团的阵容中，不仅有来自国家商务部、质检总局、信息产业部等部委的负责人，还出现了民营老板的身影。在由111家企业的202人组成的中国经贸代表团中，民营企业家占了30%。正泰集团的南存辉，德力西集团的胡成中等12家温州民营企业的负责人就是这个中国企业家代表团的一部分。

作为中国经济最具活力的一个群体，民营企业家不仅能够与人大代表、政协委员与政府官员共商国是，还能够陪同政府领导人走出国门，为企业的发展带来难得的商机，这样的变化在过去是想都不敢想的事。曾在2005年9月随同国家主席胡锦涛出访加拿大、美国的温州冠盛汽车零部件有限公司董事长周家儒说：“和自己单打独斗开拓市场不同，参加高规格的经贸团，随同国家领导人出访，对方提供的信息渠道会更丰富，更有效得多。”

民营企业加入这样的出访“经贸代表团”已经有一个不成文的程序：一般先由外交部将出访计划通知商务部和中国贸促会（中国国家商会），再由上述两个机构通过商务部下面分管各大洲的司以及挂靠在商务部下面的六大进出口商会、贸促会下面的国际联络部去联系企业，组团出访。

自从2004年8月温家宝总理首次公开使用“经济外交”的概念后，中国经济外交迎来了一个大发展的时代，这给成长中的民营企业带来巨大商机，他们也越来越多地在出访各国时出现在国家政要身边。此前，联想的柳传志、华为的任正非等著名的民营企业家也有过陪同领导人出访的经历，但也只是小范围内。而在2005年后则是大张旗鼓，民营经济正成为对外贸易的新兴力量和企业“走出去”的生力军。

而民营企业在国家舞台上的亮相，尤其是在与国家高层出访的过程中，无形中增加了企业的信誉担保，民营企业获得了这样一个高规格的平台，浮现的商机自然与过去是大不相同。同时也表明在中国特色社会主义的伟大实践中，民营经济与整个社会经济的发展将密不可分。

在民营企业寻求“走出去”的同时，国外资本也早已看好我国相关产业，并有的放矢了。2006 年夏天，来自互联网上的一篇博文《谨防徐工收购案抢点过关》迅速引起了社会上很多财经人士的广泛关注。

徐工机械是中国工程机械行业最大的国有企业。早在 2003 年，徐工机械就公开改制信息，并赴香港和上海参加过项目引资会。之后，摩根大通成为徐工机械集团改制的财务顾问，并采用国际化公开竞标的方式推进其改制，以求得国有资产的价值最大化。徐工机械对新进入的投资者是有要求的：资本要雄厚，具有国际市场经验，能为徐工机械带来新的项目。2003 年 10 月，有 30 多家国内外企业和金融资本投资者表示愿意收购徐工。经过第一轮竞标，2004 年 6 月，徐工机械确定 7 家潜在投资者，最终参与答辩的候选者是 6 家。同年 9 月，经过第二轮竞标，美国国际投资集团、摩根大通亚洲投资基金、凯雷亚洲投资公司成为最终的候选者，3 家都是私募股权投资者。10 月第三轮竞标，标的为徐工机械 85% 的股权。摩根大通报价 4 亿美元，凯雷报价 3.37 亿美元，另一家报价太低。综合考虑报价因素，凯雷胜出。

2005 年 10 月 25 日，凯雷的收购方案正式出台。按照收购计划，徐工集团将其持有的徐工机械 82.11% 的股权转让给凯雷徐工，转让价格为 20.69 亿元人民币。凯雷徐工以等额 2.55 亿美元在交易完成时支付，同时，徐工机械在现有注册资本基础上增资人民币 2.42 亿元人民币，全部由凯雷徐工认购，其中 6000 万美元于交易完成时支付，另外 6000 万美元以徐工机械 2006 年的经常性 EBITDA(指扣除利息、税收、折旧、摊销前的企业利润) 达到约定目标作为支付条件。

凯雷并购徐工案引起社会多方的关注，我却想到另外几个问题。在这年公布的“中国企业 500 强”排行榜中，国有资产总量占有绝对性的 98.36% 的份额，入选的私营公司数目为 74 家，其资产加在一起还不到中国工商银行的 1/10。从这样一个排行榜中不难发现，强大的资本力量几乎都是传统的垄断性行业，如电信、钢铁、石油、天然气开发、石化、电力等，而这些行业大都由政府来掌控。同时在WTO的规则下，我国的金融、保险、通信乃至传播等产业相继开放，境外资本其实早已“虎视眈眈”，而在具体的执行过程中，出现了对外优先、对内开放滞后的现象，这就使得在其后的产业整合过程中，民营资本被挤压到边缘和劣势的地位上。在境外资本庞大坚挺力量的逼迫下，民营资本显得更加势单力薄了。

资本必将流向能带来利润、并使资本不断得到增值的领域，这是由资本的属性所决定的。2006年的下半年，大量民间资本流向地产业，最明显的就是温州炒房团。此前，精明的温州人早已把一些闲余的资本用于房地产投资。而在这一年，以温州为代表的民间资本，进入各大城市的房地产项目，投资炒房。同时，山西的煤矿行业民营企业家们在新一轮重化工运动中，分享到能源上涨所带来的巨额财富，转手把资本又投入到房地产投资领域，他们资本雄厚，常常是一个人在北京一次性就可以买几套别墅，高档写字楼一买就是几层。据说地产商潘石屹的很多项目，主要得利于这一群体。与此同时，温州还有从地产投资中获利的，反过来又去炒煤，又有了温州炒煤团的现象。中国房地产价格的飙升，主要是在2006年之后。

而中国资本市场——股市，也是在这一年开始复苏的。

宏观调控之后，大量的民间资本没有出处，民间投资热情没有得到因势利导，使得楼市、股市成为资本选择的流向，一个非理性的、几乎近于疯狂的投资浪潮席卷中国大地，到2007年的下半年滑向了癫狂状态，中央政府不得不再出重拳。

2006年，胡润呈现给中国人的百富榜上，人们看到一些新的面孔。一个让很多人都十分陌生的名字——张茵，是第一个成为首富的女性。1985年，只有27岁的她，仅带了3万元钱，从内地到香港创业，她创办的玖龙纸业在香港联交所上市，2006年总市值达到375亿元，而她拥有72%的股份，约合270亿元，而她的创业故事既平淡又传奇，她所从事的产业竟是废纸回收再生产，这样一个让很多人都看不上眼的产业，竟产生了一个中国首富，这使得从事个体私营经济早已不是改革开放初期光彩不光彩的问题了，很多媒体把他们都视为财富英雄。

这年，顾雏军一案于11月和12月两度在佛山中院开庭审理。庭审过程引起社会各界的广泛关注。12 月 12 日，顾雏军案在佛山中院第二次开庭审理。顾雏军上庭后，提出公布“举报信”等三项要求，并以绝食来抗争。上午庭审休庭十分钟期间，顾雏军的弟弟顾绍军在佛山中院审判庭外面，向旁听的记者和群众散发了两封针对中国证监会工作人员所谓的举报信。顾雏军在举报信中始终宣称自己是受迫害的，要举报“中华人民共和国建国以来最大的贪污案”，声称对举报不实承担一切法律后果。部分媒体报道以后，社会舆论一度偏向有利于顾雏军的一方，有人对顾雏军案件查处的公正性提出质疑。2007 年 1 月，庭审结束以后，顾雏军的亲属在北京召开媒体见面会，继续散发举报信，并声称如判顾雏军有罪将坚决上诉。刑事部分的判决尚需等待，民事赔偿的判决已然下达。

9 月 13 日，科龙发布公告称，公司通过控股子公司江西科龙诉顾雏军及其格林柯尔系公司的两宗案件一审胜诉。佛山中院一审判决顾雏军及格林柯尔系公司向江西科龙合计赔偿 1.65 亿元。2007 年 4 月，国务院支持中国证监会的处罚决定，认为：中国证监会对顾雏军做出行政处罚决定、市场禁入决定认定事实清楚，证据确凿，适用法律正确，程序合法，内容适当；中国证监会做出的维持其行政处罚决定、市场禁入决定的行政复议决定正确；并最终裁决：维持中国证监会对顾雏军做出的行政处罚决定，市场禁入决定和行政复议决定。永久性市场禁入者成为既定的事实。

2008 年 1 月 30 日，广东佛山市中院对格林柯尔系掌门人顾雏军案一审作出判决，顾雏军因虚报注册资本罪、违规披露和不披露重要信息罪、挪用资金罪被判 10 年有期徒刑（应为被判 12 年执行 10 年），并处罚款 680 万元。顾雏军一案就此了结。2007 年 5 月 18 日，格林柯尔科技控股有限公司 (8056.HK，下称“格林柯尔”）正式在中国香港退市。至此，曾经鼎盛一时的格林柯尔系已经瓦解，曾经当选为“2003 年中国经济年度人物”的顾雏军，资产灰飞烟灭。

这一年的 7 月 10 日至 12 日，全国统战工作会议在京举行，这是中国共产党中央第 20 统战工作会议。24 日，中共中央发出《关于巩固和壮大新世纪新阶段统一战线的意见》。《意见》中明确了对“新社会阶层”的论述，“新社会阶层”的明确，应该说是党面对新领域的重新认识。“新阶段”显然是有所指，民营经济对中国经济的贡献已由改革开放之初的1%增加到2006年的65%。新的社会阶层是新的历史条件下的产物，已不同于传统的“工人、农民、知识分子”的分类，其身份角色相互交叉重叠。总的来说，新的社会阶层主要由非公有制经济人士和自由择业知识分子组成，集中分布在新经济组织、新社会组织中。具体来说，主要包括民营科技企业的创业人员和技术人员、受聘于外资企业的管理人员、个体户、私营企业主、中介组织的从业人员和自由职业人员等六个方面的人员。“新社会阶层”的明确提出，使这一广泛的群体，在政治上得到了重新认同和新的解放。

“新社会阶层”成为一个特指的专有名词，被社会各界广为关注，并得到社会普遍的尊重，这一尊重是对财富创造者的尊重。

新的社会阶层已成为越来越重要的力量。据统计，到2006年，新的社会阶层从业者超过1.5亿人，约占总人口的11.5%，掌握着10万亿元左右的资本，使用全国半数以上的技术专利，直接或间接地贡献着全国近1/3的税收，这个阶层中的从业者在各个方面的努力，正在重新塑造中国社会的方方面面。其扎根于现实的土壤中，对于专业上的信息掌握充分，并且不断以进取和创新在其专业领域做出贡献，这也正是中国社会充满活力、经济飞速增长的重要动因之一。

客观地说，“新社会阶层”的明确提出，无论从政策层面、理论层面还是法制层面，关于发展非公有制经济的一些问题已经基本解决，但体制性的障碍和相关的利益格局仍没有被打破。如“非公经济36条”，这一被广泛称为纲领性的文件颁布快两年了，但在现实中，仍很难落实，人们普遍感到“雷声大、雨点小”。在现实中，尤其是广大的民营中小企业，仍有许多不如意。

10月30日出版的《财经》杂志发表署名文章——黄俊钦、黄光裕受查，文章说：“39岁的黄俊钦正面临一项针对其早年贷款的官方调查，这项调查，也涉及他名气更大、财富更多的弟弟，37岁的黄光裕。”11月2日，2006年《福布斯》中国富豪榜在北京揭晓。仅仅数天之后，以180.90亿元荣登首富的黄光裕遭受“创业第一桶金”被质疑的困扰；11月20日，北京物美商业集团股份有限公司董事长张文中宣布辞职，以个人身份协助有关机关进行调查；12月，被誉为“民营油企第一人”的天发集团董事长龚家龙因涉嫌经济犯罪被刑拘；新华人寿董事长关国亮因遭调查而辞职……

12 月 27 日，就在岁末新年将到之际，中国光彩事业促进会在京召开三届二次理事会。也就是在这次会议上，胡德平在讲话中，结合光彩事业的理念和对民营企业健康发展所起到的积极引导作用。也是在这次会上，刘延东做了主旨讲话，她从新的社会阶层角度，从社会主义建设者、从中国崛起和民营企业发挥的作用，着重谈了光彩事业在新的起点上如何实现新的发展。在讲话中她明确提出："目前社会对'原罪'问题、'第一桶金'讨论得很多，我在这里也给大家吃一个定心丸，中央绝对不会变化的。这个决心是坚定的。""我们还是主张不争论，还是用实践和历史来回答。"

2006 年 12 月 11 日，是中国加入世界贸易组织 5 周年。这标志着加入世界贸易组织的过渡期过去了，意味着中国真正地加入了世界贸易组织。

据国家统计局发布的数据显示：2003 年至 2006 年我国国内生产总值年平均增长 10.4%。2002 年我国国内生产总值 120333 亿元，2006 年达到 210871 亿元，突破 20 万亿元，在世界的排名由第 6 位跃居第 3 位。2002 年我国人均国民总收入首次超过 1000 美元，在短短的 4 年内，于 2006 年又超过 2000 美元，在世界的排名也由第 132 位上升到第 129 位。按照世界银行的划分标准，我国已经由低收入国家步入了中等收入国家的行列。

高票通过《物权法》"两个平等"

私权受到公权力不合理的处置

2007 年世界经济年会于 1 月 28 日在瑞士达沃斯闭幕，这届年会的主题是"变化中的力量格局"，与会领导人对全球经济普遍做出乐观的预测，与此同时，与会者还认为，目前世界经济的发展从以美欧为中心转向了多个中心，多极化格局正在逐渐形成，全球经济将是好年景。有风险，但几乎很少有人去想风险。

对中国而言，来自达沃斯的声音：中国如何维系下一阶段的发展。显然挑战在等着中国企业。

《物权法（草案）》和宪性学术争议入选"2006 年年度中国十大宪法事

例”。早在 2005 年 8 月 12 月，北京大学法学院法理学教授巩献田在网上发表了公开信《一部违背宪法和背离社会主义基本原则的 < 物权法 >(草案)》，之后，《物权法 (草案)》在各种压力下偏离了预定的立法轨道，没有在 2005 年 12 月底的十届全国人大常委会第十九次会议上如期接受五审，也未被列入 2006 年 3 月全国人大的审议议程。关于《草案》的合宪性问题，由此而产生的风波是愈演愈烈，中国人民大学著名民法学教授王利明、北京大学著名民法学教授尹田等人纷纷对巩献田的观点予以反驳。

2006 年 12 月 25 日，十届全国人大常委会第二十五次会议对物权法草案进行分组审议，此次会议认为，《物权法 (草案)》通过多次审议，赞成提交第十届全国人大五次会议通过。

2007 年 3 月 16 日，第十届全国人大五次会议高票通过物权法。这部法律历经 13 年的酝酿和广泛讨论，创造了中国立法史上单部法律草案审议。物权法规定："国家、集体、私人的物权和其他权利人的物权受法律保护，任何单位和个人不得侵犯。”这部法律的通过，被普遍认为对于推动经济改革和建设法治国家都有着重大意义，标志着社会主义市场经济进一步完善，政治文明迈出了重要的一步。在这次会议上通过了《中华人民共和国物权法》和《中华人民共和国企业所得税法》。

《物权法》保护了包括个人在内的所有物权人的合法物权，这使得民营企业更加放心地去创造更多财富，为社会主义市场经济贡献力量。《企业所得税法》为内外资企业提供同一条起跑线，结束了不合理的外资的超国民待遇，公平面对市场，让内资企业从原先高赋税中轻松下来，投入产品研发生产，提高竞争力。

这两部法律的顺利通过，是依法治国道路上的重要里程碑，也是民营经济的兴奋剂。

《中华人民共和国物权法》自 2007 年 10 月 1 日起施行。物权法分 5 编 19 章 247 条，内容非常丰富。它是我国社会主义法律体系中的一部基本法律，关系着坚持和完善国家基本经济制度、完善社会主义市场经济体制、实现和维护最广大人民的根本利益。物权法的制定和实施，具有重大的现实意义和深远的历史意义。

《物权法》的高票通过有着特殊的意义，尤其是把它放在改革开放40年发展史中来审视。在明确选择市场经济的路径之后，法制经济得到广泛的认知，而建立一套完善的制度，不仅是经济学家不断推崇的，也是发展的必然。如何把好的实践上升到制度层面，首先需要解决的就是完善法律制度，相关法律制度从无到有，这个过程让我们看到法治的进化，更体现了制度的科学性。

我们改革开放让我们懂得了，要想国家强大，必须做到私人财产要丰富、私人利益要保障。私人企业的地位和私人财产的保护，也是写进宪法里面的，《物权法》也是为了解决这个问题。所以我们如何保护农村集体土地，如何保护每一个农村土地承包户的利益，如何保护农村每一个宅基地和房屋的利益，如何保护每个企业、法人的利益，本质上来说都是私权保护的核心问题。①

《物权法》是建立和完善社会主义市场经济的一部重要的法律，是处理好私权和公权关系的重要法律。但客观地说，《物权法》颁布后，其宣传的力度远远不够，关键就在于对所有制的认识。

2007年10月15日至10月21日，党的十七大在北京召开，胡锦涛在十七大报告中指出："毫不动摇地巩固和发展公有制经济，毫不动摇地鼓励、支持、引导非公有制经济发展，坚持平等保护物权，形成各种所有制经济平等竞争、相互促进新格局。坚持和完善公有制为主体、多种所有制经济共同发展的基本经济制度，毫不动摇地巩固和发展公有制经济，毫不动摇地鼓励、支持、引导非公有制经济发展，坚持平等保护物权，形成各种所有制经济平等竞争、相互促进新格局。"法律上的平等保护，经济上的平等竞争，这"两个平等"是十七大所有制理论上最大的亮点，是非公有制经济发展的新视角，是非公有制经济理论的又一次飞跃。

同时，新经济组织和新社会组织首次成为党代会中令人关注的代表群体，民营企业家作为"两新组织"主力军频频亮相。

按照十七大报告"两个平等"的思想，形成各种所有制经济平等竞争、相互促进新格局，一要解决准入上的不平等，创造各类市场主体平等使用生产要素的环境，打破一切限制非公经济发展的玻璃门现象；二要解决资源配置上的

① 江平．三十年中国法治的轨迹和曲线[N]．新学报，2008-11-8.

不公，革除一切影响非公经济发展的体制弊端；三要解决价格、税收、融资方面的差别待遇，改变一切束缚非公经济发展的做法和规定；四要清除舆论环境上的歧视，冲破一切妨碍非公经济发展的思想观念。

“两个平等”被民营企业视为最大的利好。2007 年 2 月 27 日，国防科工委下发《关于非公有制经济参与国防科技工业建设的指导意见》，对非公有制经济进入国防科技工业建设的领域、范围和程度、要求、政策支持以及监管等方面提出了十一条具体政策措施，打开了民企参与国防科技工业建设的大门。

此后，国防科工委又先后发布了多个鼓励、支持和引导非公有制经济参与国防科技工业建设的具体文件。

这都表明，随着非公有制经济的不断发展壮大、改革的推进以及国家军民结合、寓军于民方针的进一步实施，民企“参军”的机会将会越来越多，“参军”步伐会越来越快，民企对国防科技工业建设的贡献也会越来越大，到 2007 年年底，已有 40 多家民营企业进入了这一领域。

如何打破垄断，可以说是民营企业和关注民营经济发展的工商界人士始终寻求突围的重要突破口。7 月 30 日，商务部颁发了 5 张原油经营牌照中，中国民营企业终于幸运地拿到了其中的 1 张，结束了中国民营油企被边缘化的历史，但离中国油品市场彻底打破垄断无疑还有相当长的一段距离。但这显示了油品市场垄断的松动。虽然我国已于 2006 年 12 月 11 日开放了国内成品油的批发经营权，但 2007 年 1 月 1 日起正式开始实施《成品油市场管理办法》，对申请成品油批发经营企业和申请成品油零售经营资格企业的门槛设置得过高，油源仍然被控制在中石化、中石油两大国企手中，民营加油站的日子并不好过。在油站无油可卖、油库无油可储的困境下，部分油企不得不走上被石油巨头打包收购的命运。面对国内巨头与外资的两面夹击，中国的油企格局无疑将会经历一场新的洗牌。民营油企能否绝地突围，对整个民营油企来说，还是未知数。

在 2007 年岁末临近之时，非公有制经济领域对新劳动法的即将实施多有微词。也就在这时，国内 IT 制造领军企业华为公司因劳资关系再次成为主流媒体的头条新闻。包括任正非在内的所有工作满 8 年的华为员工，在 2008 年元旦之前，都要先办理主动辞职手续（即先主动辞职，再竞业上岗），再与公司签订 1 年至 3 年的劳动合同；废除现行的工号制度，所有工号重新排序。有人认为，华为此举意在规避即将于 2008 年 1 月 1 日起实施的《劳动合同法》对企业用人制度带来的挑战。华为并非孤例，当时不少大企业已在酝酿和调整自己的人力资源管理政策。有专家认为，这件事并非法规调整那么简单，目前出现的民工荒、技工荒等问题，说明中国人口给民企带来的红利正在消失。中国社会科学院人口与劳动经济研究所所长蔡昉称，经济发展过程中的刘易斯转折点（即劳动力过剩向短缺的转折点）已经到来，中国劳动力供给将不再是无限的，人口红利将开始消失。他甚至提醒注意谨防人口红利透支，中国民营企业在利用人口红利为资产价格进行重估之前，还是先重估一下人口红利本身究竟能持续多久。当时，人们怎么也不会想到，2008 年下半年，全球经济形势会急转直下，虽然 2008 年 9 月，关于劳动法的实施细则已出台，但面对全球经济背景及国内中小企业的困难，《劳动法》的实施面临着更大的挑战。

谁也躲不过“黑天鹅”的存在

中国人知道了“次贷危机”

世界是平的。新技术革命全面影响了人们的生活，进而产生的对世界重新认知的概念。

2008 年年初，一个中国人从没听到过的词汇“次贷危机”，伴随着中国人迎来新的一年。而且一直到之后的十年，全球也仍然没有彻底地摆脱这一影响。人们不会想象到，发生在大洋彼岸 2007 年年底的次级房贷危机，在 2008 年 9 月份之后便横扫全球。

10 月 3 日，美国众议院二次投票，7000 亿救市方案艰难通过。但人们的恐慌仍无法遏止。方案通过后的一周，道琼斯指数如自由落体，连破 10000 和 9000 点心理关口，跌幅之大前所未有。全球被风暴席卷，日本、中国香港、伦敦、德国、法国股市连续大幅下挫。而俄罗斯、比利时、冰岛、巴西、巴基斯坦、印尼、泰国等国家股市因跌幅巨大不得不被迫休市。美国 7000 亿的救市方案，等于让每一个美国人拿出 2300 美元，而即使这样也无人能说清金融市场的黑洞到底有多大。华尔街的罪孽激怒了整个美国社会。

年初，中国民营企业关注更多的还是与他们密切相关的修订后的《劳动合同法》，被称为新劳动合同法的法律于2009年1月1日开始实施。这部法律对用人单位必须与劳动者订立劳动合同、引导用人单位合理约定劳动合同期限等劳动者十分关心的问题做出了规定。由此，引发了社会各界的高度关注。该法律的颁布与实施，在有效保护了劳动者的合法权益、大力规范了企业用工行为的同时，也对企业的管理提出了更高的要求。

关于新劳动法的实施，在2008年的两会期间成为企业家代表和委员们的热议话题，女企业家张茵对落实新劳动法的一些建议，遭到多方的围攻。这主要是由张茵在两会上的三份提案所引发的。张茵告诉新浪财经，本届两会她将提出三份议案：一是劳动密集型企业应取消无固定期限劳动合同；二是降低富人税负，把月薪10万元以上的最高累进税率从45%减至30%；三是鼓励企业进口先进高效的节能环保设备，给予5年至7年的免征进口关税和增值税的过渡期限。

这三份提案的内容经过网上传播之后，很多人指责张茵的提案仅代表自身利益，其逻辑很简单，她本人与她的三个提案是可以对应的：张茵本人的玖龙纸业公司就是劳动密集型企业；降低富人税负，她本人就是富人；鼓励企业进口先进高效的节能环保设备，她本人的企业是会造成严重污染的造纸业。

媒体很快把这一争论上升到企业家的社会责任等层面。为富不仁的话题再次在大众中得到宣泄。张茵敢于说真话，表达实情，换来的竟是自身形象的受损。张茵的三个提案，应该说是极有价值的，尤其是在2008年年底，金融海啸已影响到实体经济层面的时候企业越发感到张茵两会提案的价值。

这年的两会，“新社会阶层”首度以一个群体的面目正式亮相。“新社会阶层”作为一个新名词出现在公众面前，应该说不仅仅是一个时代发展的符号意义的特殊指向。

5月12日，发生在四川汶川的大地震，使所有的事情都被搁置一边，中华民族万众一心，民企踊跃参与抗震救灾和灾后重建。据全国工商联上报8000多家企业的不完全统计，截至6月5日，这些企业捐赠现金51.5亿多元，捐赠物资10.9亿多元，共计62.4亿多元。其中捐赠额1000万元以上的民营企业98家，1亿元及以上的6家。捐款、捐物数量之大、范围之广、行动之快，创历次救援捐赠之最，显示了中国民营企业主阶层强烈的社会责任意识。据央视调查的结果显示，5·12 地震发生后，最先向灾区捐款、捐物的是民营企业。

2008 年，对全中国人来说，考验和挑战还不仅仅是自然的灾害。两会结束当天举行的总理记者招待会上，温家宝总理面对英国金融时报记者的提问，明确地说："今年恐怕是中国经济最困难的一年。难在什么地方？难在国际、国内不可预测的因素多，因而决策困难。"

与此同时，温家宝在回答美国彭博新闻社记者的提问时说："我对世界经济，特别是美国的经济十分关注，而且深感忧虑。中国经济已经走入全球化，世界经济的各种变化不可能不反映到中国经济上来。因此，我们在实行这些政策的同时，要密切关注国际经济的走势，根据形势的变化，灵活、及时地采取相应的对策。我们实行政策的效果，要从中长期来看，短短的一两个月还很难看出问题。我现在所忧虑的是，美元不断贬值，何时能够见底？美国究竟会采取什么样的货币政策，它的经济走势会走到什么地步？"

针对温家宝这样的回答，尤其是对全年经济的总体判断"最困难的一年"，当时很多人不解，尤其是对深陷资本市场的股民而言，这一判断显然是对股市的沉重打击。但其实在 2008 年年初，在珠三角一带，实体经济层面早有下滑的趋势。

两会之后，在抑制通货膨胀的紧迫形势下，宏观控制成为政府的头等大事。很快，由南及北，民营中小企业面临的各种问题不断显现。尤其是制造业，订单下降，出口急速缩减，资金更加紧张。股市和房地产市场也开始"抽筋"。可以说再次应验了复星集团郭广昌几年前就说过的话——宏观调控最先"吃药"的就是民营企业。其实郭广昌这句话从另一个角度表明，民营企业是离市场最近、最靠前的企业，市场的变化，民营企业最先有所表现和反应。这一年的夏天刚刚到来，一进 6 月，民营企业家考虑的最大问题就是该如何"过冬"，市场的寒流已直逼民营企业。6 月 30 日可称为股市的重要的分水岭，从这一天起，上证指数的 2693.40 点一路下跌，人们对股市的幻想彻底不复存在，由此而深度套牢，十年未解。

作为可吸纳大量就业人口的民营企业，2008 年使很多人更加认识到其存在的价值。中央高层密集考察民营经济，国务院总理温家宝分别于 7 月 19 日至20日、11月14日至15日来到珠三角考察，深入广州、深圳、东莞、佛山等地，考察了深圳航盛电子、格兰仕、万和等民营企业，调研中小企业情况。11月21日至23日，温家宝又到浙江义乌、绍兴调研金融经济危机下民营企业的生存状况。温家宝所到之处都主持召开座谈会，听取民营企业家的意见，强调要加大对民营企业的支持力度，切实营造有利于民营经济发展的良好环境，真正解决民营企业市场准入难的问题，加快落实对民营企业的金融、财税支持政策，改善对民营企业的服务。同时，他也鼓励民营中小企业加大自主创新力度，掌握更多核心技术，积极开拓国内市场尤其是国内农村市场，实现市场多元化，提高竞争力。在2008年，中国共产党中央政治局常委贾庆林、习近平、李克强等也先后考察了浙江的民营企业。

7月25日，全国首部规范小额贷款公司成立条件及管理制度的《浙江省小额贷款公司试点登记管理暂行办法》正式出台，该办法首次通过制度的形式正式承认了民间贷款机构的合法地位。浙江省工商局有关负责人表示：《暂行办法》通过扶持小额贷款公司发展，再生出一个新的民间贷款力量，作为现有信贷制度的重要补充，将为解决中小企业融资难问题发挥重要的作用。至此，坐拥数千亿民间资本的浙江民间借贷机构浮出水面，走向阳光化运作。2008年年底，国办的“金融30条”表明了政府对稳步发展中小企业的鲜明态度。在继4万亿财政刺激计划与“金融国九条”之后，12月13日，中国政府网发布了《国务院办公厅关于当前金融促进经济发展的若干意见》，“30条”中有5条以上涉及中小企业，这些举措对于处于困境中的中小企业无疑是特大利好，如果能够彻底落实，对中国经济的可持续发展和产业转型极为有利。

2008年8月8日至24日，第29届奥林匹克运动会在北京举行，联想集团、李宁集团等多家中国民营企业积极参与北京奥运会，这对中国民营企业提升企业形象、品牌营销和开拓国际市场有着积极意义。但很多事情常常是不如心愿，联想本希望通过成为奥运会全球TOP赞助商，借助北京奥运会将自己的品牌在全球打响，但由于海外的品牌宣传和市场运作没有同步跟进，加上奥运会之后全球PC需求已经疲软，导致了奥运效应未能体现在销售业绩上，也使得赞助奥运的巨额投入未能产生合理回报，到该年年底，在整个计算机行业都处于不景气的情况下，联想所受的打击出乎意料的严重，并出现亏损。当然这也和整个国际经济下滑有着间接的联系。

此外，民营企业在越来越多的国家重大科技项目中也承担着越来越重要的角色。其中，从“神一”到“神七”的制造发射，仅浙江省就有6家民营企业凭借自身核心技术，先后参与了制造过程。

这一年，全国的个体工商户得到一个喜讯，经国务院批准，全国工商行政管理系统从9月1日起停止征收个体工商户管理费和集贸市场管理费。社会各界盛赞这是我国社会治理方式向更加符合社会发展方向转变的重要变革。

北京奥运会之后，可口可乐并购汇源引起了财经媒体的广泛关注。9月3日，可口可乐和汇源公司高调宣布双方实施要约并购。这单涉及金额24亿美元，约合179.2亿港元的天价交易若能完成，将成为迄今为止中国食品和饮料行业最大的一笔收购。“企业家把企业当儿子养，当猪卖，是实实在在的市场行为”，这就是朱新礼要卖汇源的主张，同时，他认为，品牌没有国界，不应该动不动就以民族大义责人。我清楚地记得，在参加2007年年底的一次活动中，朱新礼就曾和我说过，2008年饮料产业将更加艰难，同时，家族式管理将成为民营企业发展的障碍。内忧外患已使他倍感身心疲惫，无力变革。此次可口可乐并购汇源显然不是朱新礼心血来潮。12月初，可口可乐与汇源联合发布消息称，收购案已经进入到商务部反垄断审批阶段，但最终商务部于2009年4月明确表态，不同意这一并购。

随着全球经济陷入泥潭，一些民营企业家在2008年里一下子变得惨淡，昨日的光环迅速地暗淡，失意、悲情也毫不遮掩地暴露在人们的面前。

2008年11月23日媒体报道称：原国美集团主席黄光裕因涉嫌操纵市场被带走调查。11月27日，北京市公安局首次证实，黄光裕因涉嫌经济犯罪，目前正在接受警方调查。黄光裕于1987年创办的国美电器，当时已发展成中国最大的家电零售企业。39岁的黄光裕曾于2004年、2005年蝉联胡润百富榜榜首。国美电器2004年销售额238亿元，在中国所有连锁企业中排名第二。除了零售之外，黄光裕在地产方面也有数十亿元的投资，并在2008年初成立了国美置业。在2008年10月揭晓的“2008胡润百富榜”中，黄光裕以430亿元财富第三次登上胡润中国首富榜。23日，报道将源头锁定在黄光裕涉嫌伙同其兄、新恒基集团总裁黄俊钦操纵ST金泰的股价上，2007年，该股票曾经一度拉出 42 个涨停板。然而，事实显然远远不仅止于此，借助资本市场迅速放大财富的黄光裕，正陷在自己亲手建造的资本迷宫中难以自拔。由首富到阶下囚的转换实在是太快了，一个月前还是首富，一个月后就不存在了。

黄光裕的的事情，使人们不得不联想到在这年 7 月中旬被正式批捕的上海茂盛集团董事长刘根山。黄光裕是家电零售界的大亨，而刘根山被称为“公路大王”，两人都曾是资本市场的腾挪高手，虽然后话都与资本运作并无太大的关联。

而就在年底，有两个人竟提前地结束了牢狱生活。11 月 28 日，原江苏铁本法人代表戴国芳回到家中，取保候审。这是“铁本”案发 4 年多后，戴国芳第一次回家。在经过 4 年多的超长羁押后，戴国芳及“铁本”案仍未宣判。很多人认定铁本项目也很难再次上马，戴国芳想东山再起，也已经很难了。

如果戴国芳没有上马“铁本”江边项目，他或许仍然默默无闻，只是一名隐藏在常州乡下东安镇的一名身家数以亿计的民营企业家；如果他的“铁本”项目闯关成功，他或许已有实力竞争中国首富。

只是，在最为鼎盛的 2004 年，戴国芳轰然倒下了。戴国芳的不幸，是因为他成了 2004 年宏观调控中的“出头鸟”，成了一哄而上盲目投资的样本。而 14 年后，也就是 2018 年，已 54 岁的戴国芳，为人做事都非常低调，他正在实现着一个千万吨级产能的钢铁企业，这就是“铁本”之后的戴国芳，也可能枭雄再起。

另一个是原伊利集团董事长郑俊怀，有消息称：郑俊怀 9 月 3 日提前刑满释放。“看着伊利一天天长大”的传奇人物郑俊怀，在 2004 年 12 月被捕，2005 年 12 月 31 日，因挪用公款罪被判入狱 6 年。据其身边人士透露，郑俊怀正在酝酿重出江湖，目前他的团队募集了约 40 亿元资金，有可能在乳制品行业重新创业，而他可能创立的新品牌，名为“新长征”。很显然，郑俊怀要想东山再起，只有走私营企业的道路了。

有着“中国民营石油第一人”之称的龚家龙，经过 1 年零 7 个月的牢狱之灾后也出狱了。龚家龙于 2006 年 12 月 21 日被监视居住，次年 2 月 5 日被正式刑拘，当时其被指犯有五宗罪：伪造金融票证罪、非法转让土地使用权罪、提供虚假财务报告罪、挪用资金罪以及职务侵占罪。不过，2008 年 8 月 5 日，鄂州市中院仅以违规披露、不披露重要信息罪判处龚家龙有期徒刑 1 年零 7 个月，并处罚金。出狱后的龚家龙十分低调，一改他过去的大张旗鼓作风。

而在狱中的黄宏生和牟其中多少显得无声无息了。已 69 岁的牟其中在狱中不认罪。为了锻炼自己的意志，牟其中每天早上 5:15 起床，长跑 3000 米，直到全身汗流浃背，晚上洗冷水澡，即使在寒冷的冬天也是这样。每周供应的两次肉，他坚持忍住不吃，滴酒也不沾，以此强健自己的体魄。

在这年经济危机中遭受重创的两位民营企业家代表当属邱继宝和杜双华了。邱继宝是"缝纫机大王"，浙江台州飞跃集团董事长，杜双华是民营钢铁新贵，山东日照钢铁集团董事长。邱继宝在媒体面前是记者追踪的明星，而对杜双华，媒体知之甚少。一个靠光环游走在市场上，一个是不声不响发大财，但面临经济下滑的重压，他们都显得力不从心。

这一年的中国财经媒体，仿佛有着报道不完的内容。奥凯航空停飞，民营航空遭遇寒流。由于飞机无法加油，旅客不能正常办理登机手续，国内首家飞上蓝天的民营航空公司原本定于 12 月 15 日停航的客运航线，不得不在 12 月 6 日被迫提前停航。在夹缝中生存的民营航空公司还有 10 多家，民营航空公司最容易出现资金问题，奥凯停飞其实已不仅仅是企业内部的问题了。

而另一面临重创的当属蒙牛集团董事长牛根生。三鹿奶粉出事后，很多奶制品企业都出现的三聚氰胺事件。在此事件中，牛根生成为众矢之的，原因很简单，在此次事件之前的几年里，牛根生始终高扬企业的社会责任和道德理念，而蒙牛在此次事件之中也不能独善其身，这在很多人看来，几年来牛根生是在欺骗消费者，而在我看来，牛根生绝不像有些人想象的那么卑鄙，在此次事件中，他是最勇敢地面对整个行业质疑的企业家，无论别人怎样看待和认为，他在其博客上的"我们每个人都逃脱不了干系"的自白，我认为是一个民营企业家发自灵魂深处的自省。

这一年产生一个新的词汇——山寨，该词迅速蹿红，这个原本寻常之至的旧词被赋予了新的内涵。"山寨"最初仅是围绕手机发展的产业现象，其主要表现为仿造性、快速化、平民化，通过小作坊起步，因此引起争议。之后，"山寨"泛指一切制作粗劣但功能强大，刻意模仿但难得精髓，创意无限但细节欠佳，占有欲旺盛但求知欲衰退，什么都有但又似乎什么都不能到位的社会和文化现象。从伪劣工业产品层面直到文化领域，山寨意识迅速瓦解了主流价格体系，并以“雷人”与娱乐的双重形态，成就了一种与正版社会价格格不入、倒也相映成趣的市场格局。何为“山寨”，说穿了就是假冒伪劣，但也有些“山寨”产品是“假、冒、伪”产品，但不是“劣”产品。然而，在整个经济处于下滑时期，山寨产品明目张胆地登堂入室，已到了肆无忌惮的地步，知识产权的市场理念被全面践踏。这就是中国市场经济的大染缸，利益可以打破一切准绳。山寨文化市场，使得中国用十几年才能建立的知识产权文化的市场，可以在一夜之间就被全面颠覆。中国的各种场合都有其使之存在的文化土壤。这预示着摆在我们面前最困难的问题和最难解决的问题其实就是我们自己。而现实的中国却出现了社会认识上的严重分裂。市场经济体制已基本明确，想走回头路是不可能的，但要完善和建立市场经济体制，建立法治的市场经济体制，我们还有很漫长的路要走。

2008年，在我看来既是一个结点，同时又是一个原点，更是一个全面创新的起点，而且就是在个点上，在经济全球一体化的大背景下，使我重新想到威廉·曼彻斯特的《光荣与梦想》，经济大萧条给世界带来变化，尤其是社会结构的重新构筑，可以说都是由大萧条产生的。

这一年，世界经济遭遇百年一遇的金融海啸冲击。源于美国次贷危机的国际金融危机愈演愈烈，人们知道了“黑天鹅”的存在，尤其是进入9月、10月以后，危机迅速从局部地区发展到全球，从发达国家传导到新兴市场和发展中国家，从金融领域扩散到实体经济领域，其波及范围之广、影响程度之深、冲击强度之大，为20世纪30年代大萧条以来所罕见。缘于何因，起于何处，各种声音各抒己见。对中国来说，危机来得如此之快，让民营企业家失去了方向。据世界银行预测，受此影响，2008年世界经济增长将从2007年的5%跌落到1%，其中发达国家将呈现负增长，长期保持巨大增长活力的发展中国家的增速也将回落到5%以下。国际货币基金组织则发出警告，世界经济正进入“严重低迷时期”。这场危机何时见底，何时走出低谷重拾升势，都将难以预料——这是普遍的看法。

2008年的下半年，关于救市的观点，中国始终处于争执之中，人们对自由市场制度产生的质疑主要体现在股市和楼市上，而在经济学家许小年看来，自由市场制度虽然遇到麻烦，但不会消亡。

中国2008年全年GDP增速，到年底保持在9%，从全球来看，已是一枝独秀了。

民营企业在这个冬天里，普遍日子都不好过，来自官方的统计，城镇失业率已达9.4%。这一数据也再次佐证，有就业“蓄水池”之称的民营企业也出现了倒闭潮，但来自广东省政府有关工作人员的公开说明是，确实有开工不足和一些小企业关门，但并没有出现倒闭潮。

唯一不变的就是变化，一切事物又都是在发展变化中，世上没有什么东西是不可变化的。这既是辩证法，又是自然法则。

年底，我在人民大会堂参加一个活动，分别见到柳传志和尹明善，尹明善希望媒体能多为民营企业呼吁，帮助民营企业渡过眼下的难关。尹明善打了个比喻，“大地震后，在一片废墟和光秃秃的山上，最先长出来的是野草，是漫山遍野的野草，而民营中小企业就是野草，因此在经济形势不好的时候，政府应该对民营中小企业要重点扶持。中小企业的财产也是国家的，不能对民营企业的财产损失不感到心疼。”在一定意义上，中小企业就是当时中国经济的“基本面”。中小企业能否突围，是中国经济能否突围的关键。而当下中小企业所面临的问题和困难不单受国际、国内的经济变化和影响，更多的还受困于传统的公共政策制定机制。中小企业还处于野蛮生长状态，如能真正终结野蛮生长，那么公共政策的走向会更加有的放矢，真正形成一种公开、平等的共享的制度机制。

2008年的最后一天，66岁的三鹿集团董事长田文华以及三鹿的四位高管经历了长达14个小时的漫长庭审。12月31日16时30分许，三鹿总部门口的标志被拆除，田文华一手创立的三鹿在这一天终结。在法庭上，田文华说她愿意承担所控责任，“如果能换回患儿健康，愿意接受法律任何制裁”，而田文华的辩护律师在法庭上说：“如果将国家监管之缺失和行业邪风之累，全怪罪‘三鹿’和田文华，是不可承受之重。”

在我看来，2008年的最后一天，对中国的经济和企业家而言，是在审判中度过的，我这样的判断，绝不是悲观，相反地，我认为这预示着新生。

第十四章

四万亿下的“自由空间”（2009-2011）

“信心比黄金和货币更重要。”

——温家宝在“两会”答记者问上说，2009 年

刺激计划横空出世

拉动内需、抑制经济下滑

“联想要大裁员了”。2009 年的元旦刚一过，关于联想裁员的传闻闹得沸沸扬扬，还有说杨元庆要离职的。

很显然，经济形势不好，裁员、降薪、缩减支出，是很多 IT 企业的第一反应。惠普裁员 2.46 万人，”戴尔裁员 8900 人，Sun 两次共裁员约 6000 人，摩托罗拉裁员 3000 人，诺基亚西门子裁员 1820 人等等。

其实 2008 年在长三角地区，早已不是裁员的问题，很多企业已经不得不宣布破产。5 月，很多制造业的民营企业已告急，浙江台州地区的飞跃集团主动提出破产申请，邱继宝，这个曾被朱镕基总理称为“国宝”的缝纫机企业主，1986 年创办的飞跃集团，作为全球最大的缝纫机专业制造厂商，在国外等地有 18 家分公司。受 2008 年次贷危机的影响，中国纺织业出口全面萎缩，而飞跃的海外订单急速减少，在台州与其相对应或其他服装机械及零配件生产企业由 200 余家，小家庭作坊的超过 1000 家，仅为飞跃供应零配件的小企业就有几百家，飞跃这样的龙头企业，其传导效应极其迅速的。很快，江浙两地的纺织企业不断告急，倒闭停业事件不断上演。

外贸企业、订单的突变，迅速蔓延到实体经济的制造业，先是集中在中小民营企业上，经济下滑势头大有无法抵挡之势。

2009 年 1 月 8 日，联想公开宣布了裁员决定，同时，关于杨元庆离职的传闻也不攻自破。虽然此次联想裁员不涉及大中华区，但联想在目前的经济背景下一次性裁员 2500 人，占联想集团职工 11%，并对高管降薪 30% 至 50%。2 月 5 日，联想集团宣布，创始人柳传志重新担任集团董事会主席，董事局主席杨元庆转任集团 CEO，原 CEO 威廉・阿梅里奥“出局”，改任公司顾问至当年 8 月后离职。

据《福布斯》杂志报道，整个计算机行业都处于不景气之中，联想所受的打击也出乎意料地严重。分析师认为，联想在 2009 年仍将继续亏损，中国大陆市场已不再成为联想业绩的有力支撑。在收购 IBM 个人电脑部门三年后，联想，这家中国电脑制造商，在美国与台湾地区与对手的竞争中正在节节败退。

很显然，联想裁员与降薪双管齐下，主要原因是中国市场需求疲软，而中国市场销售收入占联想总收入的 40%。在本财年二季度，中国市场贡献了 1.1 亿美元的营运利润；另一个原因是，在与惠普、戴尔、宏碁的竞争中，联想缺乏足够的规模优势，毛利微薄且固定成本居高不下。市场的这一变化，联想事前估计和准备都不足。

到 2009 年初，金融海啸的直接影响已全面传导到实体经济。尤其是外向型的、走国际化道路的一些大公司，其问题和困难显现的更加严重。客观地说，自中国实行市场经济以来，中国的企业还没有遇到严格意义上的经济危机，也没有应对经济危机的任何经验。

不知有多少中国人还没完全有从 2008 年的股市噩运中走出来。2008 年 10 月 28 日，中国股市创十年来最低点 1664.93 点，A 股沪市在 1 月 14 日还在 5499.6 点，而 2007 年 10 月 16 日曾达到中国股市最高为 6124 点。2008 年的中国股市跌宕起伏，不知有多少股民发誓，永远不再进入股市。

市场就是这样，危机降临，财富一夜之间仿佛消失了。中国的救市计划在 2008 年的 10 月就已开始启动了，当时各部委急于向各地要项目计划，一些省市多年沉淀或已没有希望的项目，在此轮刺激计划中重新复活。各省市出现"跑部钱进"的一派景象，各部委多年没有的批项目的干劲再度显现，有的部委周围的复印社，很多人是站着排队复印各种需要申报项目的材料。人们不会想到，国企在国际金融危机中再次受宠，而各地的政府项目，也理所当然地落到国企身上，而大多数民企只能另寻出路。

2009 年 2 月 10 日，在国务院第二次全体会议上，温家宝总理明确提出："今年是我国进入 21 世纪以来经济发展最困难的一年，要尽快扭转经济增速下滑趋势。"在 3 月 13 日上午两会记者招待会上，温家宝在答记者问时，主基调是"信心比黄金和货币更重要"。同时他说："我真希望中国经济能早一天复苏。"

信心比黄金更重要，但要激发信心，也不能只喊口号，抑制下滑，必须有硬通货，首先要把黄金亮出来，撒出去。2008 年 11 月 9 日，中央政府宣布将强力启动拉动内需、抑制经济下滑计划，两年内扩张投资 4 万亿元，这就是日后著名的"四万亿计划"，与此同时，一些庞大的产业刺激计划出台，主要是在重化工等十个重点产业，也就是之后形成的“十大产业振兴计划”。

由四万亿引发的投资配套资金，最少在十万亿以上甚至更多，投资狂潮完全倾斜国企。客观地说，四万亿元的刺激计划，在当时确实给社会带来很多“刺激”，然而如何使用四万亿元，如何使四万亿元的投资更有效，从一开始就成为经济界人士关注的焦点，之后很长一段时间，人们对四万亿计划褒贬不一，曾一度还有一些人把之后经济运行中产生的新问题都归结到“四万亿计划”上。

四万亿元主要用于大型项目或国有企业身上，或是用于事关民生工程的基础设施建设上面。应该说此刺激计划，是30多年来对国有企业最大的一次投资，这一刺激计划使国有企业资产大增，国有资产比重进一步加大，国企的壮大无形中对民间资本和民营企业产生挤压效应。

2009年，国企资金充裕，开始大规模的重组、并购。最典型的就是山西煤炭资源整合。4月，按照山西省政府下发《关于进一步加快推进煤矿企业兼并重组整合有关问题的通知》，到2010年底，山西省的煤炭企业数量将从2200家减少至约100家，其中被关闭的中小煤炭企业几乎都是民营企业。截至当年年底，山西省重组整合煤矿企业协议签订率97.9%。山西煤矿企业基本收回国有；9月6日，山东钢铁集团与日照钢铁签订重组协议，双方共同向山东钢铁集团日照有限公司以增资的方式进行资产重组。

在民企并购一国企中，发生了一起群体性事件，也就是2009年7月24日的“通钢事件”，民企建龙集团参与通钢集团国企改制，将持有通钢集团66%股份，通钢集团部分员工找集团领导及建龙管理层抗议，参加抗议的人员一度达万人以上，冲击厂区。由此引发群体事件，通钢集团总经理被工人打死。整个局面失控，公安强攻，24日晚21时许，省政府做出决定，建龙退出，永不在参与通钢重组。这一喋血事件成为民企整合国企中诸多市场理念与文化冲突的悲剧。

而泛海入股联想则意义非凡。9月7日，中国泛海集团以27.55亿元的挂牌价获得了联想控股的29%股权，成为联想控股有限公司的第三大股东。联想控股的股权结构发生了重大变化，原国科占有的65%股权改写成为36%。另外两大股东联想控股职工会占35%，中国泛海占29%。这一股权变化，有利于联想控股进一步改善法人治理结构，保持长期稳定的持续发展。同时有个问题不能回避，那就是关于联想的股权结构，应该说早在 1994 年，联想的股权结构就成为当时柳传志思考最多的问题。如何完善法人治理结构，事关联想发展的全局。而此次联想在整个一个大背景下与泛海联姻，显然正是出于对联想未来的考虑。

而民企“出海抄底”收获颇丰，金融危机为民企走出去提供了最佳时机。

6 月 2 日，四川腾冲重工发布公告称已与通用就出售悍马事宜达成初步协议，引起社会各界的广泛关注。随后，又传来中石化将以 72 亿美元收购瑞士 Addax 石油公司、苏宁电器入驻日本 LAOX 公司成为第一大股东、吉利收购沃尔沃……从汽车、石油到家电零售、服装，从国企到民企，中国企业海外并购开始步入加速期，总之，中国企业手中有钱了，尤其国企更是财大气粗。

2009 年最精彩的并购案，显然是李书福上演的吉利汽车收购瑞典最大的轿车公司，也就是全球汽车公司品牌中以安全著称，具有贵族气的，有着 83 年历史的沃尔沃。1999 年，美国福特汽车以 64.5 亿美元买入沃尔沃的轿车业务，但就是在本轮金融危机中，福特与通用也都陷入泥潭。往日的汽车帝国，在过去的 2008 年，福特全球亏损已高达 146 亿美元，其中，沃尔沃运营亏损 14.6 亿美元，公司出卖沃尔沃是没办法的办法。

而吉利购买沃尔沃，在很多人眼里实在显得有些不可思议。吉利是谁？李书福是谁？一个刚刚起步、东拼西凑的民营汽车制造企业，一个地地道道从农村走出来的放牛娃，而今被称为“汽车疯子”。

李书福靠的是执着、胆识和勇气，经过与福特的反复沟通谈判，终于在 2009 年 12 月 23 日，也就是赶在西方圣诞节到来之前，双方正式对外宣布，吉利以 18 亿美元的价格对沃尔沃汽车实施 100% 股权收购，沃尔沃成为吉利集团的全资子公司，吉利集团向福特公司支付 13 亿美元现金和 2 亿美元银行票据，余下资金将在下半年陆续结清。就即使是这样，当时李书福手中的钱也没有筹齐，福特还贷给李书福 2 亿美元，才达成此笔交易。2010 年 8 月 2 日，吉利控股集团正式完成对福特汽车公司旗下沃尔沃轿车公司的全部股权收购。

李书福实现了任何人也无法想象的一步登天。

这一年中国的汽车产业和房地产产业开始回暖，或是说这两个行业率先走出国际金融危机的阴霾。

但随着全球金融危机的蔓延和加深，使得中国外贸产业本来就已非常严峻的贸易摩擦形势进一步恶化。来自商务部的数据显示，2009 年上半年，中国外贸产业和企业已经遭遇了来自 15 个国家和地区约 60 起各类贸易救济调查举措，涉及金额达到 82.67 亿美元，其中，中小企业所受的创伤最大。

2009 年 4 月 16 日，吴英案一审开庭，经数月审讯，12 月，金华市中级人民法院以集资诈骗罪，一审判处吴英死刑。关于吴英案，自 2006 年以来一直备受社会各界的广泛关注，吴英案其实并不复杂，但在审理中多少有些被弄复杂了，之后很多专家学者站出来为吴英说话，吴英案在某些方面的意义已超越案件的本身，在很多人看来，吴英罪不至死。同时，关于民间借贷等诸多问题，再次引起广泛探讨。

另一个备受关注的事件是东星航空资不抵债被强制清盘，8 月 26 日，武汉市中级人民法院作出判决，驳回申请人湖北东星集团有限公司破产重整的申请，东星航空宣告破产，这也是第一家被强制破产的民营航空公司。东星航空其实并非是遭受“寒流”的唯一一家民营航空公司，此前的 3 月 17 日，四川航空公司宣布注资 2 亿元人民币，持有鹰联航空 76% 的股份，成为控股股东。自此，我国民营航空还剩 10 余家，严峻的外部环境和有限的财力已经让民营航空公司举步维艰。

东边日出西边雨，几家欢喜几家愁。

让民营企业兴奋的是，10 月 30 日，创业板首批 28 家公司在深交所集体挂牌上市，十年磨一剑的创业板终于登上中国资本市场的舞台，成为我国构建多层次资本市场的一个重要里程碑。12 月 29 日，赛为智能、台基股份等 8 家企业拉开了第四批创业板公司发行序幕，加上已上市的 36 家公司，以及第三批的 6 家公司，创业板公司数量正好达到 50 家，截至 12 月 23 日，28 家创业板公司的总市值为 1313.7 亿元，平均市盈率达 104.21 倍。

地产帅哥许家印，在这一年成为《福布斯》中国富豪榜上的中国首富，这得利益于房地产的快速升温，同时，11 月 5 日，恒大地产再次申请在香港联交所挂牌获准，其股票受到追捧，公开发售部分已超额 46 倍，资产一举飙升到 422 亿元。在这一轮房地产热当中，房地产企业几乎没有不赚钱的，同时近十年来在房地产领域成就了一批民营企业家，而且上规模的民营企业几乎没有不涉及房地产业的。

2009年，市场在货币充足的大背景下，中国几乎找不到受国际金融危机的影响迹象。

11月11日，阿里巴巴人为地造了一个节日，“光棍节”，由此，中国电商史上一个标志性的事件发生了，之后每年的11月11日，“光棍节”成为中国亿万网民购物的狂欢节。市场教给企业家的是互联网时代渠道的重要性，渠道，渠道，人们的热情更多的都倾注到渠道上。

2009年12月23日晚，2009年CCTV经济年度人物评选颁奖典礼在北京展览馆举行。最令中国观众动容的是，新浪首席执行官兼总裁曹国伟在获得该年度经济人物时所作的主题演讲。同时他在颁奖典礼上带来新年礼物——一条红色的围脖。

曹国伟先生说：“这是一件非常普通的日常日用品，这是围脖。但是就是这个普通的词，今年却成了互联网上最流行的词语之一，主要原因是我们新浪的微博，我相信微博这个产品会成为下一代互联网的平台，对我们每个人会产生很大的影响。所以我把这个围脖送给2010年的经济，一方面希望微博帮我们大家建立起一个更好的个人与个人、个人与企业的交流、沟通的平台。同时也希望这个围脖，给我们的经济带来温暖。”

金融危机下，中国在2009年交出了一份给世界的答卷：GDP增长8.7%，并对世界经济增长的贡献超过了50%，中国经济的活力令全球更加刮目相看。中国在引领着世界经济的复苏。然而，很多现实问题也变得越来越凸显，宽松货币政策所带来的资产泡沫、通胀预期的加剧、民间投资的不振、房地产隐藏着泡沫、出口的低迷、消费不足、内需如何再进一步的扩大，四万亿的强心剂何去何从，2010年是否还能进一步的刺激，等等。如何管理好通胀预期、如何进一步启动居民消费、如何掌控好宏观调控手段、如何平衡经济结构、实现增长方式的转变等等，对中国经济来说，这些都是面临的重要难题。

互联网企业飞速发展

互联网大有群雄逐鹿之势

2010 年 4 月，几乎在一夜之间，北京所有的公交车站、地铁站的候车厅都被一则清新的广告占领了。以韩寒的形象，为“我是凡客”代言，一个 80 后的青年文学偶像，一个崇尚自由的青年赛车手，凡客，一个陌生的服装电商品牌，在很多人还没完全搞明白电商是怎么回事的情况下，过度超前的凡客创始人陈年在一线城市一夜成名，凡客诚品成为互联网炙手可热的互联网公司。陈年（系笔名，原名王玮），生于 1969 年，2000 年进入互联网行业，曾与雷军是搭档，创建卓越网，凭借其在卓越网总编辑及图书网站销售的资历，2007 年陈年创办凡客诚品，在极短的时间里完成了四轮融资，总计超过 4000 万美元，应该说这个起点是很高的，其目的也很明确，就是要用钱迅速“烧”出一个互联网公司。

凡客诚品横空出世，陈年将其定位为植根中国互联网上的服装品牌，凡客诚品的成功，不但被视为电子商务行业的一个创新，更被传统服装业称为奇迹。当年度仅衬衫就卖出 3000 万件，这相当于创建时间超过 30 年的雅戈尔的 5 倍。互联网的新模式、新玩法，显然对传统服装行业是颠覆的革命；这一年 11 月 11 日，淘宝的“光棍节”实现了 9.7 亿元的销售额，比去年暴涨了十倍，使得“光棍节”被称为“剁手节”；12 月 8 日，生于 1964 年的李国庆，带领当当在纽约证券交易所正式挂牌上市，市值高达 9.35 亿美元，使当当成为中国第一家完全基于线上业务、在美国上市的 B2C 网上商城；生于 1974 年的刘强东，他在 30 岁那年痛下决心，关闭此前所有的线下门店，转型一家专业的电子商务公司，2004 年这一战略决策让京东抓住了未来，到 2010 年底，京东成为国内首家销售额超过百亿元的网络零售企业。

这一年，无论是刚刚诞生新的互联网企业，还是日渐强劲的互联网公司，每个人都能清晰地看到，未来属于互联网，在 2010 年的中报里，腾讯的半年利润是 37 亿元，百度约 13 亿元，阿里巴巴约 10 亿元，搜狐约 6 亿元，新浪约 3.5 亿元。所有这些新经济下成长起来的互联网公司，全都是民营企业，这是一无限宽广的自由的空间，这个空间，最符合市场经济的本质需求，那就是自由。尤其是年轻一代知识分子，在这个空间里，可以迅速摆脱他们上几代人在传统产业里创业时所带来诸多麻烦。在这个空间里，类似以往所有制等问题都不是他们需要考虑的问题，等待他们的是如何把梦想变成现实，互联网是一个实现各种创新的实践场。

2010 年，多个行业向民间资本敞开了投资大门，年初，新闻出版总署发布推进新闻出版产业发展的指导意见，鼓励和支持非公资本以多种形式进入政策许可领域；5 月 13 日，国务院下发《国务院关于鼓励和引导民间投资健康发展的若干意见》(简称“新 36 条”)。“新 36 条”提出，“进一步拓宽民间投资的领域和范围，鼓励和引导民间资本进入基础产业和基础设施、市政公用事业和政策性住房建设、社会事业、金融服务等领域。”这是改革开放以来中国出台的第一份专门针对民间投资发展、管理和调控方面的综合性政策文件。为贯彻落实“新 36 条”，国务院办公厅 7 月再次发文，明确中央政府和地方政府的任务及分工，国家有 20 多个部门分别承担相关任务。但客观地说，之后两个“36 条”落实的都不到位。

12 月，国务院办公厅转发改委、卫生部等部门制定的《引导和鼓励社会资本举办医疗机构意见》的通知，要求放宽社会资本举办医疗机构的准入范围。

遗憾的是，各种鼓励的政策并没有落到实处，用民营企业家的话是：好看，不好吃，或根本吃不着。

11 月 25 日，上证主板市场迎来 IPO 首家民营汽车股票——力帆股份。这家总股本 9.5 亿股的民营车企，从 1992 年注册资金仅 20 万元的小作坊开始，经过 18 年风风雨雨，终于完成了它的华丽转身。力帆股份的顺利上市，有利于缓解其当时发展所面临的资金瓶颈，同时，通过上市，公司建立了更加完善的经营机制，有利于企业做精做强。

生于 1938 年的尹明善，48 岁开始下海，54 岁开始创立“力帆”，在他年过七旬之际，实现了他的力帆汽车梦想。2017 年 11 月，尹明善从岗位上退了下来，47 岁的牟刚担任力帆股份董事长，79 岁的尹明善作为实际控制人，保留其董事职务。在我采访的诸多企业家当中，唯有尹明善是把各种问题想得最明白的一个人，知识分子出身，兼具将领的气魄，做事深思熟虑，遇事则激情四射、一往无前。

2010年，在中国民营企业发展史上注定要留下一笔的是国美控制权争夺战。发生在夏秋之际的股权纠纷大博弈中，作为国美电器创始人黄光裕险些出局。身在牢狱之中的黄光裕是如何“运筹帷幄”，与四处活动的陈晓对决、厮杀，其精彩程度远远超出剧作家的想象，其经典是中国民营企业此前从所未有的。其对企业界的影响将持续发酵，并成为一个案例模板。

自2008年底黄光裕入狱之后，被国美收购的永乐创始人陈晓出任国美董事长。他的出任，在当时确实稳定了国美的被动局面，实现了利润的逆势增长，在他的的主导下，引入贝恩资本，并成为持有9.98%股份的第二大股东。陈晓面对黄光裕被判14年的裁决，他开始推进“去黄化”的战略。

黄光裕在狱中则发布声明要求罢免陈晓，其理由是“陈晓乘人之危，阴谋窃取国美人共同的历史成果和未来的事业发展平台”。

事件的起因是2010年的5月11日，在贝恩投资入股国美电器8个月后，在国美电器走出危机、恢复正增长的情况下，由2008年黄光裕控制的两家控股公司、拥有31.6%股权的国美电器大股东在股东周年大会上突然发难，向贝恩投资提出的三位非执行董事投出了反对票。但董事会一致同意推翻股东大会结果，重新任命竺稼、雷彦、王励弘三人继续担任董事。

2010年8月4日晚7时30分，陈晓收到黄光裕代表公司的要求信函，要求召开临时股东大会，撤销陈晓董事局主席职务、撤销国美现任副总裁孙一丁执行董事职务。至此，黄光裕与国美当时管理层的矛盾彻底公开化。

2010年8月5日，国美电器发布公告对黄光裕进行法律起诉，针对其于2008年1月及2月前后在一笔涉及24亿港元的回购股份行为中，被指称的违反公司董事的信托责任及信任的行为寻求赔偿。由此拉开了惊心动魄的国美电器董事会控制权之争的帷幕。

2010年12月17日，国美电器发布公告，在当日举行的股东特别大会上，投票通过11月份提出的三项议案，国美董事局人数增至13人，同时委任邹晓春、黄燕虹进入公示董事局。

三个月后，陈晓辞职走人。由此，黄光裕将牢牢占据公司大股东的位置，黄光裕这位曾经的首富，中国民营企业界一代创富“神话”，人们希望他存在，希望他东山再起。

2011年3月初，已62岁的张大中担任国美董事长，据说其年薪为一元钱。张大中为北京大中电器创办人，2007年底，大中电器以36亿人民币卖给国美黄光裕。张大中和黄光裕是在电器市场的商战中互相欣赏，虽然从年龄上他们有差异，但两人之间的往来和商业故事精彩得如同一部电影。早已游玩四海的张大中，此时出任国美董事长，足见黄氏家族对张大中的信任，而张大中也重情重义，任命后使国美在市场上稳健前行。

国美股权与控制权之争，是中国企业治理中现代商业社会中的一个经典案例，尤其是对发展中的民营企业，更有其现实意义。这是市场理性博弈的必然结果，资本市场已脱离了疯狂的道德攻击，向理性方向不断迈进。无论是资产的拥有者，还是资产的管理者，以及对职业经理人，创业者等等，都可以有多重的解读。

这一年，在上海举办的第41届世界博览会上，由复星集团联合红星美凯龙、阿里巴巴、大连万达、民生银行、苏宁电器等16家民企组成的中国民营企业活力矩阵，以中国民营企业联合馆为平台，共同闪耀亮相，向世人展现了这些企业以及他们的生长轨迹，赢得了广大游客的一致好评。从5月1日至10月31日，参观中国民营企业联合馆的游客已超过210万人。

民企转型

民营企业的转型发展

2011年，中国手机产量为9.98亿部，在全球的份额超过60%。智能手机已成为手机消费市场主力产品。同时移动互联网的发展也吸引了越来越多的创业者。

在诸多创业者中，小米显得格外抢眼，这家雷军创办的公司在短时间内迅速崛起，很快吸引了9000万美元投资并与中国联通达成合作，估值达10亿美元。从4月份开始，雷军把全部精力都用到智能手机的研发上，他组建一支200多人的团队，其中有一半的成员来自金山、微软、摩托罗拉和谷歌。雷军显然是比其他人更加先看到未来移动互联网的聚变。尤其是在市场营销上，小米完全继承了苹果公司“饥饿营销”的衣钵。

这一年，已42岁的雷军，仿佛一切都已准备好，他就是要高调地展示，他深知一位营销大师的一句话：一生所卖，唯有自己。8月16日，身穿黑色T恤和蓝色牛仔裤的雷军，出现在小米手机的发布会上，不知从何而来的粉丝把发布现场搞得拥挤不堪，整个发布现场与每年苹果的产品发布会几乎是如出一辙，而雷军的扮相和神采，完全是按乔布斯打造的。他在发布会上的演讲，其实就是一次精彩的表演，他的演讲不时被掌声和笑声打断，他对小米手机的自信，非常具有煽动性，在价格上，他喊出："这是我们的割喉价。"而在不到半年的时间里，其销量突破100万台，而且交易全部是在网上进行，一改传统的地面渠道支持。

雷军和他的小米横空出世。

而两个月后，10月6日，无数人的精神偶像，乔布斯走了，年仅56岁，虽然他离去，但始终影响着互联网世界。

2011年10月，发改委针对五个试点城市云计算应用示范工程的首批资金支持得到批复，扶持资金规模达到15亿元，包括阿里巴巴、百度、腾讯、金蝶软件等在内的十多家企业获得千万元乃至上亿元的扶持资金，这一年被业界认为"云计算元年"。

从各行业的投资表现来看，互联网行业岿然不动，保持领先地位。随着百度、新浪、腾讯和阿里巴巴等网站的成功上市并发展壮大，中国的互联网时代进入了快速发展期，众多的互联网公司在美国上市的经历，也让这个行业成为VC/PE最为看好的行业。之后5年，中国因这一行业一枝独秀。

2011年，可以说自国际金融危机以来，中国经济真正步入"最困难的一年"，这不仅体现在经济中的困难，各种问题、各种矛盾都在不断显现。"国进民退"说法官方不认同，同时国家统计局还有专人出面解释说，从数据上来看，不支撑"国进民退"一说，主要以从企业增长，国有单位及民间投资的比较，以及国内贸易等数据为依据。

在四万亿元的投资刺激下，国有企业突然财大气粗，使民企在很多项目上不得不望而却步。

2011年7月，CPI创新高，达到6.5%。6月、7月、8月、9月，CPI连续4个月都在6%以上，通货膨胀成为2011年中国经济最大的风险。中央政府加大调控手段，尤其是对房产的“限购”，同时导致整个经济降速。

受国际经济复苏乏力、人民币持续升值等因素的影响，中国外贸增长速度回落。欧债危机成为新的麻烦，欧债危机对中国的传染途径主要有贸易渠道和金融渠道两种方式，而且在不断的发酵。这主要表现在实体经济受到冲击，外需萎缩，打击了中国出口，中国经济所仰仗的“三驾马车”，由此开始出现明显的失衡。金融方面避险情绪都在上升，从而引导全球资金撤离，包括新兴债市与股票在内的各种风险资产，对中国资本市场造成影响。同时欧洲银行面临去杠杆化的压力，被迫从欧洲和海外信贷市场退出，从而导致其他国家信贷紧张。

5 月份出现密集的中国概念股赴美上市潮后，中国概念股便开始了他们噩梦般的日子，部分公司的违规事件让整个中国概念股遭受牵连，大部分公司股价偏低，股价拦腰折断，全年有 67 家中国概念股遭受过第三方机构的质疑。

做空中国概念股的机构如浑水公司等，直接或间接导致股价跌至 1 美元的中概股有几十家，一时间，大量中国概念股人心惶惶，生怕被浑水和香橼等做空机构瞄上。随着做空的屡屡得手，做空机构瞄上更加知名的而中国概念股，以奇虎 360、分众传媒、新东方等为代表的一批中国民营企业公司遭空头猎杀，虽然他们迅速反击，但仍让做空机构探出了虚实，哪怕市值很高的知名中国概念股同样可以做空。截至 11 月 30 日，被摘牌或退市的中国概念股的数量有 46 家。

从年初 1 月 25 日，香格里拉藏药率先赴美上市，由此拉开 2011 年国内赴美上市的大幕，一批中国企业紧随其后，中国的民营企业掀起赴美上市的高潮。同时，中国概念股从被资本追捧的对象转变为被资本猎杀的对象，对中国概念股财务造假的指责，从另一角度让中国的民营企业品尝到赴美上市的不如意，当然其中也有被“误杀”和“错杀”的。

国内，创业板队伍壮大从两年前的 28 家扩容到 2011 年 12 月 26 日的 277 家，无数中小企业通过成功上市在资本市场上融到了企业发展所需的资本，但“三高”问题始终困扰着创业板，之后，创业板股价去泡沫化加速，半数公司破发。

从 4 月初开始，就不断有浙江企业主跑路的新闻传出。这主要是温州三家老牌企业，三旗集团、波特曼和江南皮革相继破产或倒闭。随之一些破产或倒闭的企业中，江南皮革老板黄鹤逃往国外，波特曼咖啡老板严勤为、天石电子老板叶建乐、落之神鞋业老板吴伟华等老板均出走。老板“跑路”现象迅速蔓延，温州、台州、泉州等地相继出现大量“跑路”现象，经济不景气，银行贷款等诸多市场压力下，他们选择“一跑了之”。

据《温州民间借贷市场报告》显示，有 89% 的家庭个人和 59.67% 的企业参与民间借贷，温州民间借贷规模高达 1100 亿元。而据一些当地的企业家说，这还是一个保守数字，真实数据可能在 2000 亿元以上。

温州日丰打火机有限公司董事长黄发静说:“有多少温州人拿 1 亿的钱敢做 10 亿的买卖。能借就借，能贷就贷，只怕借贷不到钱。”人们看到，在过去的几年里，温州一批民营企业的摊子越铺越大，炒房地产、投资采矿业、投资光伏产业、进军船舶业，参与资本运作等。在那民本喷涌的日子里，他们不仅赶上了政策鼓励多元化投资，也赶上了资金乱飞的“疯狂岁月”。

据了解，在温州一般月息是 2 分到 6 分，有的甚至高达 1 角 5 分，年利率达 180%。大多数中小企业的实业毛利润不会超过 10%，一般在 3%~5%。此次温州的借贷风波，也让温州金融震荡。

对于温州企业来说，这几年他们一点也不担心资金缺口，政府出台 4 万亿救市政策，银行手上有大批的钱要放出去，各级银行都有放贷任务，在这样的情况下，银行千方百计、想尽一切办法让企业贷款。过去一向面临融资难、融资贵的温州民营企业，一夜之间“满地尽是人民币”，这么多钱都从哪里来?除了从实体经济抽血之外，多数资金是来自民间借贷，而民间借贷的源头其实还是银行。

在温州，企业家们几乎曾被银行“诱惑”过。一些融到钱后的企业家，并没有把资金投入到实业当中，而是开始过度盲目地扩大投资，甚至是温州人曾经并不曾介入的股票市场，期货市场等，一些温州企业慢慢丢弃主业，热衷起投资。在面对一边是艰辛而利薄的传统制造业，一边是可能收获丰厚回报资本运作，一些企业甚至干脆拿钱加入了放高利贷的队伍。

尽管资本的逐利是天性，但是任何事情都不能过度，否则过犹不及。银行没有节制地放贷，庞大的民间资本盘旋在非理性的漩涡里，企业家过度盲目融资、投资等，这些都为 2011 年的温州民间借贷风波埋下伏笔。

进入 9 月，微博网友爆料了一份《近期温州老板跑路清单》，其中涉案金额少则几千万、多则几个亿。9 月 20 日，温州眼镜行业龙头企业浙江信泰集团董事长胡福林失踪，21 日，经确认，由于胡福林负债过高、资金链断裂不得不逃跑。号称“眼镜大王”的胡福林跑路，很快在全国引起轩然大波。加上此前的一些老板跑路，连锁反应下，温州区域会受到更大的影响。紧接着，22 日，仅这一天，温州就有 9 个老板跑路。24 日，温州街头有上千名员工讨要工钱。

温州作为中国民营经济的风向标，正与反的问题往往先行先显，其风险也往往比别的地方先暴露。资金链、担保链带来的风险已远远不止在温州一个城市，民间借贷风波正由温州向外不断蔓延，浙江台州、宁波、慈溪、绍兴、诸暨、杭州、萧山等地均已先显同类事件。除浙江省内，上海、江苏、福建、河南、云南等地也出现多宗因企业欠银行贷款和民间借贷而陷入危机的事件。

此事引起国务院的高度重视，10 月 3 日至 4 日，时任总理温家宝先后到浙江绍兴和温州考察，针对民间借贷，高利贷，非法集资等问题发表意见，要求妥善处理企业之间担保、企业资金链断裂。进一步强调支持中小企业发展。

3 年后，也就是 2014 年，我再次去温州采访，仍能感到三年前的借贷风波使温州元气大伤，但在我看来，这正是温州企业需要转型，面对市场要有新作为的开始。

2011 年 11 月 8 日，中国民营企业 500 强榜单出炉，这是由全国工商联主导的一个民营企业调研工作，该榜单最初为“中国民营企业上规模 500 家”，2011年，为了扩大此调研的品牌影响力，特更名为“中国民营企业500强”①，并为此专门召开 500 强发布会，此项调研工作一直延续，每年中国民营企业 500 强的发布，为民营企业创新发展、转型升级提供了榜样和示范。

2011 年，“中国民营 500 强企业”中，有 10 家企业的营业收入超过 500 亿元，有 220 家超过 100 亿元；资产总额超过 500 亿元的企业有 14 家，超过 100亿元的企业有182 家；有46 家企业缴税超过10亿元。营业收入前四的是：华为技术有限公司，江苏沙钢集团有限公司，苏宁电器集团公司，联想控股有

① 《中华全国工商业联合会简史》编写组．中华全国工商业联合会简史 [M]．北京：中华工商联合出版社，2017：305.

限公司。

2011 年 7 月 23 日，甬温线列车发生特大列车追尾事故，造成 40 人死亡。高速行驶的中国高铁，不得不自己把速度降了下来。

2011 年，中国经济整体增速回落，货币政策微调，加入世贸组织十年，外贸破 3 万亿美元。12 月 28 日，上证综指收报 2170.01 点，低于 10 年前 A 股牛市时的最高点。股市回归原点的同时，中国 GDP 增速在过去 10 年里从未低于 8%，经济总量在 2001 年约为 10 万亿元，2010 年已增至已约 40 万亿元。

国际金融危机已过去 3 年，复苏迹象仍没有显现，中国民营企业面临着转型的挑战，但转型不是一天就可以完成，中国民营企业由此开始分化，主要体现在产业和企业未来战略上，这都在 2018 年之后得到验证。

第五部

新兴产业爆发时代 2012–2018

第十五章

中国经济开始转向（2012，2013）

"霾"

新加坡《联合早报》选出的年度汉字，2013 年

民营经济快速发展和成长

民营企业寻求脱胎换骨

2011年的胡润百富榜上，梁稳根以财富700亿元首次成为这一年的中国首富。

生于1956年的梁稳根，是知识分子下海和机关干部下海的代表，1986年辞职下海，东拼西凑6万元，创办了一家焊接材料厂，1991年将企业更名为“湖南三一集团有限公司”。从此，三一集团发展成为以高科技为支柱的国际产业集团，主导产品有工程机械、超硬材料、焊接材料、客车等。其核心企业三一重工股份有限公司成功上市，成为湖南民企第一股，并成为中国最大的工程建设机械企业之一，产销量在同行业位居首位。公司出口业务拓展到多个国家和地区。2005年，三一中国股份分置改革方案以高票通过，由此成为中国股权分置改革第一股。

能够把混凝土源源不断送上摩天大楼的混凝土泵，最早出现在国外，但能把混凝土输送高度的记录却是由三一创造并保持的。2009年9月，在香港国际金融大楼施工现场，三一混凝土泵将混凝土送上了406米的施工面，比国外企业创造的308米的世界纪录，提高了将近100米。之后的三峡三期工程，三一新一代三级配混凝土输送泵试打成功，使输送三级配混凝土成为现实，填补了国内外工程机械的空白。

在青藏铁路、南水北调施工现场、京珠高速公路，阿联酋迪拜等国内外大型工程中都可以看到三一重工的身影。三一重工的快速发展，同时也得益于国内外大规模的基本建设。尤其是2008年以来的“四万亿计划”，三一重工成为最大的受益者之一。三一重工的工程设备供不应求。

2012年1月21日，三一重工联合中信产业基金，宣布收购世界混凝土机械第一品牌——德国普茨迈斯特100%股权，其中三一重工占90%，中信基金占10%。这一战略并购，改变了世界混凝土机械的竞争格局，三一由此成为混凝土机械全球领导者。

但一切往往又都不能都遂愿。2012年，随着基建投资的降温，工程机械行业徒然冷却，三一重工上半年的营业利润下滑18.6%，负债急剧增长，其流动负债达 307 亿元。

从 2012 年开始，中国企业再想过以往的那种好日子，已经很难了，过去所说的什么人口红利，后发优势，出口优势，土地优势，劳动力优势，等等优势，仿佛一夜之间就已消耗殆尽，产业转移，劳动力转移等问题已经摆到人们面前。

2012 年 2 月的早春，我到著名经济学家吴敬琏的家中拜访吴老。在吴敬琏先生看来，他多年前就多次提出转变经济增长方式，企业要抓紧转型升级，在 2008 年之前，很多问题就已暴露的很明显，当时很多企业早已看到这一点，但就在这一时间段上，国际金融危机的到来，让所有的企业和政府部门都感到措手不及，先是忙于应对，之后是盲目投资拉动，这使得企业转型升级丢失了最好的时机，使企业中问题更加凸显。于是很多问题一下全都暴露出来，企业显得措手不及。

3 月 5 日，温家宝在作的政府工作报告中，调低经济增长目标，7.5%，这是八年来首次低于 8%。

中国经济转向始于 2012 年，中国的民营企业更是感同身。喊了多年的民营中小企业的融资难等问题不但未能解决，反而困难重重。沉重的税费压力以及转型的挤压下，很多企业主深知，不转型是等死。于是，很多民营企业老板选择移民，民间资本开始外逃。

2012 年，三一集团全年始终都处于媒体和社会的关注之中。3 月，三一集团关联公司罗尔斯公司收购了位于美国俄勒冈州的 4 个风电场项目，该项投资遭到美国海外投资委员会的关注。9 月 12 日罗尔斯公司正式向美国哥伦比亚特区联邦地方分区法院起诉美国国家安全委员会，原因是其在美国俄勒冈州一军事基地附近兴建 4 座风力发电站的 ButtCreeK 风电项目，被涉嫌威胁美国国家安全为由受阻，从而遭受了巨大经济损失。9 月 28 日，美国总统奥巴马更是以该理由签发总统令，要求中止该风场的风电项目。随后 10 月 1 日，罗尔斯公司又将美国总统奥巴马加入诉讼对象。

该案北京时间 11 月 28 日深夜在美国哥伦比亚特区联邦地方分区法院首次开庭。后来此案被视为中国制造企业第一次拿起法律武器对美国贸易保护主义说不，三一集团董事向文波对媒体说：“我们是为尊严而战，公平、正义比利益更重要。”

让梁稳根引以为荣的是，11月8日，中国共产党第十八次全国代表大会在北京召开，梁稳根作为民营企业家代表出席大会。民营企业家以党代表身份出席党的换届大会，更加希望国家继续深化改革，开放更多的市场给民营企业，给民营企业更大的发展空间。

在这一年，三一重工另一备受瞩目的事件是总部搬迁进京。主要是为了规避恶性竞争，加速推动公司国际化进程。但之后的五年，三一集团在转型中深度调整，从一个被仰视的高度滑向了低谷。直到2017年后，三一集团才在转型中逐渐恢复了元气。

中国的民营企业，顺风顺水时，老板风光无限；如遇危机瞬间崩塌时，便风光不再，比如无锡尚德，但这绝不仅是施正荣一个人的命运，他成为了许多民营企业家的代表，尚德公司也成了不少民营企业的符号。

2012年以来，受欧美债务危机、“双反”调查①、国际市场需求不旺、国内产能过剩等不利因素影响，中国有近1/3的光伏企业处于停产或半停产状态，多家企业倒闭，其中民营光伏企业成了重灾区。光伏产业的辉煌已不复存在，取而代之的是各种煎熬。据统计，A股太阳能发电板块共计79家上市公司，2012年53家亏损，净利润下滑的有29家，占总数的55%。

针对光伏产业的问题，国务院召开常务会议，研究确定促进光伏产业健康发展的政策措施。会议确定光伏新政：鼓励市场淘汰，减少政府干预。会议认为，产能严重过剩，市场过度依赖外需，应充分发挥市场机制作用，禁止地方保护。

其中最典型人物当属施正荣。施正荣，1963年生，毕业于澳大利亚新南威尔士大学，2000年回国创办无锡尚德太阳能电力有限公司，他属于典型的海归科学家创业的代表，2005年无锡尚德在美国纽交所上市，以23亿美元身家成为中国的新首富，无锡尚德成为中国最大的光伏企业。

但施正荣的神话，完全是一个特例，他的创业本钱就是自己的一台笔记本电脑和几页商业计划书，真正的出资人是无锡市政府。这个项目的一开始就得

① “双反”调查，是指对来自某一个（或几个）国家或地区的同一种产品同时进行反倾销和反补贴调查．中国新闻网[EB/OL]．2011-12-11.

到政府的全力支持，政府出资 650 万美元作为启动资本，当地政府在土地、税收等政策上给予全面倾斜。在赴美上市前夕，政府采取新玩法使国有股退出，施正荣成为上市公司的董事长兼 CEO，施正荣虽已是澳大利亚国籍，但在股权改制上仍享有全部红利。

而在“四万亿计划”的刺激下，无锡尚德就是一个财富快速增长的样本，由此中国光伏产业进入迅速发展时期，仅浙江省就有 205 家光伏企业。中国的光伏产业也就是十年的光景，从无到有，到 2010 年前后，其产能占全球的一半以上。然而神话很快成为泡影，2011 年，美国和欧洲开始对中国光伏产业开展反倾销、反补贴的“双反”调查，这使得全行业到 2012 年迅速崩塌。

2011 年，尚德净亏损 10 亿美元，第二年第二季度，企业已难以运转，不得不大规模裁员，其总负债高达 20 多亿美元，它在纽交所的股价从最高 98 美元跌到 1 美元。无奈，施正荣在 2012 年 8 月辞去尚德的 CEO 职务，年底董事会宣布罢免他的董事长职务，施正荣发表声明认为此举违规，一时成为媒体追踪热点。

10 年多一点的光景，中国民营企业界的一个神话，一个全新产业的财富传奇，一场企业的生死大戏，就这样灰溜溜的收场了。但有一点不能否认，作为中国光伏产业的缔造者，施正荣所创造的价值丝毫不亚于任何商业领袖，但市场留给企业和他本人的命运就是这样一笑而过。这个产业本身没有问题，问题是 90% 的原料依靠进口，而 90% 的产品则依赖出口。其最重要的原材料多晶硅，基本上都是掌握在外商手中，这样一个看得见却摸不到的产业，对中国民营企业而言就是一个巨大的坑，这使得中国的民营企业家再次认识了市场的残酷。

2012 年，无论是国内市场，还是国际市场，其风云变幻之快，只有企业和企业家们能够感觉到。

2012 年 1 月 25 日，华为从东英格兰经济发展署（EEDA）手中收购了集合光电中心有限公司（CIP）资产。华为将保留该公司研发团队，进而形成华为英国研发中心的新核心，作为其全球研发网络的一部分，华为在欧洲的雇员已超过 7000 人。除此之外该公司还宣布，将在英国投资 20 亿美元，并斥资 9000 万美元在芬兰开设研究中心。2012 年，美国众议院情报委员会认定，华为及其同行中兴通讯的电信设备对美国国家安全构成威胁，由此，华为登上了各大媒体的头条。

5 月 21 日，万达与美国 AMC 娱乐公司签署协议，以 26 亿美元收购全球排名第二的美国院线 AMC 全部股权，其中包括承担 AMC 近 20 亿美元负债，AMC 实际股权作价不到 7 亿美元。9 月 4 日，在洛杉矶举行的交割仪式上，万达又宣布再向 AMC 投入 5 亿美元作为运营资金，第一笔 5000 万美元已经到账。至此，在中国各大城市做商业地产的万达，为 AMC 共斥资 31 亿美元，成为中国民企最大一宗海外并购。

此时的万达正处于商业高歌猛进的时期，这一年的 12 月，万达集团董事长王健林当选为全国工商联副主席。王健林，1954 年生，1970 年入伍，1986 年从部队转业，1989 年担任大连万达集团董事长，这使得他为人行事都有着军人的气质和作风，在他身边工作的人，几乎无法跟上他紧迫工作的节奏，跟他在一起，总有一种要去打仗的感觉。2013 年福布斯中国富豪榜上，王健林以净资产 860 亿人民币问鼎中国首富；2014 年，王健林净资产达到 1543 亿人民币；2015 年，王健林以 2600 亿财富首超李嘉诚，成为全球华人首富，2017 年，王健林以净资产 314 亿美元成为亚洲首富。

王健林的财富增长主要是从 2007 年到 2018 年十年时间完成的。其实，整个中国民营企业的财富都是在这一个 10 年里发生的巨变。这 10 年的政策和市场给民营企业和企业家提供了非凡的展示余地和想象空间。

其实，世界 500 强企业，没有一家不是通过并购来实现财富增长的。[①]

2012 年前 9 个月，中国民企参与海外并购数量占到总量的 62.2%，一改多年以来国有企业在并购市场的主导权，首次超过国企。此后 4 年，民营企业在海外并购数量的比重持续升高，并购已成为中国民营企业产业整合的基本手段和资产优化的理想办法，中国民营企业正成为全球市场上无可置疑的重要买家。中国民营企业通过并购进入国际市场，不仅开始脱胎换骨，更是进入更大世场的成人礼。

2012 年的春节前后，很多民营企业的日子都过得非常紧巴。2 月，“温州

① 亚洲商学院，全球并购研究中心．新世纪中国十大并购 [M]．北京：首都经济贸易大学出版社，2011.

船王"陈通突然失联。东方造船集团在 2011 年 8 月才在伦敦证交所 AIM 市场挂牌交易，而今就被曝出 11 亿元的巨额债务。陈通无法偿还这些找上门的债务，只好选择跑路。由此，备受追捧的造船企业转眼间一个个宣布破产。从 2012 年到 2013 年，全国 3400 家造船企业全部面临订单锐减、交船难和资金链断裂等困境，倒闭歇业的企业超过 2000 家，整个行业全线溃败。

跑路如同瘟疫般不断蔓延，相关部门必须拿出切实可行的办法解决眼下民间资本的窘迫局面。

2012 年 3 月 28 日，国务院常务会议决定，设立浙江省温州金融综合改革试验区，并确定了温州市金融综合改革的十二项主要任务。中国金改就此拉开序幕。随后，温州民间借贷中心、温州中小企业融资服务中心先后挂牌，温州金改广场正式开业。11 月温州民间融资管理条例起草完毕，（草案）共 9 章 117 条，涉及总则、民间借贷，私募融资、民间融资组织、民间融资服务、民间融资行业协会、民间融资监督与检查、法律责任、附则。11 月 23 日，"千呼万唤始出来"的浙江省温州市金融综合改革试验区实施细则（12 条实施细则）终于出台。实施细则通过打造"中小企业金融服务中心"和"民间财富管理中心"，力图用 5 年左右的时间，构建与温州经济社会发展相匹配的多元化金融体系。无独有偶，2012 年 7 月 25 日，中国人民银行、国家发改委等八部门联合印发的《广东省建设珠三角金融改革创新综合试验区总体方案》在广州发布，这是国内金融改革中覆盖内容最广泛、涉及范围最大的金融改革方案。继温州、珠三角、福建省泉州成为第三个国家级金融综合改革试验区。

8 月 15 日上午 9 时许，一场蓄势已久的电商价格战火热开战。这是一次由京东商城发起的针对苏宁、国美的价格战，之后被媒体称为："电商价格战""电商烧钱战""电商三国杀"。14 日上午 10 时，京东 CEO 刘强东通过微博燃起电商争霸导火索，称："京东大型家电三年内零毛利，所有大家电保证比国美苏宁连锁便宜 10% 以上。"很快，包括苏宁、国美等多家电商高层在微博中回应了刘强东，随后，当当、易迅等企业也加入此战，很快演变成整个国内电商行业混战局面。刘强东不断放出更狠的话："如果苏宁敢卖 1 元，那京东的价格一定是 0 元！"15 日上午 9 点开始，国美电器网上商城全线商品价格比京东商城低 5%，并且从周五开始，国美 1700 多家门店将保持线上线下同价。截至当日时间 13 点 32 分，京东商城大家电品类总销售额超过 2 亿元，全国一半的库存被抢光。

电商价格大战引发各界高度关注后，相关部门派出了三个工作组对三家企业进行了调查。9 月，发改委认定，三家电商在“价格战”中都存在价格欺诈，主要问题有：虚构原价即促销价高于原价、没有履行价格承诺以及商家实际有货，但却在网点上显示无货，欺诈消费者。发改委对苏宁、国美、京东进行处罚。三家当事企业对此事做出回应，纷纷对消费者表示致歉。发改委价格监督和反垄断局市场监督处处长明确表示，针对电子商业行业这种新兴业态，有关部门正在考虑制定相应的电子商务价格行为指南，从而进一步规范网上交易行为。

这场电商大战，交战几方都是来自民营企业，人们发现：市场认定的是“市场游戏”，互联网更是如此，而在互联网世界里，没有人会去留意交战的企业性质和所有制，而更关注的是市场的结果本身。30 多年前，人们争论的雇工是 7 个还是 8 个，是姓“资”姓“社”，现在已经几乎被忘却，但中国的民营企业是从争论中走出来的，早已不去关注那些话题，人们更注重的是如何通过市场来解决市场中的问题，即使是国有企业也把注意力更多转向市场，在市场面前，在互联网的世界里，在资本市场，在产业整合中，在并购的买卖中，类似所有制的问题越来越退其后，混合所有制成为了共识。虽然问题仍然很多，但方向已经明确。

2012 年 11 月 8 日，中国共产党第十八次全国代表大会在北京召开，有 34 位民营企业家党员当选为代表。人们发现，党的十六大召开时，有 7 名民营企业家当选，党的十七大增加至 17 名。十八大报告又一次明确，鼓励、支持、引导民营经济健康发展，尤其提出“保证各种所有制经济依法平等使用生产要素，公平参与市场竞争，同等受到法律保护”。

对中国的民营企业来说，十四大确立了社会主义市场经济的改革目标；十五大提出“股份制是公有制的主要实现形式，确立了公有制为主体、多种所有制共同发展的社会主义初级阶段基本经济制度”；十六大提出“毫不动摇地巩固和发展公有制经济、毫不动摇地鼓励、支持和引导非公有制经济发展”；十七大在“两个毫不动摇”的基础上，提出国企民企“两个平等”：即坚持平等保护物权，形成各种所有制经济平等竞争、相互促进新局面。

从 2002 年党的十六大首次提出“两个毫不动摇”，到 2012 年的党的十八大，这 10 年，是中国民营经济快速发展和成长的最好阶段。这既得益于历次党代会对非公有制经济理论上的不断突破，同时更得益于整个社会对民私营企业的认识达到一个新的高度。认识到社会主义建设，没有民营经济不行，认识到社会主义市场经济这条道路要坚定不移地走下去，认识到应该坚持“两个毫不动摇”，是中国特色社会主义的发展道路。

同时，在国际金融危机之后，中国经济发展的下行压力巨大，民营经济也面临成本上涨、资源紧缺、通货膨胀等种种考验。虽然 30 多年一直持续快速发展，但发展质量不高，基本上是拼资源、拼环境、拼廉价劳动力，产品附加值低，自主品牌少，创新能力不足，过度依赖外需拉动的发展模式已走到尽头。

2012 年以来，多个有关中国私人财富的调查报告不约而同提到了“富豪移民”的现象。而俏江南创始人张兰加入外国国籍一事，更是引起人们对这一现象的关注。《2011 年中国私人财富报告》显示，资产在 1000 万元的人群中，有 60% 已经完成或正在考虑投资移民；在资产过亿元的富豪中，47% 表示正在考虑移民。中国成为世界最大的“富豪出口”国。

根据一家中国学术组织所做的调查显示，在中国的成功企业家中已有相当大的比例正在寻求移民，以此来保护他们的财产、为他们的孩子提供更好的教育以及享受悠闲而有质量的生活。有现实问题已显现，富豪移民会造成财富和人才的大量流失，不仅影响中国经济发展，还将造成深刻的社会危机。继 2003 年前后出现第一轮国内富人移民潮后，新一轮国内富人移民潮在 2009 年开始升温，到 2012 年已出现的三次移民潮。这次移民除了“有钱”，还呈现出“高学历”“年轻化”的趋势。

2012 年末，中国的大众富裕阶层达到 1026 万人，其中 20% 的人有移民意愿，即远超过 200 万人的大众富裕阶层有移民的想法。个人资产超过 1 亿元的大陆企业主中 27% 已移民。

互联网成就一批民企大佬

80后创业者异军突起

2013年，强雾霾侵袭大半个中国，中国的十面霾伏，尤其是北京长时间被雾霾笼罩着，引发世界关注。

雾霾频发，已成为中国生态环境恶化最直观、最让人感同身受的现象，多年来以经济建设为中心的掠夺式发展，让人们正在吞噬生态和环境保护的恶果，人们开始为糟糕的环境发愁了。元旦前夕，国家主席习近平考察北京市时还专门回应了雾霾问题，雾霾的严重程度令决策者们也无法回避。

新的增长模式考验着中国经济的发展。

1月16日，全国中小企业股份转让系统揭牌仪式举行。这意味着市场传闻已久的新三板交易模式正式诞生。作为中国场外市场建设的标志性事件，全国中小企业股份转让系统是由国务院批准设立的全国证券交易场所，其运营管理机构以有限责任公司形式设立，为非上市股份公司股份的公开转让、融资、并购等相关业务提供服务。

2月，《全国中小企业股份转让系统业务规则》及配套文件正式发布实施，意味着新三板业务走上正轨。12月14日，国务院发布《关于全国中小企业股份转让系统有关问题的决定》，新三板全国扩容方案正式出台。《决定》指出全国股份转让系统申请挂牌的公司应当业务明确、产权清晰、依法规范经营、公司治理健全，可以尚未盈利，但须履行信息披露义务，所披露的信息应当真实、准确、完整。

如何给民营企业带来既看得见、又摸得着的实惠，这需要决策者有态度，同时更要有相应的办法跟进。

3月17日，在这一年的两会记者会上，人们感受到李克强总理释放的改革信号——简政放权，将国务院各部门行政审批事项消减三分之一。很显然，总理是要通过释放制度红利为民企松绑。

5月15日，国务院决定，取消和下放一批行政审批项目等事项，共计117项。此后，国务院多次下发通知宣布取消和下放相关的行政审批项目。10月25日，国务院常务委员会会议部署推进公司注册资本登记制度改革，改革内容主要包括放宽注册资本登记条件、将企业年检制度改为年度报告制度、放宽市场主体住所（经营场所）登记条件等。

6月20日，国务院常务委员会会议首次提出“探索设立民营银行”；7月5日，国务院发布“金融十条”，提出了尝试由民间资本发起设立自担风险的民营银行、金融租赁公司和消费金融公司等金融机构。8月9日，银监会发布《中资商业银行行政许可事项实施办法（征求意见稿）》，对发起人的约束和要求大大降低。十八届三中全会通过的《中共中央关于全面深化改革若干重大问题的决定》，更从顶层制度设计上明确提出：“扩大金融业对内对外开放，在加强监管前提下，允许具备条件的民间资本依法发起设立中小型银行等金融机构。”12月16日，中国银监会主席尚福林表示，2014年银行业将细化设立民营银行的政策思路。有关民营银行的政策走向，逐渐明朗化。

从8月15日第一家民营银行被核准名称后，截止到12月中旬，已有将近50家民营银行名称被核准。2013年对民营银行的政策松绑，民资争相试水银行业，民营企业一直渴望能早一天在中国出现一批“民字号”银行。

9月29日，中国（上海）自由贸易试验区正式挂牌成立。试验区总面积28.78平方公里，相当于上海市面积的1/226，范围涵盖上海市高桥保税区、外高桥保税物流园区、洋山保税港区和上海浦东机场综合保税区等4个海关特殊监管区域。上海自贸区被称为比深圳更“特区”的特区。自贸区实行“一线放开、二线安全高效管区”政策，将为民营企业走出去、利用国内外两种资源、两个市场，提供更大便利；自贸区实行负面清单加国民待遇管理模式，探索从行政审批转为备案登记，包括民营企业在内的各类企业都将获得更大经营自主权；自贸区扩大金融、航运、商贸、文化和专业服务等六个领域开放，民营企业获得更多商机。

自十一届三中全会以来，人们发现，几乎历届党的三中全会都会在经济发展战略决策、理论和相关政策上有着重大的突破。

11月9日至12日召开的中共十八届三中全会也同样如此，而且更看到新一届领导执政一年来的新作为。全会审议通过了《中共中央关于全面深化改革若干重大问题的决定》。《决定》鲜明地指出“经济体制改革是全面深化改革的重点，核心问题是处理好政府与市场的关系，使市场在资源配置中起决定性作用和更好发挥政府作用"，首次提出，"公有制经济和非公有制经济都是社会主义市场经济的重要组成部分，都是我国经济社会发展的重要基础。"明确私产保护，"完善产权保护制度。产权式所有制的核心。健全归属清晰、权责明确、保护严格、流转顺畅的现代产权制度。公有制财产权不可侵犯，非公有制经济财产权同样不可侵犯。"

2013 年的年初到年底，一批重大的金融业改革和与民营企业密切相关的改革措施相继出台。2013 年是 2008 年国际金融危机以来释放政策红利最密集的一年。

十八届三中全会召开之后，国资国企改革大幕很快启动，混合所有制引发市场关注。随着《决定》的出台，有关国资国企改革的话题也再次热了起来。12 月 17 日，上海国资国企改革方案出炉，《关于进一步深化上海国资改革促进企业发展的意见》对外发布，提出 20 条改革举措，上海从"管国企"变为"管国资"。

12 月 19 日，国务院国资委成员亮相国新办发布会，答疑未来国资国企改革路线图。尽管最终的改革文件尚在完善，但从已经披露的信息来看，不仅发展混合所有制想象空间极大，国资委角色变化也渐趋明朗。民营企业有了更多投资空间。工信部已经正式给 10 家左右开展移动转售业务的虚拟电信运营企业授牌。这意味着经过一年半的努力，民营企业进入电信领域终于结出果实。

2013 年，营业税改增值税再度提速。8 月 1 日起，交通运输业和部分现代服务业"营改增"试点在全国范围内推开，部分现代服务业的范围适当扩大，广播影视作品的制作、播映、发行等业务纳入试点。据统计，全部试点地区 2013 年为企业减轻负担约 1200 亿元。

与此前不同的是，2013 年扩大"营改增"试点范围的决定，直接产生于国务院常务委员会会议，会上指出实行"营改增"是推进财税体制改革的重头戏。12 月 13 日，财政部和国家税务总局联合印发《关于将铁路运输和邮政业纳入营业税收改征增值税试点的通知》，明确从 2014 年 1 月 1 日起，将铁路运输和邮政业纳入"营改增"试点范围。随着"营改增"试点范围和行业进一步扩大，全国范围内受惠的地区和企业越来越多，企业转型升级热情高涨。

在很多人看来，银行业能否给民间资本一点空间是事关民营经济发展的重要风向标，原因很简单，银行业在很多人的传统思维里事关国家政权和经济命脉，国家资本要全面控制金融市场。而从 1978 年改革开放之后的 40 年时间里，银行业在民资准入问题上是一个逐步深化的过程，这一过程可以说与市场化改革的进程以及民营经济的发展壮大是同步的，大致可分为四个阶段：

第一阶段（1978 年至 1992 年），尝试允许民资办信用社；第二阶段（1993 至 2002 年），第一家民营银行诞生，即 1996 年 1 月 12 日中国民生银行开业，该银行是 1993 年时任全国工商联主席经叔平提议建立的，他建议“由全国工商联牵头，办一家以民营企业投资为主的股份制商业银行”。提议呈上两天后，就得到朱镕基总理的批示：“请人民银行予以考虑。是否可以试一家。”1995 年 5 月 6 日，国务院发文批复中国人民银行，同意设立一家民营商业银行。但客观地说，由于当时中国银行业并没有真正意义上对民营资本开放，民生银行其实更像是“公私合营”或“官督商办”企业；第三阶段（2003 年至 2012 年）民营开放遇到波折，民资开放加速推进；第四阶段（2013 年至 2018 年），主要标志是十八大之后民营银行真正破冰试水，有了真正意义上的“民字号”银行，民营银行实现常态化设立。

据银监会数据显示，截至 2017 年末，民营银行总资产 3381.4 亿元。17 家民营银行的经营都以互联网银行业务为主。

2013 年，互联网金融风起云涌，金融业竞争格局生变。6 月 13 日，阿里集团携手天弘基金推出的余额宝，从上线到 11 月 14 日不到半年时间，其销售额便超过 1000 亿元，用户数量超过 3000 万。8 月 1 日，第二大在线支付平台腾讯财付通携手华夏基金旗下活期通正式推出微理财。10 月 28 日，“百度金融中心——理财”平台正式上线，推出了与余额宝无不相似的百度“百发”，上线当天，10 亿元额度 4 小时便销售一空。网易宣布 12 月中旬正式推出在线理财平台“网易理财”，并于 12 月 25 日开售基于货币基金的活期理财“添金计划”。12 月中旬，京东宣布，旗下的第三方支付公司网银在线已获得证监会颁发的基金销售支付结算牌照，实际上，几天之前京东已上线了融资产品“京保贝”。

互联网大佬“跑马圈地”，金融界之战越战越酣。互联网金融被互联网企业巨头们看作是揽金之战的最大机会，只有打通金融这根经脉，企业帝国才是真正的帝国。

互联网企业巨头都是民营企业，这一轮民营经济发展以互联网企业为主，其发展速度之快，是过去传统产业无法想象的，而这一批互联网企业的老板从不压抑个性，可能和他们所在的领域有直接关系，自由、开放、创新、张扬个性，这些特点都可以从互联网企业的老板身上找到，马云、马化腾、李彦宏、周鸿祎、张朝阳、雷军、罗永浩、陈年、贾跃亭等等，每一位都具有表演才能。

还有一批 80 后，他们的成功更是这个时代造就的，其中最典型的当属今日头条创始人、CEO 张一鸣。张一鸣生于 1983 年，福建龙岩人，2009 年开始创业，从他常年穿着牛仔裤上的油渍上便可看出他是一个典型的技术“理工男”。2012 年，创办字节跳动，7 月，获得 SIG 海纳亚洲等数百万美元 A 轮投资，2013 年 9 月获得 DST 等数千万美元 B 轮投资，2014 年 6 月获得 1 亿美元 C 轮融资，红杉资本领投，新浪微博跟投。此轮融资估值 5 亿美元，截至 2015 年，今日头条已经在为 2.4 亿用户服务，日活跃用户超过 2000 万。

同样生于 1983 年的程维，在他 29 岁的时候创办小桔科技，他与吴睿、李响一块创业，在北京中关村推出手机打车软件滴滴打车，最初，他们跑了一百多家公司，没有敲开任何一家出租公司大门，他们应验了那句“100 次的失败，第 101 次等待你的可能成功”。2013 年 4 月，十多家打车软件在互相竞争，“摇摇招车”“打车小秘”“微打车”“易打车”等，常常是“滴滴打车”在这边设点，竞争对手在对面设点。2014 年 2 月，“滴滴打车”完成了三轮融资，总共融资 1.18 亿美元，其中腾讯投资近 5000 万美元。2015 年 2 月 14 日，滴滴打车与快的打车宣布战略合并，由此占有了全市场的 87% 的份额，新的垄断地位形成。2016 年 8 月，滴滴出行收购 Uber 中国，其市值高达 500 亿美元。这是过去传统产业想都不可能想到，中国的民营企业在互联网领域找到新的自由空间。

他们的成功，无疑为创业者带来了信心和希望。

2013年，在汉诺威工业博览会上，德国经济技术部第一次提出了工业 4.0[①] 的全新概念，这意味着制造业一场全新的革命开始。很快，一年以后，作为全球制造的第一大国的中国重新制定新的工业化战略，对工业化有了更新的理解，“中国制造 2025”正式推出。

① 工业 4.0，也称为第四次工业革命 [N]. 控制工程在线，2013-9-13.

第十六章

“新常态”与互联网+（2014，2015）

“中国想要什么？”

——《经济学人》杂志在一组系列封面报道中，提出这样的问题，2015年

风景这边独好

横空出世“双十一”购物节

在我个人的记忆中，2014 年应该是“中国微信年”。微信（WeChat），虽然腾讯公司早在 2011 年 1 月 24 日推出微信，但全民微信的景象已经是三年之后了。2014 年春节，腾讯推出微信红包瞬间走红，一夜之间激生出千百万移动支付新客户，为其后很多人彻底改变支付方式在“娱乐”中实现，互联网的发展和由此催生的商业创意令人叫绝。

2014 年 1 月 4 日，微信在产品内添加由“滴滴打车”提供的打车功能，同月 28 日，微信 5.2 发布，界面风格全新改版，顺应了扁平化的潮流，很快，微信智能开放平台正式对外开放，到这一年的年底，开放微信现金红包申请。

而马化腾领军的腾讯在多个领域长袖善舞。1 月 15 日，腾讯宣布以 15 亿港元认购 6.803 亿股华南城新股，打通线上线下一体化商贸。3 月，腾讯 2.14 亿美元入股京东。3 月 26 日，腾讯宣布计划以 5 亿美元购买韩国 CJGames28% 的股份，成为其第三大股东。从传统商贸物流到电商，再到游戏开发商，可以看出腾讯合纵连横的脚步不断加快。

马化腾是一位喜欢穿西服的汕头人，说起话来慢条斯理，温和且为人低调。他生于 1971 年 10 月，1998 年创立腾讯公司，在模仿间不经意打造了一个庞大的“QQ 帝国”，为中国人创造了全新的沟通方式。2018 年 4 月，《时代周刊》2018 年全球百大人物榜，腾讯上榜，他本人成为 2018 年全球最具影响力人物。

这一年，如何消化四万亿货币超发的后果，已成为党的十八大之后新一届领导人必须面对的现实。实体经济的转型升级已被现实的市场逼近绝路，出口、外贸、投资等几乎没有对民营企业有利的，其实在春节前问题都已显现，而春节一过，东南沿海一带的中小企业不断传出企业倒闭和歇业的消息，然后由南及北地蔓延。转型，一夜之间几乎成为所有民企面临的问题，市场变了，而和市场最近的民企必然最先殃及，但转型难困扰着民营企业主，民企深陷其中，尤其是小微企业更加束手无策。

面对整个经济的基本面，面对海量的小微企业，中央密集出台政策力挺小微企业发展。4 月 2 日，国务院常务会议决定延长小微企业减税实施期限，提高优惠政策实施范围的上限；5 月 30 日会议确定进一步减少和规范涉企收费、减轻企业负担；9 月 17 日会议部署进一步扶持小微企业发展，推动大众创业万众创新；10 月、11 月亦有多次会议研究旨在营造鼓励大众创业、万众创新良好环境的措施，并为小微企业送出降费“大礼包”。特别是 11 月 20 日国务院印发《关于扶持小型微型企业健康发展的意见》，从税收优惠、金融担保、创业基地、信息服务等十方面布局小微企业长远发展，被业内称为小微企业发展“新国十条”。

与此同时，民营企业加速进入银行电信等垄断领域。7 月，深圳前海微众银行、天津金城银行、温州民商银行获批筹建，9 月底，上海华瑞银行、浙江网商银行获批，至此首批试点的五家民营银行全部出炉。其中，阿里任大股东的浙江网商银行与腾讯任大股东的深圳前海微众银行备受瞩目，两家银行都将以互联网为主要经营平台，面对小微企业和个人用户。12 月 12 日，中国银监会发布公告，批准深圳前海微众银行开业。这是首家获准开业的民营银行。

在电信领域，12 月 18 日，工信部向 8 家民营企业发放了第五批移动通信转售业务试点批文。至此，工信部共向 42 家民营企业发放了试点批文。

2014 年 5 月，中央政府提出“经济发展新常态”，中国 GDP 增速从 2012 年起开始回落，中国已经告别过去 30 多年平均 10% 左右的增长速度，由高速增长阶段转向中高速发展阶段，而且将成为一个常态。

12 月 9 日至 11 日，中央召开的经济工作会议全面阐述了中国经济发展新常态，中国经济正在向形态更高级、分工更复杂、结构更合理的阶段演化，经济发展正从高速增长转向中高速增长，经济发展方式正从规模速度型粗放增长转向质量效率型集约增长，经济结构正从增量扩能为主转向调整存量、做优增量并存的深度调整，经济发展动力正从传统增长点转向新的增长点。

这一年“风景这边独好”的几乎都是与互联网有关的民营企业。

马云创建的阿里巴巴集团经过十多年的发展，于 2014 年 9 月 19 日在纽约证券交易所上市，由于其承销商行使了超额配售权，此次 IPO 融资额达到 250.3 亿美元。这意味着阿里此次 IPO 刷新了全球 IPO 融资规模。当日，阿里巴巴以每股 92.7 美元开盘，较 68 美元发行价上涨 36.3%，最终以 93.89 美元收盘。以当日收盘价计算，阿里巴巴市值达到 2314 亿美元，成为仅次于谷歌的全球第二大市值互联网公司。

而就在阿里在美国实现上市的前一周，马云刚刚过完他 50 岁的生日，这位生于 1964 年 9 月，参加了三次高考才考上大学的奇人，毕业后先是一位教书匠，之后他全凭一张嘴，开始他的创业之路，对他而言，一切都应验了那句“好饭不怕晚。”

在这一年的“双十一”购物节中，阿里巴巴平台上的商品成交额创下了 571 亿元的纪录。马云不惧高调，与此同时，阿里巴巴已在金融、物流等方面进行了全方位的布局。

2014 年，已年过 50 的张近东，虽已稳健著称，但仍勇于去尝试新的商业模式，这年苏宁步入转型关键一年，不断探索互联网零售战略的转型与发展。5.28 亿元的员工持股计划已经完成，董事长张近东斥资 35 亿元将持股比例增至 30.05%。而对于转型中存在的问题，张近东亲自参与到重大项目的执行和管理过程中，把执行重点放在供应链、物流和用户体验的优化提升上。根据苏宁公布的规划，在 2020 年苏宁门店数量将达到 3500 家，用 10 年的时间超过此前 20 年的成绩，再造一个苏宁。

而与雷军相伴的小米，已经不简单是社会化营销的成功，小米电视、小米手机国内市场份额超苹果。小米模式得到了进一步丰富和延伸。12 月 20 日，小米最新一轮的融资额达 10 亿美元，估值亦随之水涨船高至约 450 亿美元，4 年间，小米的估值增长逾 180 倍，小米创办人雷军的身家或超过马云。此外，10 月 9 日，雷军任总裁、CEO 的金山软件也在香港成功上市。

5 月 22 日，京东集团在纳斯达克证券交易所上市，受到投资者追捧。京东此次融资规模达 17.8 亿美元。按照 19 美元发行价计算，刘强东持有京东 18.8% 的股份，身家约 48 亿美元（约合人民币 300 亿元），成为新晋富豪。根据京东集团创始人、董事局主席兼首席执行官刘强东的定调，京东未来工作重点将集中到移动和大数据、金融业务、O2O 业务、渠道下沉、国际化等。京东未来与老对手阿里巴巴集团、亚马逊等或难免一战。

而作为顺丰的总掌舵人，王卫和他所带领的企业一样，充满了传奇色彩。5 月 18 日，快递巨头顺丰速运已正式在全国铺开名为“嘿客”的便利店，杀入国内火热的O2O市场，这一模式将对国内电商格局产生较大影响。而就在11月，顺丰嘿客线上平台低调上线，与线下嘿客店协同O2O平台全面启动，至此，“快递+冷运+电商优选直供+优选国际跨境+落地配收购+顺银金融+嘿客门店+嘿客O2O平台”的格局全面打通。

王卫1970年生于上海，7岁时，随家人搬到香港居住，1993年在广东顺德成立顺丰公司，创业初期，公司只有6人。王卫为人处世都非常低调，关于他本人及他在公司内部的讲话等资讯都很少找到。可为了自己员工，他要站出来说话。2016年4月18日，一段“快递小哥被掌掴”的视频引发网友热议。事由是，一快递小哥在送货中，不小心把一辆正在倒车的车给剐了，之后车主下车对快递小哥是又打又骂，而这位快递小哥正是顺丰的收派员。当晚，朋友圈和微博疯传一张图片，据说是王卫个人朋友圈的截图，上面写道：“我王卫向所有的朋友声明！如果我这事不追究到底！我不再配做顺丰总裁！”后来在顺丰上市敲钟仪式上，那位被打的快递小哥再次现身，这一次他被王卫邀请，成为敲钟的嘉宾之一。

李彦宏和周鸿祎在这一年也有了更大的新作为。

面对移动互联网瞬息万变的市场，周鸿祎领导下的奇虎360，除了介入手机市场之外，还分别推出了儿童手环、智能路由器等产品，周鸿祎希望通过硬件寻找新的移动流量入口。12月16日，奇虎360宣布与酷派结成战略联盟，向酷派大神投资4.09亿美元现金成立一家合资公司。奇虎360更大的想法是在智能手机上建立生态系统。未来奇虎360还将对哪些行业进行颠覆性创新值得期待。

李彦宏创建的百度在国际化的道路上越走越坚实。比较有代表性的事件有：12月17日，百度与硅谷新兴创业公司Uber在北京签署战略合作及投资协议，Uber宣布接受百度的战略投资，双方达成全球范围内的战略合作伙伴关系。这也是中美领先的互联网公司之间首次达成的深度战略合作，具有里程碑意义。此前的7月17日，百度在巴西启动巴西葡语版搜索引擎。

而另两位在传统领域深耕多年的民营企业，在新领域有了新的作为，一位是常年从事商业地产的万达王健林，另一位是从事低压电器的南存辉。

12月23日，万达商业在香港挂牌上市，募资约288亿港元（约合人民币

230 亿元），创港股年内最大 IPO。此外，万达旗下另一家公司——万达院线的 A 股首发申请已于 11 月 28 日过会。按照王健林夫妇在这两家公司的持股比例计算，他们的身家则将超过 1300 亿元。

近年来，在董事长南存辉的带领下，正泰集团不但在国内市场所向披靡，更在国际市场斩获颇丰。截至目前，正泰已为世界 100 多个国家和地区提供可靠的产品与服务。在新能源领域，正泰太阳能韩国公司目前已建成的项目总计约 95 兆瓦；2014 年 3 月，正泰太阳能收购德国 Conergy 光伏生产厂。在金融领域，目前正在筹建的温州民商银行拟注册资本金 20 亿元，正泰集团出资占比分别为 29%，南存辉或将出任该行董事长。

8 月 18 日，由全国工商联主办的 2014 中国民营企业 500 强发布会在北京召开。会上，先后发布 2014 中国民营企业 500 强、2014 中国民营企业制造业 500 强等名单。根据全国工商联发布的《2014 中国民营企业 500 强调研分析报告》，民企 500 强整体规模持续扩大、经营效益有所回升、企业投资稳步发展、创新力度继续加大、社会贡献日益增强、转型升级明显加快。

8 月 21 日，由全国工商联牵头组建的“民企航母”中国民生投资股份有限公司（中民投）在上海举行挂牌仪式①。中民投是目前国内完全由民间资本构成的投资公司，也是唯一带“中国”字头的民间投资公司。中民投的成立对于引导民营经济健康发展、充分激发民间资本的内生动力和活力、也加快过剩产能整合都产生积极意义。

这一年，中央政府先后确定重点实施“一带一路”倡议、京津冀协同发展、长江经济带三大战略等措施，其目的是主动适应经济发展新常态。而这也给民营企业提供了新的发展机遇。

谁也别过度任性

路是自己走的，孽都是人造的

2015 年初，不知有多少人处在股市暴跌的阴影之下，无法走出。

① 《中华全国工商业联合会简史》编写组．中华全国工商业联合会简史 [M]．北京：中华工商联合出版社，2017：354.

从狂升到暴跌，也就是在半年多的时间内完成，如梦亦如幻。

这一切始于 2014 年 11 月之后，一次前所未有的疯狂飙升，使中国股市在 2015 年 6 月时达到一个惊人的高度。2013 年 6 月 25 日，上证指数于 1849 点处探底后，开始进入一个缓慢的盘整缓升期。而自 2014 年 11 月 22 日，中国人民银行降息后，这种走势立马被打破，由此，上证指数进入高歌猛进的向上通道，从 2014 年 11 月 21 日收盘的 2488 点，一路飞涨到 2015 年 6 月 12 日的 5178 点。

以科技股为主的创业板表现更为抢眼。降息后的首个交易日——2014 年 11 月 24 日，创业板指数还在 1500 点，而到 2015 年 6 月，已经突破了 4000 点大关。也就是说，创业板的整体价格在短短半年的时间里涨幅超过了 166%，其市盈率更是高达 130 倍。

A 股对于港股的溢价达到 30%，接近 5 年高位。与股票价格疯涨相伴的是中国股市开户情况异常火爆的景象，2015 年 4 月至 5 月，每周平均开户人数高达 400 万人。中国股市如此疯狂、如此火热，原因是什么，谁也说不清。

尤其是从一些经济指标，也没有看到有什么特殊的表现，国家统计局的数据显示，第一季度 GDP 增速为 7%，增速创 2009 年以来 6 年新低，而第二季度的 GDP 增幅仍为 7%。除此之外，企业利润方面也并不乐观，这些都在表明，中国股价如此大幅度增长完全是空中楼阁。

很多人都感到股市不正常，但即使已经心惊肉跳，人们还要奋力一搏，这就是疯狂所在。中国股市的表现成为全球舆论关注的焦点，6 月 12 日，上证指数抵达 5179.19 点，至 8 月 26 日下滑到最低 2850.71 点，大跌 2327.48 点，跌幅高达 44.95%。很多人都感到是在刀尖上，但都想多站着停留一会，谁知，转眼即逝，股指掉头下坠，中国股市在此后短短十几个交易日里暴跌。截至 7 月 7 日收盘时，沪深两市 2774 只上市股票中，超过 90% 停牌或跌停。整个市场一片哀鸿。

股灾结束了，但它直接触动了中国最敏感的神经——汇率波动。中国政府和央行正式出面，告诉人们人民币没有持续贬值的基础。为稳定市场，包括央行、财政部、中央汇金等在内的有关部门出台了一系列救市措施。据机构测算，相关部门和机构第三季度用于救市的资金总额高达 1.5 万亿元。2015 年注定是中国股市难忘的一年。

这一年持续时间最经典的企业故事应属“万宝之争”。

万科股权之争，是中国A股市场历史上规模最大的一场公司并购与反并购攻防战。关于万科、宝能和华润的故事，很多人称之为“商界版的冰与火之歌”。

2015年1月，前海人寿（宝能系）就通过证券交易买入万科A股股票，根据披露的信息，前海人寿于2015年1月、2月、3月、4月、6月和7月都有所交易。万科公告显示，截至7月10日，前海人寿（宝能系）通过二级市场耗资80亿元买入万科A股约5.52亿股，占万科A总股本的约5%。仅过去不到半个月，7月24日，前海人寿及其一致行动人钜盛华对万科二度举牌，持有万科股份11.05亿股，占万科总股本的10%。而前海人寿和钜盛华的实际控制人均为姚振华。

很显然，完成本次增持后，姚振华方面持有的万科股票数量和万科单一大股东华润已经非常接近了。

至此，姚振华的目的已经非常明确。8月26日，前海人寿钜盛华通知万科，截至当天，两家公司增持了万科5.04%的股份，加上此前的两次举牌，宝能系合计持有万科15.04%，并以0.15%的优势，首次超越了万科的原第一大股东华润。

华润迅速做出反应，华润耗资4.97亿元，分别于8月31日和9月1日两次增持，重新夺回万科的大股东的地位。截至11月20日，华润共持有万科A股15.29%股份。

由此，股权争夺战全面展开，一切都是在众目睽睽之下。11月27日--12月4日，钜盛华又买入万科5.49亿股。合计持有万科A股股票约22.1亿股，占总股本的20.008%，取代华润，成为万科第一大股东。

姚振华是势在必得，就是要买下万科，宝能系进入“买买买”的节奏。

12月17日，王石的一份内部讲话公开挑战宝能系，万科股权之争正式进入正面肉搏阶段。王石明确表态：“不欢迎宝能系成为万科第一大股东，你的信用不够”，同时还坦言“不会受到资本的胁迫，将为万科的信用和品牌而战”。第二天18日，万科A股发布临时停牌公告，称正在筹划股份发行，用于重大资产重组及收购资产。此时，宝能系已经通过二级市场连续增持万科，合计持有万科 22.45% 股份。

之后，万科停牌时间达六个月之久。关于重组对象始终是扑朔迷离。而这期间，媒体和经济界分成两大阵营，挺宝派和护万派，什么恶意收购，“白马骑士”“野蛮人”等等。在语言表述上，王石有看不起民营企业之嫌，不知是媒体误读还是确有其意。总之，在这一事关万科股权争夺中，王石不是没有失言之处。

客观地说，“宝万之争”，本没那么复杂的故事，是让媒体越弄越复杂了，这种舆论双方的撕裂反而成为万科股权争夺战的重要看点。其实，万科公司股权和控制权之争的真正意义和价值，是其引出的现行信息披露制度和改进、上市公司所有权与控制权的制度、独立董事的功能及其发挥作用的条件等深层问题，以及现代公司治理及所有权控制权配置问题。

而现实中，两大阵营的格局，是规则与情怀之争。看似对立，其实不对立，无论是情怀派还是规则派，其目的都是寻求让市场更加公开、公平、公正。此事，争论双方最终也没争出个结果，实质是人民对这一事件里产生的合法不合理、合理不合法的困惑。

为万科，为王石，为万科之争撰文的人很多，经济学家是一批，如周其仁，薛兆丰等，还有盗用张五常之名的，花笔墨最多的当属华生先生，他们被称为是规则派的。华生撰文要表达的是：大股东控制和经理人控制是现代上市公司并存的两种流行模式，它们各有利弊和在不同情况下的适应性。

另一批要表达的基本都是媒体人，虽然有些已不在媒体，但这些人都是媒体出身的，在这一批人中，也有一些企业家和职业经理人。如，毛大庆、吴晓波、李国庆、任志强、罗永浩、孙宏斌、张欣、贾康、秦朔等等，他们基本都是一边倒地声援王石。

从这个案例中，人们可以找到很多剧情以外的价值。市场、资本、规则，如以市场为价值取向，市场讲的就是法治，讲的就是规则，市场看似无情，其实是有情的。与独裁、垄断、霸占、掠夺、侵占等等行为相比，法治、规则反而是最“通情”的。在规则下，资本不存在肮脏，不要动不动就视资本是最肮脏的游戏。

2015 年，“互联网 +”一时成为中国经济新动能。3 月 5 日，在两会上，李克强在所做的政府工作报告中首次提出要制定“互联网 +”行动计划，意图推动移动互联网、云计算、大数据、物联网等与现代制造业结合，促进电子商务、工业互联网和互联网金融健康发展，引导互联网企业拓展国际市场。此后，国务院还印发了《关于积极推进“互联网 +”行动的指导意见》，要求到 2025 年，“互联网 +”新经济形态初步形成，“互联网 +”成为我国经济社会发展的重要驱动力。

在“互联网 +”行动计划下，这次民营企业和国有企业仿佛是站在同一起跑线上了，这就看谁先转型，谁先掌握先机。

很快，在 3 月 25 日的国务院常务会议上，部署加快推进实施“中国制造 2025”，实现制造业升级。国务院 5 月印发的《中国制造 2025》，成为我国实施制造强国战略第一个十年的行动纲领，并提出通过“三步走”实现制造强国战略目标。9 月 29 日，国家制造强国战略咨询委员会正式发布《< 中国制造 2025> 重点领域技术路线图（2015 版）》，明确了新一代信息技术产业等十大领域以及 23 个重点发展方向。

在这一年，国企改革顶层设计方案出炉，这个方案也同样引起一些民营企业的关注，尤其是一些大型的民营企业，他们愈发感到要你中有我，我中有你。9 月 13 日，中共中央、国务院印发了《关于深化国企改革的指导意见》，意见要求，在对国企进行分类基础上，积极推进市场化的兼并重组，从而提高国有资本效率，增强国有企业活力。同时，国有企业监管模式也将从管资产向管资本进行调整。国家下一步将在国企分类的基础上，系统性筹建多个国资投资运营公司作为国企改革的重要平台。

两会期间，3 月 12 日，习近平在第十二届全国人大三次会议解放军代表团全体会议上，第一次明确提出：“把军民融合发展上升为国家战略。”①

军民融合在中国主要是产业模式上，其一是“军转民”，其二是“民参军”。“民参军”，即民营企业、民营资本、以民品为主的国资进入军工行业。中国“民参军”尚处于起步阶段，兼具机制灵活、效费比高等诸多优点，未来

---

① 习近平．习近平：把军民融合发展上升为国家战略．新华网 [EB/OL]．2015-3-13.

拥有更为广阔的发展前景。

在二战后，世界许多国家将重点转移到经济建设上，并采取以经济竞争和科技竞争为主，军事力量竞争为辅的战略，促进了军民共用技术的巨大发展，形成了新的发展模式。美国的军转民阶段大致在二战后至 20 世纪 90 年代中期，美国建立的国防科技工业体系，是“军民融合”的一个典型。美国国会的一份研究报告显示，军民融合给美国国防部每年节约 300 亿美元，相当于其采办费总额的 20% 以上。

据统计，截至 2016 年 3 月，中国已有 1000 对家民营企业获得武器装备科研生产许可证，比“十一五”末期增加 127%，在 2010 年中国参军的民用企业仅为 700 多家。

军民融合，不仅给民营企业带来全新的市场，同时也给他们增添了自豪感，在每年举办的军民融合技术装备博览会上，民营高科技企业的参展作品，格外备受瞩目。

2015 年，贾跃亭走进人们的视野中。他喜欢把自己包装得像乔布斯一样，穿着 T 恤和蓝色的牛仔裤，出现在一个个发布会上，在聚光灯下，他不会想到乐视很快就“为梦想窒息”。

贾跃亭，生于 1973 年 2 月，山西襄汾人，2004 年创建乐视网，并于 2010 年 8 月在创业板上市，致力于打造基于视频产内容产业和智能终端的“平台 + 内容 + 终端 + 应用”完整生态系统，被业界称为“乐视模式”，最初很多人看不懂这一模式，但随着贾跃亭不断在公众和媒体面前出现，人们越来越觉得这是一个有无限市场的模式。

2015 年，乐视看上去无所不能，他开始造电视，造手机，他要实现电视与互联网相连，植入乐视的全部影视内容，意图将其硬件（电视）与软件（内容）打通。虽然 60 寸大屏的超级电视仅卖 6999 元，乐视几乎是卖一台亏一台，但贾跃亭有笔账，他算的是通过点播收费及源源不断的会员发展方式，最终实现依靠内容的长久可持续收入，财务出身的贾跃亭这笔账是合理可行的。

他还要造电动车，投资电影、电视、体育赛事版权等等，大量的新业务在乐视同时展开，一个月内，乐视入职了 750 人。这一年，正值“互联网 +”最热、A 股屡创新高的时候。乐视的故事、乐视的所有题材都是这个时代最有价值的，由此，其上市部分乐视网市值最高涨到1500亿元。

在互联网领域中，乐视进入的是视频领域，最初对这个领域，大家都认为要烧钱才能从这个领域中得到回报，视频网站的创业很显然要难于互联网其他领域。乐视网是第一批与新浪等少数几家民营企业先拿到《信息网络传播视听节目许可证》的公司之一，也是民营视频企业中第一家也是当时唯一一家拿到手机终端内容运营牌照的公司。在与运营商的合作上，乐视网也比其他视频网站有着独特资源，如与中国联通合作，与中国移动的合作。

而投资人嗅觉，也让乐视的融资变得容易起来，乐视体育和乐视移动分别完成8亿元、36亿元融资。马云、王健林和他的网红儿子王思聪都投了乐视体育。资金充裕的乐视体育，风头强劲，陆续买入超过250项体育赛事版权，涵盖足球、篮球、网球、排球、高尔夫、马拉松等多项赛事。

2015年，在一年的时间里，乐视先后开了150多场新闻发布会，来自乐视对外媒体公关的就有200多人，即使是这样一个庞大的媒体公关公司，也很难应付两天一场的新闻发布会。一个企业，从上到下都如上满劲的发条。

在我多年对中国民营企业的研究中，我早就发现一个非常有意思的现象，那就是民企老板不能突然有大钱，突然有大钱，来得快，去得也快，这几乎成为一条铁律。

很快，到2016年年初，乐视员工和供应商就先察觉到公司资金开始紧张了，但没人真当回事。在乐视一次汽车发布会前，贾跃亭对着编导组提供给他的300多页PPT，排练已超过20遍，但到最终登台演出那天，在现场，在聚光灯下，贾跃亭在演讲中留下了热泪，这一镜头被很多记者都捕捉到，人们将其解读成一个企业家对梦想、对创新的执着。

然而果真如此吗，是贾跃亭太具有表演天分吗？其实都不是，大概贾跃亭在无数次演讲中，把这些一个又一个企业题材故事，讲到自己都信以为真了，把自己都感动了，卖概念成了乐视的主业。这时无论是对贾跃亭，还是对乐视而言，没有任何人可以拦住他们，只能看着他们如脱缰的野马，哪怕是在悬崖上。

路是自己走的，孽都是人造的。

贾跃亭最清楚他自己是演得什么戏，2016年11月6日，贾跃亭公开表示公司烧钱太快，仅汽车项目已陆续花掉100多亿的自有资金，公司资金链有断裂的可能。12月，乐视的资金危机已经公开。接踵而来的是它的自灭之路。

这一年，一个打着“互联网金融”旗号的公司开足马力全线运营，它就是e租宝。平台主打P2P的模式，6款产品都是融资租赁权转让，预期年化收益率在9.0%到14.2%之间不等。自2014年7月上线，e租宝交易规模快速挤入行业前列。截至2015年11月底，e租宝累计成交数据位703亿元，排名行业第四位，据网贷之家的数据显示，截至12月8日，e租宝总成交量745.68亿元，总投资人数90.95万人，待收总额703.97亿元。12月16日，警方介入，初步查明，e租宝实际吸收资金高达500亿元，受害投资人遍布全国31个省市区。

e租宝是一个彻头彻尾的庞氏骗局，在正常情况下，融资租赁公司赚取项目利差，而平台赚取中介费，然而e租宝从一开始就是一场“空手套白狼”的骗局，其所谓的融资租赁项目根本名不副实。而一个这么大的骗局的背后主使竟是一个生于1982年的年轻人，他叫丁宁，此人虽有商业天赋，但走火入魔，最终走上自我覆灭之路。

在中国经济增长迈入了泥潭之际，如何去产能、去库存、去杠杆、降成本、补短板，都是经济增长中亟待解决的突出问题。2015年12月18日至21日，在中央经济会议上明确强调，推进供给侧结构性改革，是适应经济发展新常态的重大创新，是适应国际金融危机发生后综合国力竞争新形势的主动选择，是适应我国经济发展新常态的必然要求。

第十七章

永远不变的只有变化（2016，2017）

我是中国人，我事业的重心一定在中国。

——曹德旺，2016年

冰与火之歌

民企魅力不减

2016 年 1 月 27 日，国际顶尖期刊《自然》封面文章报道，谷歌研究者开发的名为“阿尔法围棋”（AlphaGo）的人工智能机器人，在没有任何让子的情况下，以 5:0 完胜欧洲围棋冠军、职业二段选手樊麾。在围棋人工智能领域，实现了史无前例的突破，计算机程序能在不让子的情况下，在完整的围棋竞技中击败专业选手，这是第一次。

很快，关于“人机大战”而引发的人工智能取代人类工作的话题不断升温，韩国借此发布了新闻报道，在一家金融新闻编辑部里，一位人工智能记者已正式投入工作，只用 0.3 秒就可以写出一篇关于股市行情的新闻报道。其实早在 2015 年 9 月，腾讯就已经尝试使用写稿机器人，它可以发表一些简单的财经新闻。11 月，新华社的写稿机器人“快笔小新”正式上岗，可以写体育赛事中英文稿件和财经信息稿件。一般情况下，记者写一条这样的消息至少需要 10 分钟，有些数字还容易出错，而“快笔小新”分分钟可以生成很多条新闻还不容易出错。

对于阿尔法围棋能否代表智能计算发展的方向，各说不一，但有一点还是比较一致的，那就是它象征计算机技术已进入人工智能的新信息技术时代，也就是“新 IT 时代”，其特征就是大数据、大计算、大决策、三位一体，它的智慧正在接近人类。

全国政协委员的李彦宏，在 2015 年的两会上公布了自己的两会提案：建议设立“中国大脑”计划，推动人工智能跨越发展，抢占新一轮科技革命的制高点。2016 年 3 月的两会，李彦宏再次公布自己的两会提案，关于加快制定和完善无人驾驶汽车相关政策法规，抢占产业发展制高点。同时，在这一年，李彦宏在多次场合发表演讲，阐述他对人工智能的理解。

在中国，对人工智能有着革命性觉醒的，不止有百度。到 2016 年底，中国的机器人公司由 260 家已发展到 2600 家以上。科大讯飞作为中国最大的智能语音技术提供商，其突出的成绩引起社会各界的广泛关注，智能语音技术产业前景及其广泛；而深圳的大疆无人机，在 2016 年也实现了 100 亿元的营业收入。

在中国的人工智能研究领域，占主导地位的是三家科技企业：百度、阿里巴巴和腾讯。百度公司主攻无人驾驶汽车项目，阿里巴巴集团将负责智能城市和城市大脑中心，腾讯集团将负责计算机视觉，这三家企业，都是民营企业，这是过去传统意义上的民营企业无法想象的。

而年初，实体经济所面临的困难也是难以想象的，由此，整体经济下行的压力加大。这使得一些人对非公有制经济和民营企业也产生了一些疑问。

3 月 4 日下午，即 2016 年两会召开的第二天，习近平总书记看望了参加全国政协十二届四次会议的民建、工商联界别委员，参加联组会，听取委员们意见和建议。这一界别组，以民营企业家和工商界工作人员为主，习近平总书记与委员们一一握手，听取了南存辉、李彦宏等 10 位委员的发言，并不时插话，询问民营企业的困难，最后并发表了重要讲话。

习近平在讲话中回应了大家对经济工作中最困惑的问题，再次重申“两个毫不动摇”，并点明公有制经济和非公有制经济的关系；就发展非公有制经济，谈了“三个没有变”，即非公有制经济在我国经济社会发展中的地位和作用没有变，我们鼓励、支持、引导非公有制经济发展的方针政策没有变，我们致力于为非公有制经济发展营造良好环境和提供更多机会的方针政策没有变；并用“亲”“清”两字阐明新型政商关系。

习近平的讲话，再次释放了明确的信号，有助于稳定社会心理预期，提振人们的信心。尤其是在全球经济低迷的大背景下，民营经济能否健康发展，直接关系到中国经济能否爬坡过坎，行稳致远。

2016 年 5 月 20 日，国务院促进民间投资专项督查正式启动，9 个督查组分赴 18 个省（区、市）和部门开展第三方评估和专题调研。这是国务院首次对民间投资开展专项督查。由国务院派出民间投资督查组的类似行动并不多见。在为期 10 天的督查评估调研中，从提出到落实前前后后的过程，各个部门以及全国工商联开展的第三方评估发挥了重要作用。这次行动后，国务院出台了《国务院办公厅关于进一步做好民间投资有关工作的通知》等文件。

随着国务院政策的逐步落地，全国民间投资增速回升，8 月民间投资增速为 2.3%，由负转正，9 月份增速进一步回升至 4.5%。地方数据也传递出回暖信号，宁夏、山西、广东、吉林、重庆等地前三季度民间投资均保持 12% 以上的增速。

10 月，国务院办公厅正式发布《互联网金融风险专项整治工作实施方案》，对互联网金融风险专项整治工作进行了全面部署安排。此前，央行公布首批 27 家非银行支付机构《支付业务许可证》的续展结果；中国银监会、工信部、公安部与网信息办四部门发布《网络借贷信息中介机构业务活动管理暂行办法》，其监管之严引发业界热议。

互联网金融是时代的产物，涉足其中者，民营企业占据大半壁江山。但正因为是新兴行业，监管较为迟缓，难以满足行业平等合法经营的需求。互联网金融多以互联网、大数据等手段精准对接企业和项目，在灵活性、创新性方面远胜传统金融，其健康有序发展，有利于民营企业缓解融资难、融资贵的老大难问题；但互联网金融也是把双刃剑，若因监管不当、秩序混乱导致风险累积，则会把更多的企业特别是中小型民营企业、个体工商户和普通投资人拉下水，造成恶劣的社会影响。

在互联网金融监管风暴之下，民营金融资本或迎来新一轮优胜劣汰，结束此前的无序状态，但为了民营经济的持续健康发展，希望这场风暴不要大面积伤害正常经营的企业和个人。就像已经尘埃落定的 e 租宝事件等等，无论监管层还是民营企业，都应从中吸取足够的经验教训。

这一年，美国大选也同样吸引着中国人的眼球，但那一切仿佛都在颠覆以往的认识和判断，在中国人眼里并不讨好的特朗普最终获胜；另一起让很多人不解的国际事件就是英国脱欧。一时之间，英镑暴跌，美元和黄金大涨，亚洲股市震荡，英国首相卡梅伦宣布辞职，所有这一切都一反常态。

而中国也在寻找着属于它自己的新常态轨迹。9 月 4 日，在中央政府承办的本年度 G20 峰会上，李书福、宗庆后、南存辉等 27 位浙商向全世界发出倡议：浙商要为世界经济贡献更多“国式创新”，浙商要为世界经济增添更多新活力，浙商要成为世界经济再平衡的排头兵，浙商要做推动世界相互包容的重要力量——这是中国浙商在世界国际性重大会议上的集体发声。

在世界经济持续低迷、复苏乏力的背景下，“中国式创新”日益受到世界关注和期待。以浙商为代表的民营企业家，以更大的勇气、更大的魄力、更专注的精神、更灵活的市场行为，站在世界创新舞台的中央，推动新一轮科技和产业革命，人们期盼浙商为中国经济转型升级、也为世界贡献更多的“中国式创新”。

2016 年，腾讯、阿里市值轮登亚洲市值榜首。9 月 6 日，腾讯收盘价 215 港元，市值正式站上 2 万亿港元台阶，折算成人民币逾 1.7 万亿元，一举超过中国移动，成为亚洲市值最大的上市公司；美国时间 9 月 16 日，阿里巴巴集团在纽交所的收盘价为 104.64 美元，市值达到 2664.13 亿美元，约合人民币 17770 亿元，成功登顶亚洲上市公司市值首位。腾讯和阿里轮登亚洲市值榜首，充分显示了互联网经济领域民营经济的巨大潜力。

腾讯和阿里相继登顶亚洲市值第一的背后，其实是国际资本市场对中国互联网商业模式的熟悉与认可，折射出中国新兴产业爆发式成长的态势。之前，在亚洲市值第一这个宝座上，中国石油、中国工商银行、中国移动、日本丰田、印度塔塔等传统巨头曾轮流坐庄。而腾讯和阿里之所以能够登顶，说明当前基于高度成熟的消费互联网和用户庞大的移动互联网，中国互联网产业已经开始形成独具特色的创新模式，并将这些创新辐射到诸多传统产业领域，焕发出勃勃生机。

调整方向其实早已开始

民企的转型来自于市场的倒逼

美国当地时间 2017 年 1 月 20 日中午，年过 70 岁的特朗普在美国首都华盛顿宣誓就职，正式成为美国第 45 任总统。在普通的中国人看来，特朗普多少有些不够稳重。然而在现实中，他的行为方式完全不是人们看到的或是想象到的样子。特朗普的当选，有人说是反全球化浪潮的极端呈现，这多少有些夸张，但有一点必须要提醒，那就是不能用中国人的传统思维来理解和看待特朗普。至少有一点越来越显现，不管你是否适应，他商人的特质使得他行事出手很快，世界的经济走向，也有可能由此发生改变。

其实，很多不同寻常的事情在 2016 年就已发生，只是人们不愿去接受这样的现实，第一件就是英国脱欧，在全球化的浪潮下，这个英国人的选择出乎很多人的意料，第二就是美国选择了这样一个总统。在我看来，世界的变化是从 2016 年前后开始的，虽然英国脱欧和特朗普当选两者没有什么内在联系，但全球化已经开始遇到尴尬。

2017 年的中国也正在加速调整，着力推进供给侧结构性改革，改善经济结构的重点是实现“三去一降一补”。民企的转型来自于市场的倒逼。

2 月 24 日，顺丰控股在深交所举行重组更名暨上市仪式，正式登陆 A 股。当天顺丰市值飙升至 2310 亿，王卫本人身价也达到 1490 亿，成为民营快递业首富。王卫凭着一种以人为本的理念，凝聚起七万基层员工，使顺丰在快递业里异军突起。

2 月 28 日，小米发布自主研发的手机芯片“澎湃 S1”，成为继苹果、三星、华为后第四家集手机与芯片自研的“双全”企业，完成了从商业模式创新到核心技术创新的颠覆式转变。随后，小米不畏强敌三星，进军印度市场，连续两个月实现发货量突破 1000 万台。

在此前的两年里，小米陷入发展以来的最低潮。“世界上没有一家手机公司在下滑之后还能成功逆袭的，除了小米。”伴随着小米公司创始人雷军这句总结，小米终于在 2017 年向外界交出了一份还算满意的答卷。在手机销量上一扫 2015 年和 2016 年的阴霾，重新进入世界前五。

之前的业绩下滑让雷军痛定思痛，带领小米果断转型。在小米销量最不理想的时候，雷军依然坚持强调质量是小米的生命线，要做出感动人心且价格公道的产品，用品质重新赢得市场。用产品说话，用质量说话，让雷军带领小米在核心技术和开拓市场上大力转型，实现了一场华丽的商业逆袭。2018 年 7 月雷军创办的小米集团在香港证券交易所上市，估值 543 亿美元。

从市场中挖掘到新的空间，这是互联网时代企业家的共同诉求。

7 月 10 日，国内第一家无人超市——阿里巴巴无人超市在杭州正式开业，显然马云也不放过线下的空间。顾客扫码进店，现场没有一个收银员，拿完商品，直接出门，无须扫码支付。此外，各地也相继迎来了各种无人超市，如重庆的 GOGO 无人超市、福建的“萤火虫”、山东的“多彩 e 购”等。年底，京东集团与中海地产签订战略合作协议，要在全国主流城市建设数百家无人超市。

2017 年也被业界称为新零售元年，打通线上线下“无界”的新业态不断涌现。中央经济工作会议提出，增强消费对经济发展的基础性作用。零售业创新发展、优化购物体验无疑将起到拉动消费的作用。在 5G、大数据、人工智能技术等新技术的赋能下，无界消费有望进入更多场景，传统零售行业将迎来彻底变革。不到两个月，很多地方的无人超市开不下去，据说杭州马云那家店仍在硬挺着。

“人工智能”是李彦宏和百度在 2017 年的关键词。3 月，“深度学习技术及应用国家工程实验室”在百度大厦揭牌。7 月，在百度 AI 开发者大会上，李彦宏乘坐一辆自动驾驶汽车开上了北京五环，完成无人驾驶首秀，引发社会各界广泛关注。视频中，李彦宏坐在一辆红色的汽车副驾驶座位上，视频中驾驶座位驾驶员没有碰触方向盘。整段视频大约在 1 分钟长，车处在自动驾驶的状态，这就是一直备受人们关注的百度公司研发的无人驾驶汽车的情景。11 月，李彦宏在百度世界大会上表示，百度计划在 2018 年实现无人车生产。

当其他公司大多将 2020 年设为无人车产品落地的时间节点时，百度显然快人一步。科技创新是民营企业抗击市场风浪的灵魂。李彦宏的惊天一试，代表了民营企业家身上与时俱进、解放思想、敢于人先的精神，也彰显了技术创新求变永远是企业唯一不变的主题。对于创业满十八载的李彦宏来说，发力人工智能的全新使命，就是一份最好的成人礼。

中国在人工智能领域的快速进入，显然是由于市场的引领，很快也引起国家层面着力的推进。11 月 15 日，国家科技部召开新一代人工智能发展规划暨重大科技项目启动会，并发布了首批国家新一代人工智能开放创新平台名单：依托百度公司建设自动驾驶国家新一代人工智能开放创新平台，依托阿里云公司建设城市大脑国家新一代人工智能开放创新平台，依托腾讯公司建设医疗影像国家新一代人工智能开放创新平台，依托科大讯飞公司建设智能语音国家新一代人工智能开放创新平台。我国首部国家层面的人工智能发展规划《新一代人工智能发展规划》已于今年 7 月发布，这次会议的召开标志着新一代人工智能发展规划和重大科技项目进入全面启动实施阶段。

而这一首批重大科技项目完全是由 4 家民企担纲的。这在过去是不可想象的，标志着民营企业走在“智造中国”国家方队前列，乃至引领世界科技前沿。

新经济可能令人们眼花缭乱，但同时也存在着诸多的可能。12 月 21 日，

80 后胡玮炜在微头条上发文称："摩拜单车从来不是一个关于成功的故事，是一个关于成长的故事。" 同时，她配上了有摩拜单车和 LINE 两个品牌标志的截图。

12 月初，摩拜单车创始人兼总裁胡玮炜现身肯尼亚首都内罗毕，代表摩拜单车去拿一座联合国环境规划署颁发的奖杯——2017 年度地球卫士（商界卓识奖）。这是该奖项自 2004 年设立以来，首次有中国企业获此殊荣。

"当天'地球卫士'的颁奖晚会激动人心，摩拜做的事情，不只是商业，还有巨大的社会价值。共享单车与我们生活的城市、生活的方式，还有赖以生存的地球都息息相关。" 胡玮炜说。以摩拜为代表的共享单车在改变人、城市、世界，它既是象征和平的符号，也是中国献给世界对抗气候变化的武器。

数据显示，摩拜单车运营近 20 个月以来，已在全球 12 个国家投放超过 800 万辆共享单车，200 多个城市，平均每天为 3000 万人次提供骑行服务；全球摩拜单车用户累计骑行里程已超 182 亿公里，减少碳排放量 440 万吨，相当于减少了 124 万辆小汽车行驶一年的碳排放量。胡玮炜，一个 80 后，只用了两年的时间，就完成了从 0 到 11 位数字的财富奇迹，成为全球第一大互联网出行服务商和全球智能共享单车的首创者、引领者。

在中国经济转型过程中，以摩拜为代表的新经济正推动中国、物联网、大数据等新产业发展，同时拉动传统产业变革，促使新旧经济融合发展。

关于共享单车可以追溯到 2014 年，当时北大毕业生戴威、薛鼎、张已丁、于信 4 位合伙人共同创立 ofo，是为了解决大学校园的出行问题。[①] 戴威，生于 1991 年。2015 年，超过 2000 辆共享单车在北大校园使用。很快，ofo 走出北大，在其他七所首都高校得到成功推广，累计服务在校师生近 90 万次。

风投很快就找到戴威，而戴威提出"共享单车"的概念，不到半年就让诸多投资者"共享"了。截至 2016 年 11 月，已经有多家共享单车诞生，并且都获得了大量的风险投资。自行车，一个传统的、早已失去市场活力的产业，在嫁接了分时租赁模式的共享模式时，其市场中释放了巨大的能量。

2017 年元旦一过，北京地铁站点、公交站点、居民区、商业区、公共服务

① ofo 团队：骑行 + 互联网 = 爱好 + 事业 . 北京大学新闻网 [EB/OL]. 2016-3-4.

区等，共享单车铺天盖地，一夜之间，共享单车已经到了泛滥的地步，很多地方的共享单车已成为“车灾”。除了较早入局的摩拜单车、ofo 外，到 2017 年年初至少有 25 个新品牌汹涌地在这个行业里厮杀。12 月，共享单车入选 2017 年民生热词榜。

这年全国两会期间，作为全国人大代表的马化腾提交了《关于发挥协同创新优势打造粤港澳世界级科技湾区的建议》。近年来，关于粤港澳大湾区建设，已引起地方到中央的高度重视，打造国际一流湾区和世界城市群更是我们发展的需要。6 月 20 日，由腾讯公司承办的首届“粤港澳大湾区论坛”在香港举行。马化腾表示，将努力搭建更多交流平台，为建设大湾区尽心尽力。

8 月 7 日，腾讯控股股价上涨，市值超 3883.5 亿美元，超越阿里巴巴，马化腾的个人财富也超过马云，成为中国新首富。身为“首富”，马化腾心系国家发展和大湾区建设，不断推动粤港澳三地建立常态化的合作机制，增进粤港澳三地年轻人合作创新创业，力求发挥大湾区在科技创新和人才引进等方面的协同作用。

在互联网创业者中，周鸿祎是一个另类。在现今互联网行业阵营中，他没有一个真正的朋友，互怼是他们之间最常见的交流方式。2017 年，他又干了一件让许多投资者大跌眼镜的事：把在国外上市的 360 科技挪回 A 股市场。他采用的方式是借壳江南嘉捷电梯股份有限公司。临近年底，12 月 25 日，证监会上市公司并购重组审核委员会发布消息称，定于 12 月 29 日审议江南嘉捷电梯股份有限公司发行股份购买资产事项，互联网巨头 360 借壳将见分晓。此前，江南嘉捷发布公告，重大资产重组通过商务部反垄断审查。11 月 2 日晚间，停牌近五个月的江南嘉捷一口气披露了包括资产重组草案在内的 26 份公告，360 借壳上市的方案终于浮出水面。

公告显示，江南嘉捷拟出售其全部资产及负债，通过资产置换及发行股份购买 360 科技 100% 股权。360 董事长兼 CEO 周鸿祎直接和间接将合计持有公司 63.7% 的股权，为公司实际控制人。11 月 6 日，360 与江南嘉捷在上海证交所召开重组发布会。11 月 7 日，江南嘉捷股票复牌，一口气上了 18 个涨停板。11 月 20 日，江南嘉捷股东大会通过了重组方案。11 月 27 日，江南嘉捷收到了证监会于 11 月 24 日出具的行政许可申请受理通知书。12 月 21 日，江南嘉捷披露了一次反馈意见通知书的答复。

据了解，360 于 2011 年 3 月在纽交所上市，市值一度超越 100 亿美元。2016 年 7 月，360 在纽约证交所摘牌，完成私有化退市。国内投资者一直期盼中国本土互联网公司能够在国内上市，如今，360 科技开了一个好头。

那个春天的他们

改革开放初期的民营企业家，他们都已不再年轻了

人们发现，改革开放初期成长起来的一批民营企业家，他们的年龄其实都已不小了。

2016 年的 4 月中旬，一张任正非在上海虹桥机场排队等出租车的照片刷爆网络，72 岁的任正非独自一人，大晚上拖着拉杆箱，排队等出租车，身边没有助理和专车。这一照片引起社会强烈反响和热烈讨论。有细心人，在两个月后，在深圳机场的摆渡大巴上，又拍到几乎同样的场景。其实这只是任正非平民生活的一个缩影，无论在华为公司内部，还是在公众场合，任正非都是这种平民化的行头。显然，这与当下不少民营企业家奢华排场的做派形成强烈反差。

2016 年 5 月 30 日，任正非出席在北京召开的全国科技大会。时光荏苒，1978 年时，33 岁的任正非第一次参加这个大会，当时他是参会者中最年轻的一位代表。而今他所领导的华为公司，凭借营收总额第一，位列 2016 年中国民营企业 500 强排行榜、中国民营企业制造业 500 强榜首。2017 年的世界 500 强中，华为以 785.1 亿美元营业收入名列中国民营公司首位，全球第 83 位。在这次大会上，习近平主席和李克强总理到场讲话，轮到任正非发言时，他说："华为已感到前途茫茫，找不到方向。华为已前进在迷航中。"他的这一讲话，一反以往他人的向上、鼓劲、昂扬和赞歌般的表态，人们更加感受到一个企业家的冷静、责任、危机意识及担当。

华为多年来之所以长盛不衰，以至登上了中国民营企业头把交椅，这不能不说与任正非平始终视企业如履薄冰的忧患意识分不开，那篇《华为的冬天》始终植入在华为基因里。

这一年，有一本研究任正非企业管理哲学的财经类图书《下一个倒下的会

不会是华为》，被称企业家必看的一本书。

2016 年 8 月，鲁豫采访中国首富王健林的一宣传片在电视台及相关网络上不断播出，从王健林的办公室，到王健林收藏的各种价值连城的名家作品，以及王健林不仅带着鲁豫在万达食堂就餐，还将乘坐私人飞机携鲁豫一同出差等画面展现给观众面前，他更是语出惊人，访谈中的一句话，立即刷爆朋友圈："想做世界最好是对的，但是最好先定一个能达成的小目标，比方说我先挣它 1 个亿……"

"一个亿的小目标"，带来的话题是多方面的。王健林起家于地产，成就于地产，但到 2014 年后，王健林断然决定从房地产行业撤离，去房地产化布局服务业，按照王健林的规划，万达要实现彻底的转型，从 2016 年开始，万达电影制作和发行、万达体育、万达旅游、万达网络金融等业务都将相继上市，万达三分之二的利润和收入将来源于服务业。

身为商人，身为投资者，王健林的眼光是独到的，其实早在几年前，王健林就带领万达开始了激进的海外并购。自 2012 年 5 月，万达集团以 26 亿美元收购全球第二大院线集团、美国 AMC 影院公司以来，其海外影视资产逐年扩大。2015 年 11 月，万达院线以 22.46 亿元完成收购英国公司 HGANZ 持有的 HGHoldco100% 股权；仅 2016 年万达集团就相继投资并购美国卡麦克、欧洲 Ode0n&UCI、北欧院线集团三大院线，占据欧洲、北美院线市场首位。

2016 年 11 月，王健林网罗全球顶级高管，布局更加清晰，一举将广发银行董事长董建岳、迪士尼行政总裁金民豪、谷歌全球副总裁刘允正等三员大将"揽入怀中"，这一消息震动业界。在这个并购盛行的时代，引入某家公司的高管并不鲜见，但王健林作为一个民营老板，却一举将三家公司的高管收入麾下，这一切迎来了外界强烈的好奇和想象。王健林极力摆脱房地产，而这一年许家印成为"全球第一"房企掌门人。10 月 10 日，恒大对外宣布：今年前 9 个月，累计销售额已达 2805.8 亿元。

由此，恒大一举超越万科，成为全球第一房企，许家印也由此成为全球第一"房企掌门人"。短短 20 年，许家印把恒大从名不见经传的小公司打造成为荣登国内乃至全球的第一房企。已奔 60 岁的许家印，生于 1958 年 10 月河南周口市太康县高贤乡聚台岗村，地地道道的农民。和王健林一样，他也是 16 岁参军。1992 年去深圳下海，从打工仔做起，白手起家，成为地产商。他的故事有着中国式的传奇，他为人爽快，1994 年他进入房地产业，很快展示了许家印不凡的胆识、不懈的努力、出色的管理智慧和领导才能。虽然在外界看来，许家印是一位让人如沐春风的企业家，但他在工作上的投入和严谨非一般人能所及。在这一点上，他与王健林一样都是工作狂，在他们身边工作的人都说，起早贪黑马不停蹄的工作也跟不上老板的步伐。

2016 年 12 月 20 日早上，一则消息已在朋友圈刷屏：中国民营企业的代表人物之一、福耀玻璃董事长曹德旺，投资 6 亿美元、在美国莫瑞恩建造的汽车玻璃厂正式投产。网络上迅速铺天盖地关于曹德旺"逃跑"、资产转移等说法，曹德旺此前有"中国首善"之称，他用于公益的捐款达到 80 亿元，而在他海外投资一事上，舆论是一边倒的质疑。面对来自国内的舆论压力，已 70 岁的曹德旺，通过新闻连线在接受国内记者采访时，对"逃跑论""资产转移论"进行反驳："我是中国人，我事业的重心一定在中国。"在强调自己无心"逃跑"的同时，他还对中美两国制造业成本和竞争优劣进行了细致比较，并谈起了自己对中国制造业现状及未来的看法。

回首那个春天，那里的他们定然无法想象今天的光景。他们都已不再年轻，这些了不起的民营企业自他们手中开始，又随着市场，随着世界的洪流日夜不息，继续奔涌向前。

第十八章

“改革开放”再出发，百年未遇大变局

纠正一起错案，胜过制定一沓文件。

——张文中案的改判，充分彰显了党中央依法平等保护产权、依法平等保护企业家合法权益的坚定决心，2018 年

虽已过了 2018 年的元旦，但自入秋以来，北京就没有降水。入冬以来，仍没有飘过一片雪花，戊戌年的冬天，北京人盼下雪，眼睛都快盼蓝了。

然而 1 月 2 日，网络上刮了场“暴雪”——西藏德传投资管理有限公司董事长姜广策在微博上传了一段视频，在视频中，中诚信集团创始人、中国人民大学经济研究所所长毛振华控诉自己在亚布力被欺负、被愚弄，而自亚布力滑雪旅游度假区管理委员会来了之后，是亚布力最黑暗的日子。视频一出，很快就“炸了锅”。毛振华说：“我一个堂堂正正的企业家，如今搞得像个上访户，跟窦娥似的。”

按照毛振华的说法，这个亚布力阳光度假村已经经营了 22 年，他先后为这个项目投资了 20 多亿元。然而“一个正常经营企业，动不动就执法机构来威胁我们，今天查这个，明天查那个，又是公安，又是什么食品检验，又是什么锅炉检查，天天找我们麻烦，他们没有为我们办一件事情。”

此事很快在网络及手机上刷屏。在很多人看来，像毛振华这样有头有脸企业家，都遭到如此欺负，像亚布力这样有影响的旅游项目，都遭到如此刁难，可见现实中当地的营商环境是何等的恶劣。而此事件再次引起人们对“投资不过山海关”的热议，其背后折射了东北衰退的根源，政商关系的恶化，同时也再次引发人们对民营企业生存的艰难和创业者的艰辛的叹息。

而这样的问题在改革开放都进入第四十个年头里，还在发生，可见市场经济道路上所要解决的问题太多，政府与市场的关系问题仍没有在法治的框架下形成制度化。

而毛振华身上还有另外一个时代符号，那就是在坊间还被视为“92 派”企业家中的代表人物。所谓“92 派”，就是指在 1992 年邓小平南方讲话之后，大批在政府机构、科研院所的知识分子受邓小平南方讲话的影响纷纷主动下海创业的民营企业家们，由此形成“92 派”企业家中的代表人物有陈东升、田源、郭凡生、冯仑、王功权、潘石屹、易小迪等，可以说“92 派”企业家是反映中国改革进程的一个重要群体，有着强烈的时代印记。如把 1984 年视为第一次下海潮的话，那 1992 年就是第二次下海潮，而 1992 年下海，可以说是一次自我觉醒的最大的下海潮。

在企业家心里，其实寻求的就是能与市场理顺关系，很多事情靠自己是解决不了的，而好的营商环境是要靠诸多因素和时间还解决的，不可能一夜之间就全都改变。

四十年，弹指一挥间。每一个人的命运无不和这个时代紧紧地连在一起。而企业家的个人命运更是中国经济发展与市场走向的缩影。

1月17日，褚时健迎来自己90岁的生日，他从不过阳历生日，只记得自己腊月初一的农历生日。一个永远也闲不住的老人，仍在反思我活着为了什么：只想赢，不想输。难怪他能成为王石、柳传志等那一代企业家精神楷模。在王石看来，褚时健身上集中体现了中国企业家的一种精神，是一种如何在前进中遇到困难，并从困难中重新站起来的精神。

1979年至1994年，褚时健成功将红塔山打造成中国名牌香烟，使玉溪卷烟厂成为亚洲第一、世界前列的现代大型烟草企业，每年实现利税300多亿元，成为海内外皆知的“中国烟草大王”。1995年2月，褚时健被匿名检举贪污受贿，此时褚时健女儿和妻子马静芬已被关进洛阳监狱，12月，其女儿在狱中自杀，唯一的儿子也逃往国外。1996年12月至1998年，褚时健被隔离审查，他从人生和事业的高峰，从而跌入妻离子散、家破人亡的深渊。虽然他入狱后，得到经济界及相关人士的同情，并有多位全国人大代表和政协委员联名为褚时健“喊冤”“鸣不平”。但1999年1月9日，71岁的褚时健仍因经济问题被处无期徒刑、终身剥夺政治权利。

两年后，褚时健因糖尿病获保外就医，回到家中养病，但其活动仅限制在当地一带。2002年，74岁的褚时健与妻子在玉溪市新平县哀牢山承包了2400亩荒山，种植甜橙，开始人生全新的创业。当时，褚时健几乎已销声匿迹，外界很少有人还记得起他。2003年，王石看望褚时健后写专门了一篇文章，《哀牢山上冰糖橙》，正是这篇文章，使得很多企业家得知了褚时健的现状处境，之后，很多企业家慕名而来，褚时健再次回到公众的视野，十余年间，偏僻寂静哀牢山，成为中国民营企业家只要到云南就必要奔赴之地，而今有着“中国橙王”褚时健，在当地种植甜橙已扩展到几万亩。到2020年，果子产量能达到6万吨。

褚时健2004年获假释，后又减刑为有期徒刑17年，2008年，减刑至有期徒刑12年。最终减为12年，2011年刑满释放。

2012 年 11 月，85 岁的褚时健种植的“褚橙”通过电商开始售卖，褚橙首次大规模进入北京市场，这是褚时健以互联网的方式重新创业，褚橙品质优良，常被销售一空。

就是在褚时健 90 岁生日这一天，在褚橙庄园，云南褚氏果业股份有限公司举办了成立仪式。褚时健之子褚一斌担起褚橙重任，让 55 岁的独子接班，褚时健在大寿之日宣布退休。乐观的褚时健常说，一百岁不封顶最为科学。而这位被视为影响企业家的企业家，得到更多的是人们对他人格和企业家精神的致敬。

2018 年的春节一过，人们关注的焦点是 2 月 26 日至 28 日中共十九届三中全会的召开。全会审议通过了《中共中央关于深化党和国家机构改革的决定》和《深化党和国家机构改革方案》。人们发现这届三中全会和历届三中全会有很多不同，一个是时间的不同，按惯例，几十年来历届党代会后的三中全会一般都在当年的十月份到十二月份期间，同时历届的三中全会研究的主要内容，一般都是围绕着当前和今后一段时期的经济工作。而这次是着眼实现全面深化改革总目标的重大制度安排，是推进国家治理体系和治理能力现代化的一场深刻变革，对于提高党的执政能力和领导水平，广泛调动各方面积极性、主动性、创造性，有效治理国家和社会，必将发挥重要的作用。

改革开放以来，中国分别在 1982 年、1988 年、1993 年、1998 年、2003 年、2008 年和 2013 年进行了 7 次国务院政府机构改革，力图减低行政成本，提高行政效率，释放制度红利。国务院组成部门已由 1982 年的 100 个消减为 2013 年的 26 个。2018 年 3 月 13 日，国务院机构改革方案公布，根据该方案，改革后，国务院正部级机构减少了 8 个，副部级机构减少了 7 个，除国务院办公厅外，国务院设置组成部门 26 个。

如果把已经进行的历次政府机构改革做个大概的梳理，我们由最初的坚持以适应社会会主义市场经济体制改革为目标，到以建立社会主义市场经济体制为重要改革任务，再到推进社会主义市场经济发展为目的，而这次的机构改革，则是围绕推动高质量发展，建设现代化经济体系。

今年是中国改革开放 40 周年，全面深化改革正逢其时，同时又开启新的征程。

改革开放的核心是改革，开放可以视为改革的一部分，或是通过开放倒逼改革，促进改革，改革就是破旧立新，就是解决市场经济的诸多不平衡，寻求再平衡。改革开放的前20年更多的而是来自内部的改革，而后20年，随着改革开放的步伐加快，全球化的深度影响，任何国家想独善其身都是不可能的。

对每一个经历过40年中国改革开放的人来说，后20年过得感觉要比前20年要快得多。其实这和中国把自己融于世界，扩大改革开放都有着直接的关系。时光走进2018年，我们也走进了21世纪第二个十年的最后阶段，世界给我们带来的是更多的动荡和不安，尤其是全球化的进退和全球治理的滞后，给世界带来新的不确定性，以至于出现去全球化倾向，或摆脱全球化的愿望，但中国面对全球化的新态势，选择的而是进，而不是退。

2018年，让民营企业家为之兴奋的是3个重要案件的重审。

5月31日，最高人民法院对原审被告人张文中诈骗、单位行贿、挪用资金再审一案公开宣判，撤销原审判决，改判张文中无罪，冤案彻底平反。这起案件，也是在全面依法治国、加强产权和企业家权益保护的大背景下，最高人民法院依法再审的涉及产权和企业家冤错案件的标志性案件。蒙冤12年，改判无罪。[①]

2006年8月，张文中遭到审查逮捕。2008年9月河北省衡水市中级人民法院进行了不公开审理，一审判决18年有期徒刑。张文中和物美集团不服判决，提出上诉，之后该法院终审改判张文中12年有期徒刑。张文中的被捕入狱，物美集团遭到重创，错过了发展机遇。

对张文中一案，全国工商联高度关注，三任党组书记和主席、副主席的过问和多方沟通。张文中于2016年10月向最高人民法院提出申诉。2017年12月28日，最高人民法院公布将依法再审张文中涉产权案件。2018年，2月12日，最高人民法院公开开庭审理张文中案，决定择期宣判。

2018年2月底，在亚布力中国企业家论坛年会上，张文中在“给40年的信”中说，对于冤案，他“对得起良心。对得起历史，我无怨无恨。谁也不愿意坐牢，但我不会因为我坚守道德和诚信，因为自己不苟且，不违背做人的底线而后悔”。这篇题为《丹心鉴岁月情义满人间》的感言，让在场所有企业家站起来为他鼓掌。

在宣判无罪后的张文中看来，正义可能会迟到，但一定不会缺席，而且，

① 最高人民法院再审改判张文中无罪．新华社［EB/OL］. 2018-5-31.

“迟到的正义依然无比珍贵。”

纠正一起错案，胜过制定一沓文件。张文中案的改判，充分彰显了党中央依法平等保护产权、依法平等保护企业家合法权益的坚定决心。6 月 13 日至 14 日，最高人民法院在第一巡回法庭大法庭公开开庭审理顾雏军等虚报注册资本，违规披露、不披露重要信息，挪用资金再审一案。该案将择期宣判。而李美兰与陈家荣、许荣华确认股权转让协议无效纠纷案，已指定南京市中级人民法院再审，一审已经开庭结束正等待宣判。

张文中案、顾雏军案、许荣华案，是《中共中央国务院关于完善产权保护制度依法保护产权的意见》颁行后，最高人民法院要求依法再审的涉产权和企业家冤错案件的 3 个标志性案件，也彰显了党中央对优秀企业家精神的尊重和弘扬，其“蝴蝶效应”无法估量。司法机关公正司法，将增强企业家安心经营、放心投资、专心创业，对激发市场主体活力都将产生推动。

改革开放 40 年来，经过法律审判的企业家不在少数，有的确实是经济犯罪，有违法犯法的，法律意识不强的，最终得到法律的制裁；但也有一些蒙冤的民营企业家，比如张文中、顾雏军等这样典型的案件。

著名的“傻子瓜子”的创始人年广久，今年已 81 岁了，他一生曾三次入狱，其罪名分别为“投机倒把罪”“牛鬼蛇神”“贪污罪”“流氓罪”等深陷牢狱。在 1980 年，1984 年，1992 年，邓小平先后三次提到“傻子瓜子”，并点了他的名，而这三个时间点，刚好是改革开放的三个重要转折点。虽然目前市场上早已看不到傻子瓜子的踪影，很多人已不再提及年广久，但那段历史，从那段历史走过来的人，至今仍记忆犹新。如重温邓小平文选第三卷，在涉及年广久的三次谈话中，就不难发现邓小平对发展民营经济的政治智慧，虽然当时还没有完全形成今天这样民营经济的概念，但对个私经济的突破，可见，邓小平是一个睁着眼睛看世界的人。《解放思想，实事求是，团结一致向前看》，那是何等的政治勇气和胆识，历史是合力。

历史就是这样，中国民营企业的发展史，从某种角度来看，就是中国市场经济的发展史。20 多年前，中国零售业产生了两个商业巨子，一个就是赫赫有名，至今还在狱中的黄光裕，另一个就是蒙冤入狱的张文中，两人都被称为商界奇才，两个企业都在顽强的生存着，但各自的个人命运不同。张文中在蒙冤时，有上百名民营企业家为他鸣冤，著名民营企业家、全国工商联副主席王玉锁在全国政协会上曾放言，愿以自己企业几百亿的资产担保张文中无罪，统战部、工商联和来自工商界、经济界等诸多人奔走呼号，这在张文中看来这是他所获得的最大财富。黄光裕虽然与张文中案件不同，并已入狱十年，但仍有很多人期待他能早日重回商界，带领国美创造新业绩。

100 年前，中国民族工业的实业家张謇[①]先生所云："天之生人也，与草木无异。若遗留一二有用事业，与草木同生，即不与草木同腐。"这一朴素的儒家思想至今也影响着当今的中国民营企业家。

2018 年的中国，改革开放的 40 年辉岁月，激情澎湃。在中国实现转型和高质量发展的关键时期，机遇与挑战并存，我们的民营企业也将在机遇和挑战并存的环境中不断成长。

10 月 19 日，刘鹤副总理在答记者问时回答道："民营经济在整个经济体系中具有重要地位，贡献了 50% 以上的税收，60% 以上的 GDP，70% 以上的技术创新，80% 以上的城镇劳动就业，90% 以上的新增就业和企业数量。如果没有民营企业的发展，就没有整个经济的稳定发展。"10 月 22 日，国务院总理李克强主持召开国务院常务会议，决定设立民营企业债券融资支持工具，以市场化方式帮助缓解企业融资难。11 月 1 日，习近平总书记召开民营企业座谈会，这在 40 年里还是第一次，总书记召开这样一次民营企业座谈会是的出发点不言而喻的。习近平在民营企业座谈会上强调，40 年来我国民营经济从小到大、从弱到强，不断发展壮大。同时指出我国民营经济只能壮大、不能弱化，不仅不能离场，而且要走向更加广阔的舞台。

世界正在经历百年一遇之大变局，世界经济或由此而衰退，或由此而更加繁荣，或将重新洗牌，新的世界秩序需要被重新认识。

中华人民共和国明年将迎来建国 70 周年，70 年的发展史已证明，40 年来的改革开放，选择了一条适合中国特色社会主义的发展道路：敬畏市场，遵循价值规律。改革开放四十年的市场经济之路不可逆转，不可忽视的是，在接

① 在 1953 年的一次宴席上，毛泽东曾说过："讲到中国的民族工业，有四个人不能忘记：讲到重工业，不能忘记张之洞；讲到轻工业，不能忘记张謇；讲到化学工业，不能忘记范旭东；讲到交通运输业，不能忘记卢作孚。"

下来的发展中，中国的民营企业会有更大的作为。市场经济能够提升人民的福祉，这是一条强国富民之路。

第一稿完于 2018 年 7 月 9 日

第二稿修改于 2018 年 8 月 5 日

定稿于 2018 年 12 月 11 日

重要参考书目

1. 《毛泽东选集》(合订一卷本)，人民出版社，1964 年
2. 《毛泽东选集》第五卷，人民出版社，1977 年
3. 《毛泽东文集》第七卷，人民出版社，1999 年
4. 《邓小平文选》第一卷，人民出版社，1989 年
5. 《邓小平文选》第二卷，人民出版社，1993 年
6. 《邓小平文选》第三卷，人民出版社，1993 年
7. 《中国共产党大事记》来源《人民日报》《人民网》，2018 年
8. 《胡耀邦文选》，人民出版社，2015 年
9. 《胡耀邦年谱长编 (1915-1989)》(上、中、下)，世界科学教育出版社，2005 年
10. 《胡耀邦思想年谱》上下卷，泰德时代出版有限公司，2007 年
11. 《江泽民论有中国特色社会主义》，中央文献出版社，2001 年
12. 《江泽民文选》第一卷，第二卷，第三卷，人民出版社，2006 年
13. 《陈云文集》第一卷，第二卷，第三卷，中央文献出版社，2005 年
14. 《胡锦涛文选》第一卷，第二卷，第三卷，人民出版社，2016 年
15. 《习近平谈治国理政》外文出版社，2015 年
16. 《习近平谈治国理政》第二卷，外文出版社，2017 年
17. 李维汉:《回忆与研究》，中共党史资料出版社，1986 年
18. 李定:《中国资本主义工商业的社会主义改造》，当代中国出版社，1997 年
19. 李定:《李定文集》第一卷——第三卷，中华工商联合出版社，2003 年
20. 黄仁宇:《资本主义与二十一世纪》，三联书店，2002 年
21. 黄仁宇:《中国大历史》，三联书店，1997 年
22. 黄仁宇:《十六世纪明代中国之财政与税收》，三联书店，2002 年
23. 蒋廷黻:《中国近代史》，上海古籍出版社，1990 年
24. 霍布斯鲍姆:《极端的年代》(上、下)，江苏人民出版社，1999 年
25. 罗伯特·劳伦斯·库恩:《中国 30 年：人类社会的一次伟大变迁》，世纪出版集团

上海人民出版社，2008 年
26. 弗里德里希·奥古斯特·冯·哈耶克：《致命的自负》，中国社会科学出版社，2009 年
27. 弗里德里希·奥古斯特·冯·哈耶克：《通往奴役之路》，中国社会科学出版社，1997 年
28. 塞缪尔·P. 亨廷顿：《变化社会中的政治秩序》，上海世纪出版集团，2008
29. 约翰·肯尼斯·加尔布雷斯：《自满的的年代》，海南出版社，2000 年
30. 基辛格，亨利：《论中国》，中信出版社，2012 年
31. 亚当·斯密：《富国论》，陕西人民出版社，2001 年
32. 吴思：《隐蔽的秩序》，海南出版社，2004 年
33. 胡乔木：《胡乔木回忆毛泽东》，人民出版社，1994 年
34. 傅高义：《邓小平时代》，三联书店，2013 年
35. 顾准：《顾准日记》，经济日报出版社，1997 年
36. 龚育之：《党史札记》，浙江人民出版社，2002 年
37. 保育钧：《呼唤理解》，中华工商联合出版社，2002 年
38. 费正清：《美国与中国》，世界知识出版社，1999 年
39. 马立诚：《大突破：新中国私营经济风云录》，中华工商出版社，2005
40. 黄文夫：《民营在中国》，中国城市出版社，2003 年
41. 吴晓波：《激荡三十年》(上)，中信出版社、浙江人民出版社，2007 年；《激荡三十年》(下)，中信出版社、浙江人民出版社，2008 年
42. 吴晓波：《激荡十年，水大鱼大》，中信出版社，2017 年
43. 吴象：《中国农村改革实录》，浙江人民出版社，2001 年
44. 马立诚，凌志军：《交锋》，今日中国出版社，1998 年
45. 薄一波：《若干重大决策与实践的回顾》上下卷，中国共产党中央党校出版社，1991-1993
46. 张晓霞：《中国高层智囊》，陕西师范大学出版社，2000 年
47. 张志勇：《改革中国：来自传媒的力量 (1989~2004)》上下卷，中华工商联出版社，2004 年
48. 张志勇：《中国往事 30 年——揭幕民营经济的中国式进程》，经济日报出版社，2009 年
49. 张志勇：《中国经济遭遇了什么》，中华工商联合出版社，2014 年
50. 吴敬琏：《改革：我们正在过大关》，三联书店，2001 年
51. 吴敬琏：《呼唤法治的市场经济》，三联书店，2007 年
52. 李义平：《来自市场经济的繁荣：论中国经济之发展》，三联书店，2007
53. 张五常：《中国的经济制度》，中信出版社，2009 年
54. 吴江：《中国资本主义经济改造问题》，人民出版社，1958 年

55. 赵海均:《30 年：1978-2007 年中国内地改革的个人观察》，世界知识出版社，2008 年
56. 冯仑:《野蛮生长》，中信出版社，2007 年
57. 中国生产力学会:《2005-2006 中国生产力发展研究报告》上下卷，中国统计出版社，2006 年
58. 董辅礽:《中华人民共和国经济史》上下卷，经济科学出版社，1999 年
59. 苏东斌:《中国经济特区史略》，广东经济出版社，2001 年
60. 杨轶清:《浙商制造》，浙江人民出版社，2003 年
61. 陈继安:《邓小平谈邓小平—从邓小平自述谈起》，湖北人民出版社，1995 年
62. 毛毛:《我的父亲邓小平：“文革”岁月》，中央文献出版社，2000 年
63. 董边，镡德山，曾自:《毛泽东和他的秘书田家英》，中央文献出版社，1990 年
64. 中国科学院经济研究所，中央工商行政管理局:《资本主义工业的社会主义改造》，三联书店，1960 年
65. 许涤新，吴承明:《中国资本主义发展史》，人民出版社，1985 年
66. 李玉琢:《我与商业领袖的合作与冲突》，当代中国出版社，2006 年
67. 陈惠湘:《联想为什么》，北京大学出版社，1997 年
68. 宇剑，杜蒲，胡洋:《国力论———国家·国力·国人命运的世纪嬗变与抉择》，山东人民出版社，1999 年
69. 李学明:《邓小平非公有制经济理论研究》，四川人民出版社，2001 年
70. 冯玉忠:《冯玉忠文集》，辽宁大学出版社，1989 年
71. 袁伟时:《晚晴大变局》，线装书局，2014 年
72. 唐德刚:《从晚晴到民国》，中国文史出版社，2015 年
73. 雷颐:《李鸿章与晚清四十年》，山西人民出版社，2008 年
74. 马勇:《马勇说晚晴》，万卷出版社，2016 年
75. 吕理州:《明治维新：写给中国人看的一段历史》，浙江文艺出版社，2014 年
76. 吴小红:《我的社会主义生活》，中国编译出版社，2009 年
77. 田涛，吴春波:《下一个倒下的会不会是华为》，中信出版社，2015 年
78. 黄孟复:《中国民营经济史·纪事本末》，中华工商联合出版社，2010 年
79.《中华全国工商业联合会简史》，中华工商联合出版社，2017 年
80. 亚洲商学院全球并购研究中心编著:《新世纪中国十大并购》，首都经济贸易大学出版社，2011 年
81. 诗刊社编:《诗刊创刊 60 周年诗歌选》(上)(下)，作家出版社，2017
82. 李少君，吴投文:《朦胧诗新选》，中国出版集团现代出版社，2017
83. 方晋:《查尔斯河畔论中国崛起》，中信出版社，2017 年
84. 余英时:《中国近世宗教伦理与商人精神》，九州出版社，2014 年
85. 余英时:《现代危机与思想人物》，生活读书新知三联书店，2013 年

86. 许倬云:《万古江河：中国历史文化的转折与开展》，上海文艺出版社，2006年
87. 胡德平:《中国为什么要改革》，人民出版社，2011年
88. 胡德平:《改革放言录》，人民出版社，2013年
89. 托尼·朱特蒂莫西·斯奈德:《思虑20世纪：托尼·朱特思想自传》，中信出版集团，2016年
90. 凯恩斯·约翰·梅纳德:《就业、利息和货币通论》，商务印书馆，1999
91. 亨利·保尔森:《峭壁边缘——拯救世界金融之路》，中信出版社，2014
92. 杰里米·里夫金:《第三次工业革命——新经济模式如何改变世界》，中信出版社，2012年
93. 纳西姆·尼古拉斯·塔勒布:《黑天鹅——如何应对不可预知的未来》，中信出版社，2011年
94. 沃尔特·艾萨克森:《史蒂夫·乔布斯传》，中信出版社，2011年
95. 唐纳德·特朗普，梅瑞迪丝·麦基沃:《永不放弃——特朗普自述》，上海译文出版社，2016年